我国开放式基金绩效研究

Study on Open-end mutual funds' performance in China

苏 辛 著

图书在版编目（CIP）数据

我国开放式基金绩效研究/苏辛著.—北京：经济管理出版社，2018.5
ISBN 978-7-5096-5434-7

Ⅰ.①我… Ⅱ.①苏… Ⅲ.①证券投资—基金—研究—中国 Ⅳ.①F832.51

中国版本图书馆 CIP 数据核字（2017）第 256322 号

组稿编辑：宋　娜
责任编辑：宋　娜　张莉琼
责任印制：黄章平
责任校对：雨　千

出版发行：经济管理出版社
　　　　　（北京市海淀区北蜂窝 8 号中雅大厦 A 座 11 层　100038）
网　　址：www.E-mp.com.cn
电　　话：(010) 51915602
印　　刷：三河市延风印装有限公司
经　　销：新华书店
开　　本：720mm×1000mm/16
印　　张：13.75
字　　数：221 千字
版　　次：2018 年 5 月第 1 版　2018 年 5 月第 1 次印刷
书　　号：ISBN 978-7-5096-5434-7
定　　价：98.00 元

·版权所有　翻印必究·

凡购本社图书，如有印装错误，由本社读者服务部负责调换。
联系地址：北京阜外月坛北小街 2 号
电话：(010) 68022974　邮编：100836

第六批《中国社会科学博士后文库》编委会及编辑部成员名单

（一）编委会

主　任：王京清

副主任：马　援　张冠梓　俞家栋　夏文峰

秘书长：邱春雷　姚枝仲　刘连军

成　员（按姓氏笔画排序）：

卜宪群　邓纯东　王建朗　方　勇　史　丹　刘丹青　刘跃进
孙壮志　孙海泉　张车伟　张宇燕　张顺洪　张星星　张　翼
李　平　李永全　李向阳　李　林　李国强　杨世伟　吴白乙
杨　光　陈众议　陈星灿　何德旭　房　宁　郑秉文　卓新平
赵天晓　赵剑英　胡　滨　高　洪　高培勇　黄　平　朝戈金
谢寿光　潘家华　冀祥德　魏后凯

（二）编辑部（按姓氏笔画排序）

主　任：高京斋

副主任：刘丹华　曲建君　李晓琳　陈　颖　薛万里

成　员：王　芳　王　琪　刘　杰　孙大伟　宋　娜　陈　效
　　　　苑淑娅　姚冬梅　郝　丽　梅　枚

本书获中国博士后科学基金第八批特别资助项目"基于高维数据的开放式基金绩效研究"（项目编号：2015T80444）、中国博士后科学基金第 55 批面上一等"基于大数据的基金业绩评价与流动性风险管理研究"（项目编号：2014M550243）项目资助

序　言

　　博士后制度在我国落地生根已逾30年，已经成为国家人才体系建设中的重要一环。30多年来，博士后制度对推动我国人事人才体制机制改革、促进科技创新和经济社会发展发挥了重要的作用，也培养了一批国家急需的高层次创新型人才。

　　自1986年1月开始招收第一名博士后研究人员起，截至目前，国家已累计招收14万余名博士后研究人员，已经出站的博士后大多成为各领域的科研骨干和学术带头人。其中，已有50余位博士后当选两院院士；众多博士后入选各类人才计划，其中，国家百千万人才工程年入选率达34.36%，国家杰出青年科学基金入选率平均达21.04%，教育部"长江学者"入选率平均达10%左右。

　　2015年底，国务院办公厅出台《关于改革完善博士后制度的意见》，要求各地各部门各设站单位按照党中央、国务院决策部署，牢固树立并切实贯彻创新、协调、绿色、开放、共享的发展理念，深入实施创新驱动发展战略和人才优先发展战略，完善体制机制，健全服务体系，推动博士后事业科学发展。这为我国博士后事业的进一步发展指明了方向，也为哲学社会科学领域博士后工作提出了新的研究方向。

　　习近平总书记在2016年5月17日全国哲学社会科学工作座谈会上发表重要讲话指出：一个国家的发展水平，既取决于自然科学发展水平，也取决于哲学社会科学发展水平。一个没有发达的自然科学的国家不可能走在世界前列，一个没有繁荣的哲学社会科学的国家也不可能走在世界前列。坚持和发展中国特色社会主义，需要不断在实践中和理论上进行探索、用发展着的理论指导发展着的实践。在这个过程中，哲学社会科学具有不可替代的重要地位，哲学社会科学工作者具有不可替代的重要作用。这是党和国家领导人对包括哲学社会科学博士后在内的所有哲学社会科学领域的研究者、工作者提出的殷切希望！

中国社会科学院是中央直属的国家哲学社会科学研究机构，在哲学社会科学博士后工作领域处于领军地位。为充分调动哲学社会科学博士后研究人员科研创新的积极性，展示哲学社会科学领域博士后的优秀成果，提高我国哲学社会科学发展的整体水平，中国社会科学院和全国博士后管理委员会于2012年联合推出了《中国社会科学博士后文库》（以下简称《文库》），每年在全国范围内择优出版博士后成果。经过多年的发展，《文库》已经成为集中、系统、全面反映我国哲学社会科学博士后优秀成果的高端学术平台，学术影响力和社会影响力逐年提高。

下一步，做好哲学社会科学博士后工作，做好《文库》工作，要认真学习领会习近平总书记系列重要讲话精神，自觉肩负起新的时代使命，锐意创新、发奋进取。为此，需做到：

第一，始终坚持马克思主义的指导地位。哲学社会科学研究离不开正确的世界观、方法论的指导。习近平总书记深刻指出：坚持以马克思主义为指导，是当代中国哲学社会科学区别于其他哲学社会科学的根本标志，必须旗帜鲜明加以坚持。马克思主义揭示了事物的本质、内在联系及发展规律，是"伟大的认识工具"，是人们观察世界、分析问题的有力思想武器。马克思主义尽管诞生在一个半多世纪之前，但在当今时代，马克思主义与新的时代实践结合起来，越来越显示出更加强大的生命力。哲学社会科学博士后研究人员应该更加自觉地坚持马克思主义在科研工作中的指导地位，继续推进马克思主义中国化、时代化、大众化，继续发展21世纪马克思主义、当代中国马克思主义。要继续把《文库》建设成为马克思主义中国化最新理论成果宣传、展示、交流的平台，为中国特色社会主义建设提供强有力的理论支撑。

第二，逐步树立智库意识和品牌意识。哲学社会科学肩负着回答时代命题、规划未来道路的使命。当前中央对哲学社会科学愈加重视，尤其是提出要发挥哲学社会科学在治国理政、提高改革决策水平、推进国家治理体系和治理能力现代化中的作用。从2015年开始，中央已启动了国家高端智库的建设，这对哲学社会科学博士后工作提出了更高的针对性要求，也为哲学社会科学博士后研究提供了更为广阔的应用空间。《文库》依托中国社会科学院，面向全国哲学社会科学领域博士后科研流动站、工作站的博士后征集优秀成果，入选出版的著作也代表了哲学社会科学博士后最高的学术研究水平。因此，要善于把中国社会科学院服务党和国家决策的大智库功能与《文库》的小智库功能结合起来，进而以智库意识推动品牌意识建设，最终树立《文库》的智库意识和品牌意识。

第三，积极推动中国特色哲学社会科学学术体系和话语体系建设。改革开放30多年来，我国在经济建设、政治建设、文化建设、社会建设、生态文明建设和党的建设各个领域都取得了举世瞩目的成就，比历史上任何时期都更接近中华民族伟大复兴的目标。但正如习近平总书记所指出的那样：在解读中国实践、构建中国理论上，我们应该最有发言权，但实际上我国哲学社会科学在国际上的声音还比较小，还处于"有理说不出、说了传不开"的境地。这里问题的实质，就是中国特色、中国特质的哲学社会科学学术体系和话语体系的缺失和建设问题。具有中国特色、中国特质的学术体系和话语体系必然是由具有中国特色、中国特质的概念、范畴和学科等组成。这一切不是凭空想象得来的，而是在中国化的马克思主义指导下，在参考我们民族特质、历史智慧的基础上再创造出来的。在这一过程中，积极吸纳儒、释、道、墨、名、法、农、杂、兵等各家学说的精髓，无疑是保持中国特色、中国特质的重要保证。换言之，不能站在历史、文化虚无主义立场搞研究。要通过《文库》积极引导哲学社会科学博士后研究人员：一方面，要积极吸收古今中外各种学术资源，坚持古为今用、洋为中用。另一方面，要以中国自己的实践为研究定位，围绕中国自己的问题，坚持问题导向，努力探索具备中国特色、中国特质的概念、范畴与理论体系，在体现继承性和民族性、体现原创性和时代性、体现系统性和专业性方面，不断加强和深化中国特色学术体系和话语体系建设。

新形势下，我国哲学社会科学地位更加重要、任务更加繁重。衷心希望广大哲学社会科学博士后工作者和博士后们，以《文库》系列著作的出版为契机，以习近平总书记在全国哲学社会科学座谈会上的讲话为根本遵循，将自身的研究工作与时代的需求结合起来，将自身的研究工作与国家和人民的召唤结合起来，以深厚的学识修养赢得尊重，以高尚的人格魅力引领风气，在为祖国、为人民立德立功立言中，在实现中华民族伟大复兴中国梦的征程中，成就自我、实现价值。

是为序。

中国社会科学院副院长

中国社会科学院博士后管理委员会主任

2016 年 12 月 1 日

摘 要

证券投资基金已成为国内外资本市场最大、最有影响力的机构投资者，成为推动证券市场健康发展的重要力量。推进证券投资基金的发展，对于完善我国资本市场的投资者结构、推动深层次的发展创新，具有极其重要的现实意义。其中，正确、全面地衡量基金绩效是推进证券投资基金发展的首要问题。本书以市场规模最大的开放式基金为研究对象，主要探讨如下几个关键问题：

第一，开放式基金业绩的评价方法有哪些？如何根据我国实际情况，选择适当的方法准确度量基金的风险和收益？

第二，作为基金的管理者，基金经理的主动管理能力对基金业绩有何影响？基金业绩的取得是否反映了基金经理真实的管理能力？哪些基金经理具有真正的主动管理能力？

第三，开放式基金特有的流动性及其风险该如何度量？它们对基金业绩及其持续性有何影响？基金收益率中的流动性和流动性风险是否随市场流动性的变动而变动？我国开放式基金收益率中是否存在流动性溢价和流动性风险溢价，流动性风险是否可以预测基金业绩和基金经理的主动管理能力？如何管理流动性风险？

根据上述问题，本书大致可分为以下几章：

第一章，导论。首先介绍了本书研究的背景以及研究意义，对国内外相关文献进行综述，分析现有研究的不足，为后续研究提供理论基础，并在此基础上对研究思路、研究方法、框架结构进行介绍，最后归纳和总结了本书的主要贡献与不足之处。

第二章，开放式基金业绩评价及实证研究——基于Expectiles估计的Sharpe比率在基金业绩评价和检验中的应用。本章提出了一种新的 Sharpe 比率的计算方法，分别使用基于 Expectile 的 VaR 和 ES 值代替标准差作为开放式基金收益率的风险测度，对基金收益率的超额收益进行修正，得到新的 Sharpe 比率。实证结果表明，本章提出的 CARE 模型能够更好地度量基金收益率的尾部风险，传统的 Sharpe 比率不能反映总风险中下侧风险较大的问题，而基于 Expectile 估计的 VaR 和 ES 则较好地反映了基金真实收益率的下侧风险，说明 Expectile 在基金排名和评价中的应用是非常可行的。

第三章，基金经理主动管理能力与业绩关系研究。该章分别使用主动占比（Active Share，AS）和追踪误差（Tracking Error，TE）来衡量基金经理的主动管理能力，并从多变量线性回归、控制规模因素、持续性、基金经理更换等角度进行分析。结果表明，基金经理对基金业绩具有显著的影响，AS 最大且 TE 最小的基金组的业绩最好，而低 AS、高 TE 组基金的业绩最差，基金经理的能力最差。实证结果还显示，在控制基金特征和历史业绩之后，基金经理的主动管理能力与业绩、基金规模、换手率等因素存在相关性，结论表明业绩好的基金经理通常具有较高的主动管理能力。

第四章，流动性、流动性风险与基金业绩——基于我国开放式基金的实证分析。该章首先考察了我国开放式基金潜在的流动性问题，并从理论上基于 Amihud（2002）不流动比率以及 Pastor 和 Stambaugh（2003）测度构建了我国资本市场的系统性市场流动性因子，在此基础上从基金持有的角度来测度基金的流动性风险，结果发现基金的流动性水平和流动性风险对于基金业绩都有影响。随后对 Smart Money 效应、业绩持续性效应和规模效应进行了分析。结果表明，基金的流动性风险不仅可以预测业绩，还可以用于识别基金经理是否具有主动管理能力，从而为投资者选择基金和基金经理提供了有效的方法。

第五章，全书小结与展望。回顾全书，提出本书的不足之处，并展望今后研究的发展方向。

在具体的研究过程中，本书力求做到以下几点：一是研究方法的选取和实证分析要结合我国开放式基金实际运行中的情况，构建一套符合我国实际情况的开放式基金业绩评价和流动性风险管理体系；二是着重运用各种统计、计量方法对开放式基金的相关问题进行实证研究，并适当结合定性分析方法，进行全面系统的分析；三是在研究方法上有所创新，综合运用多种方法对我国开放式基金的业绩相关问题进行实证研究。

总的来说，本书的主要创造性贡献在于：

（1）本书实证研究全部采用日数据。由于数据的复杂性，大量文献研究了年度、季度、月度数据和周数据下的基金业绩，使用日数据研究基金业绩的研究还很少。由于我国基金发展的历史尚短，以日数据作为实证研究的数值基础，这是因为开放式基金的申购赎回以及基金经理的投资操作通常是按日进行的，本书主要研究基于日收益率序列下的我国开放式基金业绩评价、基金经理主动管理能力和流动性风险管理问题，具有更大的现实意义。

（2）综合运用了多种方法对我国开放式基金业绩的相关问题进行实证研究，为相关问题的研究提供了新视角。具体各章的创新详见各章节论述。例如，在评价基金业绩时使用非对称最小二乘法对动态的条件自回归 Expectile（CARE）模型进行半参数估计，并进一步计算得到样本基金收益率序列的 VaR 值和 ES 值，用于改进传统的 Sharpe 比率；通过使用主动占比和追踪误差来度量基金经理的主动管理能力，并实证揭示了基金经理的主动管理能力与基金业绩之间具有正相关性；对开放式基金的流动性风险测度进行了定量研究，基于不流动比率和 PS 测度构建了我国资本市场的系统性市场流动性因子，基于基金持有的数据来测度基金的流动性及其风险。

关键词：开放式基金；业绩评价；持续性；基金经理主动管理能力；流动性风险

Abstract

Mutual fund industry is an important part of modern finance industries. With the rapid development of mutual funds, it has been the largest and the most influential institutional investors at home and abroad. Nowadays, mutual funds become an important factor of promoting the development of capital market. Therefore, the development of mutual funds has important significance on improving the structure of investors and pushing forward the innovations in our capital market. And the evaluation of mutual funds'performance is the chief issue in mutual fund industry. Open-end mutual funds have been the main body of mutual funds, and thus, the object of this study focuses on open-end mutual funds.

Specifically, this thesis mainly discusses the following problems:

Firstly, what methods can be used in measuring mutual funds' performance? How can we choose the correct methods to measure the risks and returns in mutual funds, according to our actual conditions?

Secondly, what influence does managers' skill of active management have on performance? Does mutual funds' performance report managers' skill of active management? What kinds of fund managers have real skill of active management?

Thirdly, how do we measure liquidity and liquidity risk which are specific in open-end mutual funds? And what impact do they have on funds' performance and persistence? Does there exist liquidity premium and liquidity risk premium in funds' return? Can liquidity risk be used to forecast funds' performance and managers' skill of active management? How to manage liquidity risk?

According to those problems above, this book can be divided into the following chapters:

Chapter 1, introduction. Firstly, it will introduce the background and significance of this book. Secondly, it will review the literature at home and abroad, and then it will analyze the ideas, approach and outlines in this book. Finally, it will conclude contributions and shortcomings in this book.

Chapter 2, new insight into evaluation and test on Expectile-based Sharpe Ratio, evidence from Chinese open-end mutual fund industry. In this Chapter, I creatively introduce Expectile into the problem of evaluation of mutual funds' performance, that is, I replace standard deviation with Expectile-based VaR and Expectile-ES as the measurement of risk in mutual funds' returns. Empirical results show that the use of CARE models in this book to estimate Expectile-based VaR and Expectile-based ES can measure the tail risk in funds' return series, and describe the dynamic variations in tail Expectile. So the conclusion proves Expectile is statistically significant and thus can be very feasible to the ranking and evaluation in mutual funds.

Chapter 3, research on relation between managers' ability of active management and performance in China. This chapter applies Active Share (AS) and Tracking Error (TE) proposed by Cremers and Petajisto (2009) to measure managers' skill of active management, and then analyzes the relationship between manager's skill of active management and performance from the aspects of multivariate linear regression, controlling size factor, persistence and manager replacement. The empirical results show that managers impact the performance very significantly. The group funds with highest AS and lowest TE prove the best performance, whereas the group funds with lowest AS and highest TE prove the worst performance. I also find

Abstract

that after controlling the factors of funds' characteristics and historical performance, there exist correlations between managers' skill of active management and performance, fund size and turnover rate. The results show if some funds have better performance, their managers would have higher skills of active management.

Chapter 4, research on open-end mutual funds' liquidity risk management in China. Firstly, this chapter reviews related theories about liquidity risk in open-end mutual funds, and integrate the possible problems lie in our domestic open-end mutual funds' liquidity, I construct the market liquidity factor in our capital market, on the base of Amihud's (2002) illiquidity ratio and Pastor and Stambaugh's (2003) measure. What's important, I measure the liquidity risk in mutual funds using the holding stock's data. Our empirical results show that, both liquidity level and liquidity risk in mutual funds have impacts on performance. I next apply multivariate regression to analyze smart money effect, persistence effect and size effect, after controlling such fund characteristics as size, age, turnover rate, flow and so on. Results show that, liquidity risk can not only be used to forecast performance, but also used to identify whether some managers have skill of active management. So we provide an effective method to select funds and managers for investors.

Chapter 5, conclusion and outlook. In this chapter, we review preview chapters and point out defects in this thesis, and look into the future of this study.

In this specific study, I try my best to:

Firstly, given mutual funds' real situations in China, I must select appropriate methodologies to construct a set of performance measurement and liquidity risk management systems.

Secondly, kinds of Statistics and Econometrics methods are playing important roles in our empirical study, and I also apply qualitative analysis to conduct systematic analysis.

Thirdly, I make innovations in methodologies, and apply many methods to conduct empirical study on relevant problems in this thesis.

Totally speaking, the contributions in this thesis are:

(1) All data in the empirical study is daily data. Because of complexity of data, most literatures study the problem of mutual funds' performance, using yearly, quarterly, monthly and weekly data. However, very few scholars use daily data to study mutual funds' performance. Since the short history of mutual fund industry in China, I mainly study the problems of measurement of performance, managers' skill of active management and liquidity risk management, under the series of daily return. This is because the purchase and redemption of mutual funds and the operation of fund managers are conducted by day.

(2) The empirical study in this book composite multiple methodologies, which also are the first time in domestic field, and thus it provides new insight into relevant researches. Every chapter in this thesis applies different method, and the specific creativities are summarized in the end of each chapter. For example, when we measure open-end mutual funds' performance, we use the Asymmetric Least Squares (ALS) method to estimate the parameters in our Conditional Auto Regressive Expectile (CARE) Models and calculate VaR and ES of return series; when we study manager's skill of active management, we apply Active Share and Tracking Error to measure manager's skill of active management from the angle of funds' holdings, and analyze the relation between manager's skill of active management and performance from the aspects of multivariate linear regression, controlling size factor, persistence and manager replacement; when studying liquidity risk, we construct the liquidity factor in Chinese capital market, which is based on Amihud's (2002) illiquidity ratio and Pastor and Stambaugh (2003) measure, and then we use multivariate regression to analyze smart money effect,

Abstract

persistence effect and size effect, after controlling the fund characteristics of size, age, turnover rate and flow.

Key words: Open-end mutual funds; Measurement of performance; Persistence; Manager's skill of active management; Liquidity risk management

目 录

第一章 导论 ·· 1
  第一节 研究简介 ·· 1
    一、选题背景和研究意义 ··· 1
    二、研究主题 ··· 3
  第二节 研究现状综述 ·· 4
    一、业绩度量方法问题 ··· 4
    二、有效市场检验问题 ··· 16
    三、基金业绩的持续性问题 ·· 18
    四、基金业绩与基金经理主动管理能力 ···························· 21
    五、基金流动性风险管理 ··· 25
    六、国内研究现状小结 ·· 30
  第三节 研究内容、结构和难点 ·· 31
    一、研究目标和研究内容 ··· 31
    二、研究方法 ··· 34
    三、研究难点 ··· 38

第二章 开放式基金业绩评价及实证研究
    ——基于 Expectiles 估计的 Sharpe 比率在基金业绩评价和检验
    中的应用 ··· 41
  第一节 引言 ·· 41
  第二节 Sharpe 比率 ··· 43
    一、传统 Sharpe 比率 ··· 43
    二、基于 VaR 的 Sharpe 比率 ··· 44
    三、基于 ES 的 Sharpe 比率 ··· 45

第三节　VaR 和 ES 的估计 ································· 46
　　一、Expectiles 和非对称最小二乘回归 ················ 47
　　二、条件自回归 Expectile（CARE）模型 ··············· 47
第四节　中国开放式基金业绩评价实证研究 ················ 49
　　一、样本选取及其数据来源 ·························· 49
　　二、收益率计算 ···································· 50
　　三、实证结果与分析 ································ 50
　　四、结论与展望 ···································· 70

第三章　基金经理主动管理能力与业绩关系研究 ············ 73
第一节　引言 ·· 73
　　一、研究对象 ······································ 74
　　二、研究目标 ······································ 76
第二节　基金业绩和基金经理主动管理能力的度量 ········ 77
　　一、基金业绩的度量 ································ 77
　　二、基金经理主动管理能力的度量 ···················· 79
第三节　我国开放式基金经理主动管理能力的实证分析 ···· 83
　　一、数据与样本选择 ································ 83
　　二、基金经理主动管理能力与基金业绩关系的实证
　　　　研究 ·· 84
　　三、基金业绩与基金规模关系的实证研究 ·············· 89
　　四、基于 AS、TE 分类的基金业绩 ···················· 91
　　五、基金经理主动管理能力的持续性 ·················· 95
　　六、基金经理更换对基金业绩的影响 ·················· 98
第四节　结语 ·· 100

第四章　流动性、流动性风险与基金业绩
　　　　——基于我国开放式基金的实证分析 ·············· 103
第一节　引言 ·· 103
第二节　流动性风险概述 ································ 105
　　一、流动性概述 ···································· 105
　　二、开放式基金流动性风险的界定与分类 ·············· 106

三、流动性风险的影响因素 …………………………… 107
　　四、其他风险 ………………………………………… 109
　　五、开放式基金流动性风险的形成机理和传导机制 …… 110
　　六、小结 ……………………………………………… 113
第三节　流动性的测度方法概述 ……………………………… 116
　　一、赎回率等基本指标 ……………………………… 116
　　二、流动性宽度测度 ………………………………… 116
第四节　我国开放式基金流动性风险的实证研究 …………… 120
　　一、我国开放式基金运营中潜在的流动性风险问题 …… 120
　　二、实证数据与样本选择 …………………………… 123
　　三、我国开放式基金流动性风险实证研究 ………… 124
第五节　我国开放式基金流动性风险管理策略 ……………… 143
第六节　结论与展望 …………………………………………… 145

第五章　全书小结与展望 ………………………………………… 147
第一节　全书小结 ……………………………………………… 147
第二节　不足与展望 …………………………………………… 150

参考文献 …………………………………………………………… 153
索　引 ……………………………………………………………… 173
后　记 ……………………………………………………………… 177

Contents

1 Introduction ·· 1

  1.1 Brief Introduction of the Book ··· 1
      1.1.1 Research Background and Value of the Book ··············· 1
      1.1.2 Research Topic of the Book ······································· 3
  1.2 Summary and Comments of the Existing Research ············ 4
      1.2.1 Summary of the Measurements of Performance ············ 4
      1.2.2 Summary of the Test of Effective Market ·················· 16
      1.2.3 Summary of the Persistence in Performance ··············· 18
      1.2.4 Summary of the Relationship between Performance and Manager's Ability of Active Management ···················· 21
      1.2.5 Summary of Liquidity Risk Management ···················· 25
      1.2.6 Summary of the Existing Research in China ··············· 30
  1.3 Research Contents, Structures and Diffculties ················· 31
      1.3.1 Research Objectives and Research Contents ··············· 31
      1.3.2 Research Methods ··· 34
      1.3.3 Research Difficulties ··· 38

2 Empirical Study on the Measurement of Open-end Mutual Funds' Performance—the Application of Sharpe Ratio Based on Expectiles Estimation in Performance Evaluation and Inspection ···················· 41

  2.1 Introduction ·· 41
  2.2 Sharpe Ratio ·· 43
      2.2.1 Traditional Sharpe Ratio ·· 43

		2.2.2	VaR-based Sharpe Ratio ·· 44

　　　2.2.2　VaR-based Sharpe Ratio ·· 44
　　　2.2.3　ES-based Sharpe Ratio ·· 45
　2.3　Estimation of VaR and ES ·· 46
　　　2.3.1　Expectiles and Asymmetric Least Squares (ALS)
　　　　　　Regression ·· 47
　　　2.3.2　Conditional Auto Regressive Expectile (CARE)
　　　　　　Model ·· 47
　2.4　Empirical Study on the Measurement of Open-end Mutual
　　　Funds' Performance ·· 49
　　　2.4.1　Sample Selection and Data Sources ···························· 49
　　　2.4.2　Calculation of Return Rate ······································· 50
　　　2.4.3　Empirical Results and Analysis ································· 50
　　　2.4.4　Conclusions and Outlook ··· 70

3　Relationship between Managers' Ability of Active Management and
　Performance ·· 73
　3.1　Introduction ·· 73
　　　3.1.1　Objects of Study ·· 74
　　　3.1.2　Research Objectives ·· 76
　3.2　Measurements of Mutual Funds' Performance and Managers'
　　　Ability of Active Management ·· 77
　　　3.2.1　Measurement of Mutual Funds' Performance ·············· 77
　　　3.2.2　Measurement of Managers' Ability of Active
　　　　　　Management ·· 79
　3.3　Empirical Study of Managers' Ability of Active
　　　Management ·· 83
　　　3.3.1　Data and Sample Selection ······································· 83
　　　3.3.2　Empirical Study of the Relationship between Managers' Ability
　　　　　　of Active Management and Performance ···················· 84
　　　3.3.3　Empirical Study of the Relationship between Performance and
　　　　　　Size ·· 89

Contents

        3.3.4 Performance Based on the Classifications of AS and TE ········· 91
        3.3.5 Persistence of Managers' Ability of Active Management ········· 95
        3.3.6 The Impact of the Change of Manager on Performance ········· 98
    3.4 Conclusions ········· 100

4 Liquidity, Liquidity Risk and Performance ········· 103

    4.1 Introduction ········· 103
    4.2 Summary of Liquidity Risk ········· 105
        4.2.1 Summary of Liquidity ········· 105
        4.2.2 Definition and Classification of Liquidity Risk of Open-end Mutual Fund ········· 106
        4.2.3 Influence Factors of Liquidity Risk ········· 107
        4.2.4 Other Risks ········· 109
        4.2.5 The Formation Mechanism and Conduction Mechanism of Liquidity Risk of Open-end Mutual Fund ········· 110
        4.2.6 Brief Summary ········· 113
    4.3 Summary of Measurements of Liquidity ········· 116
        4.3.1 Redemption Rate and Other Basic Indicators ········· 116
        4.3.2 Liquidity Width ········· 116
    4.4 Empirical Study of Liquidity Risk of Open-end Mutual Fund in China ········· 120
        4.4.1 Potential Liquidity Risk in the Operation of Mutual Fund in China ········· 120
        4.4.2 Data and Sample Selection ········· 123
        4.4.3 Empirical Study of Liquidity Risk of Open-end Mutual Fund in China ········· 124
    4.5 Strategies of Liquidity Risk Management of Open-end Mutual Fund in China ········· 143
    4.6 Conclusions and Outlook ········· 145

5 Summaries and Outlook of the Book ……………………………………… 147
 5.1 Summaries of the Book ……………………………………………… 147
 5.2 Deficiencies and Outlook …………………………………………… 150

Reference ………………………………………………………………………… 153

Index ……………………………………………………………………………… 173

Postscript ………………………………………………………………………… 177

第一章 导 论

本章主要介绍本书的研究背景和研究意义，回顾国内外相关文献，并阐述本书研究的主要内容、结构安排和创新点。

第一节 研究简介

一、选题背景和研究意义

证券投资基金是现代金融业的重要组成部分。根据中国基金业协会和 Wind 数据库，截至 2016 年底，国内基金管理公司已经从 1998 年的 6 家发展到 108 家，共发行各类基金总计 3867 只，基金净值从 1998 年的 34.18 亿元增长为 9.16 万亿元。其中，开放式基金从 2001 年底的 3 只增长到 3564 只，净值为 8.53 万亿元，占基金总规模的 93.12%。可见，开放式基金代表了基金业发展的主流方向。基于此原因，本书选取国内的开放式基金作为研究对象。

然而，自 2007 年下半年以来，由于市场指数不断下跌，许多基金的单位净值相继跌破面值，引起了各界的广泛关注。现实中开放式基金能不能战胜市场，带给投资者良好的投资收益，一直是金融学家和投资者等关心的重要问题。此外，基金经理的投资管理才能在微观上对基金业绩的影响，以及开放式基金最重要的风险——流动性风险，对于基金业绩影响的显著性研究，都是金融界、基金研究专家、投资者、基金管理公司及监管部门广泛关注的问题。因此，对基金业绩相关问题进行科学、全面、客观的研究，就显得尤为迫切和重要。

一方面，基金业绩评价（Performance Evaluation of Mutual Funds）是基金研究中最重要的问题，也是基金管理的重要环节，其目的在于利用基金运作中的历史数据，用量化的方法对基金的实际投资效果进行综合评价，或者对基金业绩的某些特性，如证券选择能力、时机选择能力、基金经理主动管理能力、业绩持续性、投资风格、业绩归属等方面进行分析，从而全面、客观、科学地评判基金的整体投资管理效果。同时也能为基金管理公司提供客观的评价方法，为监管机构利用基金业绩对市场影响进行预判提供标准。

而另一方面，与封闭式基金相比较，开放式基金最大的特点在于其"开放性"，即投资者在基金存续期内可以随时进行申购赎回。流动性风险是一种系统性风险，它是开放式基金运作中所面临的全部风险的集中体现，在极端情况下，流动性风险的积聚会导致"投资者赎回—股市下跌—赎回增加—股市进一步下跌"的恶性循环，从而可能会进一步引起市场流动性危机爆发，从而影响金融市场的稳定，因而，流动性风险是开放式基金面临的最重要的风险。1998年长期资本管理公司（LTCM）由于流动性问题倒闭，一度引起了美国乃至全球市场的恐慌，由此引发的流动性风险问题已成为当前学者和业界重点关注的问题。

综上可见，对开放式基金业绩进行全面系统的评价，并针对开放式基金的最主要风险——流动性风险进行研究，无论是在理论上还是实践上都具有十分重要的意义。

首先，从理论上看，基金业绩评价的许多方法都是建立在现代投资理论基础上的，因此，现代投资理论可以通过基金业绩进行检验，将基金业绩与市场收益进行比较，就可以对市场进行是不是有效的验证。此外，同迅速发展的基金市场相比，尽管国内开展了不少研究，专门从事基金评价的机构也已经出现，比如晨星基金评级、中信基金评级等，然而，大多数研究仅仅是照搬国外方法，并没有根据国内的实际情况对数据和分析方法进行相应的处理，这必然会导致实证结果有偏差，最重要的是，国内学者鲜有新方法的提出或引入，关于基金业绩与基金经理主动管理能力关系的研究以及流动性风险的定量研究还相当少。因此，选择此问题进行研究，将对国内相关领域研究具有重要的理论意义。

其次，从实践上看，有着如下几个方面的现实意义：

一是有利于在各基金的业绩之间进行相互比较。通过运用多种业绩评价方法对每只基金的业绩进行测度，再在同一方法下对不同基金的业绩进行排名，可以比较不同基金的投资效果，排名结果可以为开放式基金的排名评级提供较为科学的依据。

二是可以为投资者选择基金和基金经理提供科学的决策依据。一般而言，投资者没有过多时间，更不可能从专业的角度去对基金的风险、收益和基金经理等做出系统全面的评价，他们通常是根据各类评级机构和基金管理公司所发布的基金净值情况、评级情况或者是跟风做出投资决策。因此，运用多种方法对开放式基金的风险调整收益、基金经理的主动管理能力和基金的流动性风险进行研究，可以帮助投资者了解不同基金的收益、风险特征和综合情况，使他们能够选择适合自己风险收益偏好的基金产品和基金经理，从而做出正确的投资决策。

三是基金业绩评价和流动性风险管理对于基金管理公司具有重大意义。客观、准确的基金业绩评价和流动性风险测度能够分别反映基金业绩和基金经理的投资管理结果以及流动性风险管理情况，基金公司和基金经理可以了解自己门下所管理基金的风险和收益状况，鼓励和约束他们从投资者利益出发管理基金，为投资者寻求最大的投资收益。另外，基金管理公司还可通过比较不同类别基金和不同基金经理的业绩来决定其发展思路，以实现业务的不断创新。

四是有助于监管当局了解基金业整体运行的实际情况，观察基金业绩、流动性风险与证券市场的现实关联性，为日常监管和制定相关的政策法规提供一定的参考依据。

总之，当前我国基金业正处于发展的关键阶段，随着行业的迅速发展，特别是基金品种的不断丰富，现阶段相对落后的研究已经难以适应基金市场的发展，对基金业绩及相关问题进行全面系统的研究，使市场各方能够对基金和基金经理的实际投资效果进行客观评价，不仅具有很高的理论价值，而且对于我国基金业的健康发展来说，也有着非常重要而紧迫的现实意义。

二、研究主题

基金在西方国家的发展历史已有一百多年，其运作过程中所积累的丰富经验和系统、科学的理论研究方法都值得我们借鉴和学习。但考虑到我国特有的金融环境及市场条件,我们必须从我国开放式基金的实际出发,通过客观分析来研究基金业绩的相关问题。基于这样的考虑,本书以我国开放式基金为研究对象,借鉴国外最新的研究方法,结合国内证券市场及基金运作的实际情况,选择和提出科学合理的研究工具、技术方法,较为全面地研究开放式基金的业绩评价及流动性风险管理中的问题。

第二节 研究现状综述

国外对基金业绩相关问题的理论研究和实证研究已经相当成熟,研究内容全面、深入,方法多样。例如,从简单的净值增长率到风险调整业绩的评价,从单因子模型到多因子模型,从对一段时间内业绩度量考察到对不同时期内基金业绩的持续性考察,从基金经理个人特征研究到基金经理主动管理能力研究,从流动性风险的定性研究到流动性风险的定量研究,从简单计量经济学方法到复杂的统计方法的运用,从一国的实证研究到多国实证的比较研究,等等。

在现代理论技术方法的帮助下,基金业绩相关问题的研究正朝着更细、更深、更复杂的方向发展。这些理论及实证结果是我们开展研究的重要前提和基础,因而对其进行系统的总结和归纳非常有助于后续研究工作的开展,正因如此,本书将安排较多的篇幅对国内外有关文献进行整理和综述。

根据文献所关注的重点不同,可以将相关研究分为以下几个领域:

一、业绩度量方法问题(measurements of perform-ance)

1. 国外文献综述

20世纪60年代以前,对基金业绩的评价主要停留在定性分析上,定量分析也仅仅是简单计算和比较基金的投资收益率,没有考虑基金投资风险。比如,最早研究此问题的典型人物是Cowles,他于1933年将一个主动管理的投资组合的平均业绩与一个被动管理的投资组合的平均业绩进行

第一章 导 论

对比，结果发现前者不如后者。然而，Cowles 只使用了收益作为评价标准，并没有考虑风险。

随着现代投资理论的发展，特别是 1952 年 Markowitz 提出了著名的均值—方差模型并建立了现代资产组合理论（值得注意的是，Markowitz 最初便是利用了基金的数据进行研究），Sharpe（1964）、Lintner（1965）和 Mossin（1966）等发展了资本资产定价模型（CAPM），1976 年 Ross 提出了套利定价理论（APT），在理论上给出了投资组合风险的度量方法，基金业绩评价进入了一个全新的阶段。随后，学术界和实务界开始采用现代投资理论，对基金业绩进行深入的研究。

（1）单因子指标方法。具体地说，传统的基金业绩度量方法可以分为两大类：一类是单因子模型，另一类是多因子模型。其中，单因子模型主要有特雷诺比率（Treynor Ratio）、夏普比率（Sharpe Ratio）、詹森 α 指数（Jensen's α）、信息比率（Information Ratio）、M^2 测度方法（M^2 measure）、M^3 测度方法（M^3 measure）和衰减度（Probability of Decay Rate）等。

1）特雷诺比率，也称为"报酬—波动"比率。Treynor（1965）依据证券市场线（SML），利用美国 1953~1962 年的 20 只基金的年收益率数据进行实证研究，并使用超额收益与系统风险之比来度量基金业绩。其所定义的特雷诺比率的表达式如下：

$$T_p = \frac{E(r_p) - r_f}{\beta_p} \quad (1-1)$$

（1-1）式中，r_p 为开放式基金收益率，r_f 为市场无风险资产收益率，β_p 为基金的贝塔系数。从（1-1）式中还可以看出，特雷诺比率的经济含义反映的是单位系统风险的超额收益。

Treynor 比率可由图 1-1 表示。由图 1-1 可见，Treynor 比率以证券市场线作为衡量的基准。例如，位于证券市场线 SML 之上的基金 A 的 Treynor 比率要大于 SML 的斜率，因而基金 A 的业绩要优于市场组合 M，而位于 SML 下方的基金 C，其 Treynor 比率要小于 SML 斜率，表明基金 C 的业绩不如市场组合 M。

在 Treynor 研究的基础上，人们还将研究推广至 Treynor 比率统计性质之上。例如，Jobson 和 Kokie（1981）提出了 Treynor 比率的无偏估计，Pedersen 和 Satehell（2000）推出了 Treynor 比率的累计分布函数。

总的来说，Treynor 比率以投资组合有效为前提，使用系统风险作为风

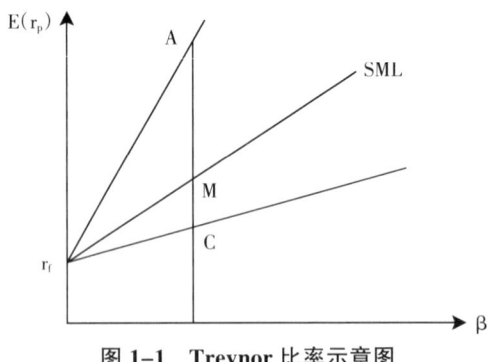

图 1–1 Treynor 比率示意图

险的度量，包含了全部非系统风险已分散的假设条件。因此，Treynor 比率只适用于非系统风险已充分分散的情况，如果基金的非系统风险没有得到完全消除，使用 Treynor 比率可能会得到错误的结论。

2) Sharpe 比率，也称为"报酬—变化性"比率，是广泛用于金融分析的一个统计量。Sharpe（1966）在资本市场线（CML）的基础上，以基金收益率的标准差作为总风险度量，提出用超额收益与总风险之比度量基金业绩，并利用美国 1954~1963 年的 34 只开放式基金的年收益率进行了实证。Sharpe 比率的计算公式如下：

$$S_p = \frac{E(r_p) - r_f}{\sigma_p} \tag{1-2}$$

其中，$E(r_p)$ 表示基金的期望收益率，σ_p 为基金收益率的标准差。从（1-2）式可以看出，Sharpe 比率的经济含义是，每单位风险上的超额收益。可见，Sharpe 比率的数值越大，说明基金经风险调整后的业绩越好。

Sharpe 比率的几何意义是基金组合与无风险利率连线的斜率。图 1-2 直观地说明了这个问题，位于资本市场线 CML 以上的基金 A，其斜率大于资本市场线，因而业绩好于市场组合 M，而位于资本市场线 CML 下的基金组合 C，其业绩却要差于市场组合 M。

国外学者对 Sharpe 比率做了很多研究：Miller 和 Gehr（1978）证明了在收益序列 IID 的假设条件下，Sharpe 比率的估计 $\widehat{SR}$[①] 的分子分母也是独

[①] $\widehat{SR}$ 的统计学含义是基于样本的 SR 估计，计算公式为：$\widehat{SR} = \frac{\hat{\mu} - r_f}{\hat{\sigma}}$。其中 $\hat{\mu}$ 为基金收益的样本均值，$\hat{\sigma}$ 为基金收益的样本标准差，r_f 为无风险率。

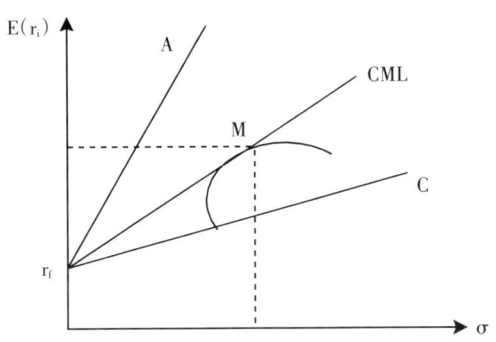

图 1-2 Sharpe 比率示意图

立的,且给定样本数量时,$\hat{SR}$ 与某个服从非中心 t 分布的随机变量成比例。在相同的假设下,Jobson 和 Korkie(1981)研究了 Sharpe 比率的渐进分布,及其在单样本和双样本假设检验中的应用,他们提出了在较为一般的条件下,即平稳收益率在时变条件波动、序列相关和非 IID 情况下的渐进分布依然是简单有效的。Lo(2002)使用标准广义矩(GMM)方法得到了一般条件下 Sharpe 比率的渐进分布。Christie(2005)根据其他学者关于股票收益率的研究成果(见 Be,2000;Harris 和 Küçüközmen,2001;Brännäs 和 Nordman,2003;Patterson 和 Heravi,2003)研究了尖峰厚尾和非对称条件下的单样本 $\hat{SR}$ 的置信水平和势函数,以及用于比较股票或基金 Sharpe 比率大小的双样本统计量的置信水平和势函数,结果发现该方法尤其适用于强正相关的基金收益率中。Kelly(2007)基于 Sharpe 比率,用单样本和双样本检验了开放式—封闭式 ETF 收益率是否不同于封闭式—开放式 ETF 收益率。Ledoit 和 Wolf(2008)使用 HAC 推断法,即通过构建一个学生化时间序列 Bootstrap 置信区间并进行模拟,检验了两基金之间的 Sharpe 比率是否相等。Bao(2009)研究了非正态分布下收益的 Sharpe 比率的估计 $\hat{SR}$,并发现 $\hat{SR}$ 对基金业绩排名有重要影响。

3)Jensen's α。Jensen(1968)用 1945~1964 年美国 115 只基金的年收益率数据及 S&P 500 作为市场指数进行了实证。提出利用 CAPM 模型的截距来评价基金业绩,用模型表示为:

$$r_{p,t} - r_{f,t} = \alpha + \beta_p(r_{m,t} - r_{f,t}) + \varepsilon_{p,t} \tag{1-3}$$

(1-3)式中,$r_{f,t}$ 为 t 时刻的无风险收益率,$r_{m,t}$ 为 t 时刻的市场组合收益率，$\varepsilon_{p,t}$ 为残差，$var(\varepsilon_{p,t}) = \sigma^2$，$E(\varepsilon_{p,t}) = 0$。

如图 1-3 所示，$\alpha > 0$，表明基金与整个市场相比获得了超额收益，基金的平均收益率在风险调整后高于基准指数。显然，截距项 α 越大，表明基金获得的超额收益就越大。

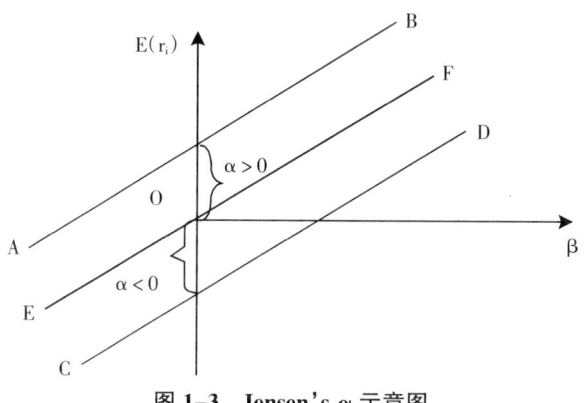

图 1-3 Jensen's α 示意图

Hendricks 等（1993）认为，基金业绩应该从深度与广度两个方面进行评价，深度是基金所获得的超额收益，广度则是指基金的分散程度。因此，Treynor 比率和 Jensen's α 仅仅考虑了深度，因为它们使用 β 来度量系统风险。在基金并没有完全分散非系统风险的情况下，使用 Treynor 比率和 Jensen's α 会得到错误的结论。而当组合的构成是投资者的全部特定资产或主要资产时，或者是在众多的基金中选择某一只基金时，可以用标准差来度量风险，这时可以使用 Sharpe 比率；而当组合仅仅是投资者特定资产中的一部分时，用 β 来测度风险更为合适。

尽管这三个单因子模型得到了广泛使用，但由于 CAPM 的有效性受到了部分学者的质疑，比如假设条件过于严格，无法解释按照股票特征分类的投资组合收益率的异象问题等，因此建立在 CAPM 基础上的 Treynor 比率和 Jensen's α 自然也受到了质疑，例如，Dybving 和 Ross（1985）认为即使基金经理能成功地把握市场，Jensen's α 作为绩效评价工具也很难判断市场[1]。而 Sharpe 比率不但反映了基金经理的市场调整能力，也考虑了

---

[1] Dybving P, Ross S, "Differential information and performance measurement using a security market line". *Journal of Finance*, Vol. 40, No.2, 1985, 394-399.

非系统风险,加之不需要考虑基准的选择,目前 Sharpe 比率仍然广泛应用于国内外基金业绩的评价中,因此,对于我国这个新兴市场仍有一定的适应性。总的来说,三种方法各有优缺点,而且简单易行,目前仍可用于基金业绩评价的问题研究中。

4)信息比率(Information Ratio),又称为评估比率(Appraisal Ratio),表示为基金的平均超额收益率与其标准差的比率。

$$IR = \frac{ER}{\sigma_{ER}} \tag{1-4}$$

(1-4)式中,$ER = \frac{1}{T}\sum_{t=1}^{T} E(R_{pt} - R_{bt})$,$\sigma_{ER} = \sqrt{\frac{1}{T-1}\sum_{t=1}^{T}(E(R_{pt} - R_{bt}) - ER)^2}$

由(1-4)式可以看出,信息比率反映了单位波动性产生的平均超额收益率。分子、分母分别表示基金相对于基准的超额收益和超额风险。如果基金经理希望获得超越基准的收益,那么他就需要承担基准以外的风险。信息比率的作用就在于此。如果信息比率为正且比较高,则说明基金经理能够以相对较小的超额风险获取较大的超额收益;如果信息比率小于 0,则说明基金跑输市场。

然而,(1-4)式并没有给出信息比率与信息之间的关系。为了深入分析这一关系,假定基金收益率 R_{pt} 满足单因子模型(1-3),则有:

$$R_{pt} - R_{ft} = \alpha + \beta(R_{Mt} - R_{ft}) + \varepsilon_t$$

由于信息比率是当基金被限定投资于市场组合且必须与市场组合保持相同的系统风险时得到的,此时,$\beta = 1$,则基金的超额收益为:

$$E(R_t) = R_{pt} - R_{bt} = \alpha + \beta(R_{Mt} - R_{ft}) + \varepsilon_t + R_{ft} - R_{Mt} = \alpha + \varepsilon_t \tag{1-5}$$

(1-5)式说明基金在 t 时刻的超额收益率是 α 与残差 ε_t 之和。此时,信息比率就变为风险调整的 α,即:

$$IR = \frac{\alpha}{\sigma} \tag{1-6}$$

现代投资理论认为,α 代表的超额收益来自基金经理的管理能力,体现了他们在管理过程中由于准确预测到市场或特定证券价格运动并调整基金投资组合而获得的额外收益。一方面,这种管理能力实际上反映了基金经理在市场或个别证券上具备的特有信息优势;另一方面,σ 反映了基金经理为充分利用其信息优势而放弃完全分散化投资,增加个别证券权重所产生的非系统性风险。可见,(1-6)式的信息比率实际上反映了根据非系统性风险折算的信息质量。

Treynor 和 Black（1973）将信息比率引入了单因子（CAPM）模型中，并证明了资产 j 作为最优组合的一部分，投资者投资在资产 j 上的资本额与 IR/σ 成比例［见 Treynor 和 Black（1973）］。Bodie、Kane 和 Marcus（2009）证明了基金的信息比率越大，对基金的需求越大。Treynor 和 Black（1973）进一步证明了所构建的最优的风险组合 P，由被动指数组合 M 和一个主动投资组合 A 组成，则 P 的 Sharpe 比率为：

$$SR_P^2 = SR_M^2 + \left(\frac{\alpha_A}{\sigma_A}\right)^2 \tag{1-7}$$

从（1-7）式可以看出，投资者的 Sharpe 比率随着基金 A 的信息比率的上升而上升。信息比率越高，则意味着基金对于投资者越有吸引力。Sharpe（1994）指出，信息比率是一个"一般化的 Sharpe 比率"，因为 Sharpe 将超额收益率看作是多头—空头战略的结果，因而 Sharpe 比率就是当无风险资产被卖空情况下的信息比率，即基金以无风险利率借入资金构建投资组合。

综上可见，信息比率从主动管理的角度描述了风险调整收益，但忽略了被动组合的部分。此外，由于信息比率的表达式中使用了 α，因而具有与 α 相同的缺点，另外，（1-6）式中的 α 仅仅反映了非系统性风险，若使用信息比率度量基金业绩，则会忽略系统性风险，难以准确反映基金收益率中的风险，不同于 Sharpe 比率从绝对收益和总风险的角度来描述。

5）M^2 测度。M^2 测度指标是由摩根士丹利公司的 Leah Modigliani 和她的祖父——诺贝尔经济学奖获得者 Franco Modigliani（1997）在 Sharpe 比率的基础上进行改进后的方法。同 Sharpe 比率一样，M^2 也是在总风险调整的基础上，加入无风险证券，形成类似两基金分离的形式，以 $\left(1 - \frac{\sigma_m}{\sigma_p}\right)$ 为权重，使基金风险与市场组合风险相等，这样，在风险一致的基础上，通过计算调整组合与市场组合的收益率之差便可得到 M^2 值。

基于上述思路，M^2 测度的具体计算步骤如下：

第一步，计算基金的收益率和标准差；

第二步，计算市场指数的收益率和标准差；

第三步，把一定量的无风险资产与基金混合，使混合资产的风险与市场指数相同；

最后，用（1-8）式计算混合资产的收益率：

$$M^2 = r_{p^*} - r_m, \quad 其中, \quad r_{p^*} = \frac{\sigma_m}{\sigma_p} r_p + \left(1 - \frac{\sigma_m}{\sigma_p}\right) r_f \tag{1-8}$$

6）M^3 测度。Muralidhar（2000）认为，Sharpe 比率、信息比率和 M^2 测度法都不足以有效地构建组合和进行业绩排名，原因在于组合和基准之间标准差的差异调整不够，且不同的相关性对应不同的风险水平，忽略了"组合和基准的相关性"常会导致错误的评价和排序。鉴于此，Muralidhar 提出了 M^3 测度方法，这一测度方法考虑了相关性差异及投资者有相应风险目标，通过跟踪误差（Tracking Error）解决了业绩排名以及基金投资组合中基金、基准组合、无风险资产的权重构成和最优组合的问题。他的实证结果显示，M^2 测度和 M^3 测度方法下的排序差异不大，但后者的收益更好。

M^3 测度法类似于三基金分离定理。用 a、b、(1 - a - b) 分别表示组合或基金、基准组合、无风险收益率三者的权重：

$$M^3 = r_{p\sim} - r_m \tag{1-9}$$

其中，$r_{p\sim} = ar + br_m + (1 - a - b)r_f$，$a = \sqrt{\frac{\sigma_m^2(1 - \rho_{Tm}^2)}{\sigma_p^2(1 - \rho_{pm}^2)}}$，$b = \rho_{T,m} - a\frac{\sigma_p}{\sigma_m}\rho_{p,m}$

综上可见，M^2 测度和 M^3 测度都建立在基金分离定理之上，所需的前提条件比较严格，且计算复杂、意义不明显，倘若基金持有的证券数目太多，会导致计算量加大。

7）衰减度（Probability of Decay Rate）。Sharpe 比率适用于收益为独立、一致、正态的情况，但是当出现较大的不对称的经济震荡以及涉及期权投资、其他非对称收益的衍生证券时，由于没有考虑分布的偏度，使用 Sharpe 比率将出现偏差。Stutzer（2000）以行为金融理论中预期财富低于某一水平基准的概率 Pr(w < s) 来衡量风险，提出了衰减度作为投资基金业绩评价指标。

若基金有正的超额收益率，根据大数定理，当 T→∞ 时，有 $\Pr(\overline{r_{pT}} \leq 0) \to 0$。设 r_{it} 为独立随机变量，当 T 足够大时，时刻 T 内的平均超额收益率小于零的概率近似为：

$$\Pr(\overline{r_{pT}} \leq 0) \approx \frac{C}{\sqrt{T}} e^{-I_{pT}} \tag{1-10}$$

（1-10）式中，C 是收敛于某种分布的常数，I_p 为衰减度。衰减度假设投资者会最大可能地回避风险，则：

$$I_p = \max_\theta \left(-\log \frac{1}{T} \sum_{t=1}^{T} e^{\theta r_{pt}} \right) \tag{1-11}$$

（1-11）式中，T 为时间；r_{pt} 为基金 p 在时间 t 的超额收益；θ 为风险厌恶指数，表示投资者对风险的态度，θ 取值大则表明投资者可能难以承受较大的风险，反之则敢于冒险。

衰减度最大的特点在于它允许收益率收敛于各种分布。尤其是当收益率收敛于非正态分布时，衰减度对偏度和峰度很敏感，正偏度的基金风险趋小，高峰度的基金风险趋大。

特别地，当收益率服从正态分布时，衰减度可以写为：

$$I_p = \frac{1}{2} S_p^2 \text{（}S_p \text{ 为 Sharpe 比率）} \tag{1-12}$$

虽然衰减度允许收益率收敛于各种分布，且高阶矩反映了基金收益率多数情况下的尖峰厚尾问题，但是衰减度主要是基于风险厌恶效应函数的模型之上，基金经理的风险厌恶程度决定了基金的业绩，基金经理对风险反应过度或反应不足都会导致衰减度度量结果的不准确，因此，衰减度不能够客观、准确地度量基金业绩。

（2）多因子模型。尽管以 CAPM 为基础的单因子评价方法比较简明了，意义鲜明，但它们不能解释市场上存在的一些异象，这些异象包括 Blume 和 Friend（1974）、Banz（1981）及 Fama 和 French（1993）提出的小公司效应，Basu（1977，1983）及 Dreman 和 Berry（1995）发现低市盈率（P/E）的股票往往获得更高的收益，De Bondt 和 Thaler（1985）发现股市有长期反转效应，Jegadeesh 和 Titman（1993）则发现了动量效应。此外还有 Mehra 和 Prescott（1985）研究发现的溢价之谜，以及其他学者发现的市净率效应、节假日效应、"羊群效应"、分析师推荐、家乡情结等。

套利定价理论（APT）认为，证券收益率与一组因子线性相关，这组因子代表证券收益率的一些基本因素，然而，APT 却没有明确给出风险资产定价所需的所有因素。大量研究也表明除了市场因素外，确实还有其他因素决定均衡价格。尽管存在较多因子，但是 Roll 和 Ross（1984）认为用 3~5 个因子就足以对资产收益进行很好的统计解释。因此，以 Fama 和 French（1993）三因子模型和 Carhart（1997）四因子模型最为典型的多因子模型至今仍广泛用于研究中。

1) Fama 和 French（1993）三因子模型。由于 CAPM 不能解释小规模和价值型股票为何能够获得较高的超额收益率，Fama 和 French（1993）在 CAPM 基础上，引入了零成本的小市值股票组合收益率与大市值股票组合收益率之差（SMB 组合，Small capitalization Minus Big capitalization）和高账面市值比股票与低账面市值比股票的收益率之差（HML 组合，High B/M Minus Low B/M）。

Fama 和 French（1993）用三因子模型对全球的主要证券市场进行了实证研究，结果发现，在包括美国在内的 12 个主要证券市场上价值型股票（high B/M）的收益率要高于成长型股票（low B/M）的收益率，而 16 个主要证券市场有 11 个市场的小公司股票的回报率高于大公司。他们的实证结果表明，除市场风险之外，规模、账面市值比（B/M）因素也能显著解释收益的横截面差异，包含市场风险因素不能反映的风险成分。因此，Fama 和 French 认为，三因子模型比单因子模型更准确。

Fama 和 French（1993）的三因子模型表示如下：

$$R_{p,t} - R_{f,t} = \alpha_{p,t} + \beta_{1,p}MKT_t + \beta_{2,p}SMB_t + \beta_{3,p}HML_t + \varepsilon_{p,t} \tag{1-13}$$

与基于单因子 CAPM 模型的 Jensen's α 类似，α 大于 0 表明基金具有获得超额收益率的能力；反之则没有。(1-13) 式中，$R_{p,t}$ 为基金 P 在第 t 月的收益率，$R_{f,t}$ 为第 t 月的无风险收益率，MKT 为市场超额收益率因素，SMB 和 HML 分别表示规模和账面价值市场价值比因素，$\beta_{1,p}$、$\beta_{2,p}$、$\beta_{3,p}$ 分别为 MKT、SMB 和 HML 的敏感性系数。

Fama 和 French 将基金持有的股票按照规模（ME）[①]、账面市值比（B/M）[②] 从大到小排序，则 MKT、SMB 和 HML 的计算方法分别为：MKT 为市场的超额收益率，即市场组合收益率与无风险收益率之差；SMB 为规模最小的 30% 股票与规模最大的 30% 股票的收益率之差；B/M 最大的 30% 股票与 B/M 最小的 30% 股票的收益率之差即为 HML。

2) Carhart（1997）四因子模型。由于三因子模型难以解释投资组合根据股票最近收益进行分组的收益，Carhart（1997）在三因子模型的基础上加入了动量因子来解释美国股票型基金业绩的持续性。Carhart（1997）在 Fama 和 French 三因子基准组合的基础上，提出了增加动量因子

[①] 本书中股票规模市值（ME）的计算由年初流通股股数与当日股价的乘积得到。
[②] 本书中账面市值比 BE/ME 的计算由每股净资产除以每股股价得到，这里每股净资产取年初数。

(Momentum Factor，记为 MOM）的四因子模型，对 1963~1993 年美国共同基金业绩的持续性进行了研究：

$$R_{p,t} - R_{f,t} = \alpha_{p,t} + \beta_{1,p}MKT_t + \beta_{2,p}SMB_t + \beta_{3,p}HML_t + \beta_{4,p}MOM_t + \varepsilon_{p,t} \quad (1-14)$$

四因子模型中 MKT、SMB 和 HML 因子的计算方法同 Fama 和 French（1993），特别地，动量因子 MOM 的计算办法如下：将样本期内基金持有的股票按其在过去一年内的收益率从高到低进行排序，则收益率最高的 30% 股票和收益率最低的 30% 股票的平均收益率之差即为 MOM。

四因子模型反映了市场在上述四种风险因子作用下的均衡，因此，它也可以用来解释基金收益的来源。因为模型中各个回归系数的大小反映了四种基本的投资策略，即投资于高 β 或低 β 股票、投资于大盘股或中小盘股、投资于价值型股票或成长型股票、投资于动量收益股票还是反转收益股票。

3）F-S 条件模型。条件模型是由 Ferson 和 Schadt（1996）提出的，条件模型考虑了基金的因子 β 与某些滞后的公开信息变量有关的情况。同时，基金经理可能会利用已知的公开信息改变基金的投资组合权重或调整投资策略，从而使得组合 β 受到公开信息的影响。因此，Ferson 和 Schadt 认为，运用公开信息调整的模型，可以减小传统模型中的偏差。

Ferson 和 Schadt 假定 β 是一组信息向量的线性函数，加入依赖于信息集 Z_t 的组合 β 的时变性，使得 $\beta_{i,t} = b_{0i} + B'_2(z_t)$，$z_t = Z_t - E(Z_t)$，是 Z_t 来自其无条件均值的偏差向量。则代入 CAPM 中有：

$$r_{i,t+1} = \alpha_i + b_{0i}(r_{b,t+1}) + B'_i(z_t r_{b,t+1}) + \varepsilon_{i,t+1} \quad (1-15)$$

(1-15) 式中的 F-S 条件模型也称为条件 β 模型，其中，$r_{b,t+1}$ 为基金对于基准组合的超额收益率。Ferson 和 Schadt（1996）及 Christopherson 等（1998）的 Z_t 变量包括一个月国债收益率、市场因子的分红收益和期限价差。

4）条件 alpha-beta 模型。在 F-S 条件模型的基础上，Christopherson 等（1998）假定 alpha 和 beta 都可能线性依赖于 z_t，使得 $\alpha_{i,t} = \alpha_{0i} + A'_i(z_t)$，则多因子模型变为：

$$r_{i,t+1} = \alpha_{0i} + A'_i(z_t) + b_{0i}(r_{b,t+1}) + B'_i(z_t r_{b,t+1}) + \varepsilon_{i,t+1} \quad (1-16)$$

(1-16) 式中，α_{0i} 测度了在控制了公开可得信息 z_t 和基于公开可得信息的调整因子载荷之后的异常业绩。

5）有的学者还拓展了多因子模型，例如，Pastor 和 Stambaugh（2003）、

Avramov 和 Chordia（2006）引入了带流动性的 Fama 和 French 以及 Carhart 模型，Cremer 等（2010）在 Carhart（1997）四因子模型的基础上增加了基于指数的因子，构造了六因子、七因子模型，Wagner 和 Winter（2013）使用市场超额收益、规模、价值、动量、流动性和特有风险六个因子构建了六因子模型。Hou、Xue 和 Zhang（2015）把 Fama 和 French 三因子模型中的价值因子换成投资因子（investment）和净资产回报率因子（ROE），结果发现其表现比 Carhart 四因子模型更好。Fama 和 French（2015）在三因子模型的基础上增加了盈利能力（profitability）和投资模式（investment patterns）两个因子发展成新的五因子模型，其中，定义盈利能力因子为高/低盈利股票投资组合的回报之差（Robust Minus Weak），定义投资模式因子为高/低投资比例公司股票投资组合的回报之差（Conservative Minus Aggressive），结果显示五因子模型比三因子模型能更好地解释股票的回报。

（3）综上所述，与单因子模型相比，多因子模型由于考虑了多个因子，在一定程度上解决了前文提出的单因子模型所存在的一些问题，并且解释能力也好于单因子模型，但在实证中，多因子模型要求能识别全部相关因素，而资产定价理论并没有明确地给出风险资产定价所需要的所有因子或因子的个数。更重要的是，Chen、Roll 和 Ross（1986）等认为，这些因子的选择容易受到个人主观判断的影响。另外，多因子模型同样无法完全解释资产收益的横截面差别，基准的选取对评价结果影响也很大。因此，对哪个模型更好，目前尚没有定论。

从上述分析可以看出，Fama 和 French（1993）三因子模型和 Carhart（1997）四因子模型考虑了诸如 Banz（1981）的规模效应及 Jegadeesh 和 Titman（1993）的短期业绩持续性等资产定价异常情况，同时它们还考虑了基金与风险因子有关策略的风险，因而被广泛应用于基金业绩评价之中，是学术和业界研究中最常用的两个多因子模型。

2. 国内文献综述

国内对于基金业绩评价的研究始于 2000 年，我国证券投资基金开始发展之际，主要运用了前文所述的评价方法来分析基金业绩有关的问题，在具体方法上与国外研究相比，一般都结合我国实际情况做了一定的修正，鲜有新方法的提出和应用。主要研究有：

黄学庭等（2002）、陈学荣和张银旗（2000）等应用基于风险调整的方法对基金进行排名分析。马永开、唐小我（2002）介绍了 Daniel、

Grinblatt、Titman 和 Wermers（1997）的 DGTW 法。丁文桓、冯英浚、康宇虹（2002）运用多投入、多产出的数据包络分析方法评价基金业绩。杨炘、王小征（2003）最早将三因子模型引用于国内的基金业绩实证研究中，发现基金可以取得超额收益，他们认为三个因子都具有显著性，模型精度也更高，可以作为更好的基金业绩评价模型。彭海伟、吴启芳（2004）假定收益率服从正态分布，并引入 GARCH 模型对基金的收益波动进行模拟，提出了基于动态 VaR 的 Sharpe 比率。赵振全、李晓周（2006）用 GARCH 模型对开放式基金的收益波动进行模拟，并计算绝对 VaR 和 RAROC。朱晓云（2008）发现基金收益率有明显的高峰右偏的特征，并不服从正态分布，因此，在正态分布的假设下计算 VaR 值会出现一定偏差。史敏、汪寿阳、徐山鹰（2006）通过实证检验发现国内开放式基金的收益率序列有明显的尖峰、厚尾性和有偏性，基于此，他们提出了基于非对称 Laplace 分布标准差和 VaR 值修正的 Sharpe 指数。苏辛、周勇（2013）提出了改进的条件自回归 Expectile（CARE）模型并应用到开放式基金业绩评价的问题研究中，他们运用非对称最小二乘法对动态的 CARE 模型进行半参数估计，得到样本基金收益率的 VaR 值和 ES 值，从而用于修正传统的 Sharpe 比率，结论显著证明了 CARE 模型在极端风险度量上更精确。苏辛、周勇（2015）用非对称幂分布来拟合基金收益率的分布，研究我国开放式基金实际日收益率下 $\widehat{SR}$ 和基于 APD 标准差与 VaR 的修正 $\widehat{SR}$，并使用双样本统计量对 $\widehat{SR}$ 进行假设检验，结论证明了关于某只基金的 Sharpe 比率是否大于另一只基金的 Sharpe 比率的假设检验是显著的，且在基金排名和评价的应用中是非常可行的。

二、有效市场检验问题（effective market）

1. 国外文献综述

金融学研究中的市场模型和定价模型大多基于市场有效的假设，因此，对于市场，特别是中国市场的有效性检验是重要的。市场的有效性问题通常是使用有效市场理论来进行检验。有效市场理论建立在 Fama 于 1970 年提出的有效市场假说（EMH）的基础之上，Fama 认为在有效市场中所有公开信息都反映在股票价格当中，因而进行积极管理是没有意的，基金无法超越市场。Grossman 和 Stiglitz（1980）则提出了改进的有效市场假说，认为证券价格充分反映所有可获得的信息，但该假说的前提是，信息不是免费的，存在信息成本和交易成本，因此，积极管理所产生的超额收益同信息收集的成本是同时发生的。

Friend、Brown、Herman 和 Viekers（1962）分析了 152 只美国共同基金在 1953~1958 年的表现。他们使用市场指数收益率对基金收益率进行了调整，结果表明基金具有-0.20%的超额收益，样本基金没有超越市场指数，因此认为证券市场是有效的。Sharpe（1966）计算样本基金的 Sharpe 比率，结果发现样本基金的平均业绩比道琼斯指数低 0.34%。Jensen（1968）发现样本的 Jensen's α 的平均值为-1.10%，表明基金无法超越市场指数。此后，学术界和实务界经常使用这三种评价方法，或者是引用这三项研究结论，特别是 Sharpe 和 Jensen 的结论，来反对积极管理策略而支持有效市场假说。

进入 20 世纪 70 年代，有效市场理论得到广泛认可。Friend、Blume 和 Crockett（1970）把基金收益率对纽约证券交易所市值加权指数进行回归检验，发现基金的 α 值为 2.98%。McDonald（1974）、Mains（1977）、Kon 和 Jen（1979）、Shawky（1982）等的研究也得出了相同的结论。

到 20 世纪 80 年代末，Grinblatt 和 Titman（1989）、Ippolito（1989）等重新展开了对市场有效性的讨论，这些讨论主要围绕基金产生的超额收益是否大于它们的信息收集成本。Henriksson（1984）、Chang 和 Lewellen（1984）基于 20 世纪 70 年代数据的实证研究表明，基金经理掌握了较充分的私人信息，这些足以抵消基金费用。Ippolito（1989）认为，不考虑承销费但剔除费用后的基金净收益位于 CAPM 模型的证券市场线之上，但受到基准选取的影响。可见，此时实证结论开始转向支持 Grossman 和 Stiglitz（1980）的有效市场假说。

2. 国内文献综述

国内关于市场有效性假说的检验的研究文章很多，汗牛充栋，其研究不是本书的重点，在此不过多进行叙述，主要对涉及基金的文献进行一些总结。国内学者沈维涛、黄兴孪（2001）、吴世农、李培标（2002）对我国基金市场进行了实证研究，且均得出了基金可以战胜市场的结论。刘芳、唐小我、马永开（2003）采用单因子法和因子分析法的综合评价法对国内基金的业绩进行了实证研究，发现大多数基金能够战胜市场。李江波、李崇梅、杨栋锐（2004）使用特雷诺比率、夏普比率和詹森指数来度量3只封闭式指数基金的业绩，发现在牛市时，指数基金的业绩劣于基准，而在熊市时，除基金善丰外，其他两只指数基金的业绩均优于基准。何娟、毛维静（2006）分别运用收益、风险调整收益、基金经理的时机和股票选择能力等方面的指标和因子分析法进行综合评价，发现开放式基金可以战胜市场。韩靓（2012）通过基金排名的预测功能构建投资策略，发现该策略不仅可以获得统计显著的正收益，而且高于基准指数代表的市场收益。而张新、杜书明（2002）运用夏普比率、特雷诺比率和詹森指数衡量了22只基金的业绩，发现没有足够的证据表明国内的基金取得了超越基准指数的表现。

三、基金业绩的持续性问题（persistence in performance）

1. 国外文献综述

Patel、Zeckhauser 和 Hendricks（1992）指出，投资者常常直接或间接地依据历史收益数据资料进行基金投资。那么，他们的投资决策是否正确呢？这个问题就涉及基金业绩是否具有持续性的问题。

所谓持续性（Persisitence），是指一定时期内基金业绩变化的平稳性，即业绩优秀的基金在其后一段时间内仍然继续保持优秀，而业绩差的基金继续表现出差的业绩，即强者恒强，弱者恒弱。持续性本质上便是考察基金历史业绩对未来业绩是否存在一定程度的影响，因而被视为一种金融市场异象，常用于检验市场是否有效。

基金业绩的持续性研究有三个主要问题——持续性是否存在、持续性的来源、持续性检验方法。目前国内的研究多是围绕持续性是否存在展开，关于持续性来源的研究还处于探索阶段，检验方法近年来也没有大的突破。

（1）业绩持续性是否存在。业绩持续性存在与否实际上也是对市场有效性的一种检验。此类文献可追溯到 Jensen（1968），他发现扣除费用后的基金业绩比随机抽取证券形成的组合业绩差，而且也不存在业绩持续性。其他的早期实证研究大多也支持了 Jensen 的观点，但20世纪90年代以后学者陆续发现持续性的存在，Grinblatt 和 Titman（1992）证实持续应在统计上是显著的。Lakonishok、Shleifer 和 Vishny（1992）证实了基金在 2~3 年的投资期中存在一定的持续效应。Hendricks、Patel 和 Zeckhauser（1993）对 165 只基金 1974~1988 年的业绩进行了评价，并首次使用体育用语中的"高手"（hot hand）和"低手"（cold hand）来表示持续性，即在短期内业绩持续表现出较好业绩的基金，而表现不好的基金在近期表现还是不好。Goetzmann 和 Ibbotson（1994）也讨论了"高手"现象的存在问题，他们认为基金的历史业绩可以用来预测未来业绩，投资者能够通过购买近期表现较好的基金以获得显著的超额收益。此外，Pastor 和 Stambaugh（2002），Kacperczyk、Sialm 和 Zheng（2005，2008），Kacperczyk 和 Seru（2007），Christoffersen、Keim 和 Musto（2007），Cremers 和 Petajisto（2009），Baker、Litov、Wachter 和 Wurgler（2010），Huang、Sialm 和 Zhang（2011），Amihud 和 Goyenko（2011），Cohen、Polk 和 Silli（2011）以及 Koijen（2012）等也都发现了部分基金的业绩存在持续性。

此外，学者们还针对持续性显著程度的受限条件进行了研究，包括研究期间、基准选用、收益测度、条件性方法的引入等。例如，Goetzmann 和 Ibbotson（1994）认为，业绩持续性现象只针对观察期在 1 个月至 3 年的基金原始收益和风险调整业绩。Brown 和 Goeztzmann（1995）用绝对和相对基准分析业绩的持续性，并指出经风险调整的业绩具有相对的持续性，使用不同基准会得到不同显著性的持续效应。以往文献多采用月收益率或季度收益率，而 Bollen 和 Busse（2005）采用了日收益率数据，并证明了基金业绩的持续性是一个短期现象，基金业绩的持续性只有在短期时间内（三个月）进行评价才有可能存在。

而少数学者认为基金业绩不具有持续性。例如，Bogle（1992）、Kahn 和 Rudd（1995）、Quigley 和 Sinquefield（2000）等对于基金业绩持续性进行了实证研究，发现过去业绩良好的基金并不具有持续性，Carhart（1997）也发现了好基金的业绩不存在持续性。

通过上述文献不难看出，国外学者对股票型基金与混合型基金的业绩持续性研究最多，争议也较多，采用不同的方法或评价标准可以得到不同的结论。因此，关于非股票型基金的持续性研究也有待进一步深入，探求实证结果差异的原因并找出更加有效的检验办法，这是未来的研究方向之一。

（2）业绩持续性的来源。关于基金业绩持续性的来源问题，目前仍处

于探索阶段,仍存在很多争议,国外很多学者进行了相关研究,归纳起来主要有如下三个:

1) 数据质量问题。基金业绩的持续性问题提出后,不少学者开始检查基金数据是否存在质量问题,因为相对于股票数据库而言,基金数据库的问题很多,特别是基金的生存偏差(Survivorship Bias)问题。在西方国家,基金优胜劣汰是很普遍的现象,不好的基金会被合并、清盘,这就产生了生存偏差问题,于是,假如研究所采用的数据中包含了较多业绩好的基金,就会导致对历史业绩的高估。这是因为,早期的数据库是为非学术性客户设计的,他们只关心可以投资的基金,一旦基金清盘之后,相关信息也被即刻删除。

不少文献专门讨论了业绩持续性是否是由数据质量问题造成的,比如,Brown 和 Goetzmann(1995),Brown、Goetzmann、Ibbotson 和 Ross(1992),Carhart(1997),Carhart、Carpenter、Lynch 和 Musto(2002),Carpenter 和 Lynch(1999)等。其中,Carhart、Carpenter、Lynch 和 Musto(2002)认为,持续性研究多把样本期间划分为两个时期,尽管第一个时期的数据可以做到无生存偏差,但是第二个时期中用于持续性检验的基金并没有随机消失,这就产生了二次选择偏差(Second Selection Bias)。Elton、Gruber 和 Blake(2001)发现 CRSP 数据库所收录的基金收益率与基金类型数据有很多缺失。

2) 股票惯性。Carhart(1997)发现基金的持续性问题与股票惯性现象相似,如果把观察期延长为 2~3 年,持续性会消失,并且主要是业绩排名在两极的基金具有持续性,这些特征同样存在于股票中,这可能意味着两者之间具有较强的相关性。Wermers(1997)通过考察基金持有股票的季度变化,发现基金所持有的股票具有惯性是导致基金业绩具有持续性的重要原因。

然而,目前人们对惯性如何影响基金业绩尚没有较为深刻的认识,但对股票惯性现象的研究可以为基金业绩持续性提供借鉴。

3) 其他。以往持续性来源的研究多集中在考察基金自身的因素上,但已有不少学者尝试从基金的外部因素来研究持续性。

Voldman 和 Wohar(1995)分析了影响基金业绩持续性的因素,结果发现,基金规模与管理费用对持续性具有负影响。Elton、Gruber 和 Blake(1996)将业绩的持续性归因于信息差异或选择能力优势。Carhart(1997)

发现四个风险因子和费率都会影响持续性，其中费率是长期持续性的主要因子。Guedj 和 Papastaikoudi（2005）发现基金管理公司可能会为了收入最大化而牺牲部分差基金，人为延续好基金的持续性。Nanda、Wang 和 Zheng（2004）发现明星基金会给自身及同一族内其他基金带来更多的现金流。

2. 国内文献综述

国内关于持续性的研究主要集中在持续性的存在性讨论上，吴启芳等（2003）发现，基于较短期的历史业绩对未来业绩的预测不可靠，但使用较长的数据却发现了较强的持续性特征。杜书明（2003）用列联表法、回归法和 Spearson 等级相关系数法对我国封闭式基金的业绩持续性进行了检验，发现样本基金在短期不存在持续性，说明我国的基金市场上不存在"高手"。肖奎喜、杨义群（2005）对 2004 年前发行的 55 只开放式基金的业绩持续性进行了检验，发现 1~3 个月内出现了一定的持续性，并有显著的反转现象，但在更长时间内没有持续性。刘建和、李承双（2006）采用线性回归方法，对我国 2002 年 6 月 30 日至 2005 年 6 月 30 日的开放式基金进行了研究，发现基金业绩没有持续性，并在短期有显著的反转现象。李宪立、吴光伟、唐衍伟（2007）基于回归分析的多期基金业绩持续性评价新模型评价了样本基金的业绩持续性，发现基金的业绩不存在持续性，且短期内具有反转性。苏辛、周勇（2015）则探讨了流动性风险是否可以解释基金业绩的持续性效应，结果发现，流动性风险最大的那组基金的基准调整收益和 α 都表现出很强的持续性，不流动基金的业绩好于流动基金，从而为投资者寻找具有持续管理能力的基金提供了有效的方法。

四、基金业绩与基金经理主动管理能力

1. 国外文献综述

国外学者早在 1966 年就开始了深入的理论研究。基本思路一般以传统的 CAPM 模型为基础，将基金的选股能力和择时能力进行明确分离和精确量化，然后进行相关的评价和能力分析。较为传统的代表性方法有：Jensen's α（1968）的回归模型方法、Treynor 和 Mazuy（1966）、Henriksson 和 Merton（1981）的业绩归属分析法以及 Fama（1972）的基金业绩分解法。

具体包括以下四个方面的研究：

（1）关于主动管理型基金的业绩是否好于指数型基金的研究。虽然主动型基金经理拥有众多追随者，并且他们都认为市场未来的走势能够被预测，市场能够被打败，然而，回顾近半个世纪以来关于基金业绩实证的研究，不难发现一个结论：极少数基金经理具有真正成功的能力，他们所管理的基金并没有在长期意义上战胜市场。例如，Jensen（1968）、Lehman 和 Modest（1987）、Hendricks 等（1993）、Brown 和 Goetzmann（1995）、Gruber（1996）、Carhart（1997）、Bollen 和 Busse（2001）、Kosowski 等（2006）、Barras 等（2010）的研究均表明主动型基金的平均业绩并没有取得优于指数型基金的业绩。Bogle（2002）的研究结果也表明超过一半的基金由于业绩过差而从市场上消失，而存活下来的基金的平均收益率普遍低于同期的 S&P 500 指数收益率。Fama 和 French（2010）分别使用总收益率和净收益率数据，采用 Bootstrap 方法模拟基金 alpha 估计的分布，但仅在 alpha 分布上尾处找到了能力存在的部分证据，因而认为主动管理型基金经理缺乏能力。

此外，也有部分研究发现了基金经理主动管理能力存在的证据。例如，Grinblatt 和 Titman（1989，1993）发现小盘基金和成长型基金的 alpha 均显著为正，他们认为这一业绩至少是由于基金经理的主动管理产生的。Chen、Jegadeesh 和 Wermers（2000）发现股票型基金的业绩能够跑赢指数。Kacperczyk、Sialm 和 Zheng（2005）认为基金业绩是基金经理行为的增函数。Kosowski、Timmermann、Wermers 和 White（即 KTWW，2006）使用 Bootstrap 技术分析发现，10%的基金经理具有打败市场基准的能力。Avramov 和 Wermers（2006）发现选股和择时使股票型基金的业绩变好，同时也证明了基金经理能力可以被预测。Kacperczyk、Sialm 和 Zheng（2008）对比了基金的实际业绩与基金在季度初期持有构成的业绩，发现两者的业绩差异很小，说明基金经理通过投资均增加了价值。Kacperczyk 等（2012）的实证研究发现，有一部分基金经理具有为投资者提供有价值服务的能力。

（2）关于选股能力和择时能力的研究。基金经理选股能力和择时能力方面的研究主要使用了 T-M 模型、H-M 模型和 C-L 模型。Daniel、Grinblatt、Titman 和 Wermers（即 DGTW，1997）对股票型基金的组合持有结构进行分析，结果也发现了选股能力的存在。Lee 和 Rahman（1990）以及 Goetzmann、Ingersoll 和 Inkovich（2000）则考察了基金经理的择时能力和选股能力。Kacperczyk 和 Seru（2007）发现如果基金持有的股票与公司特定的信息有关，则会获得较好的业绩，且业绩主要是由选股能力获得的。Mamaysky、Spiegel 和 Zhang（2008）使用 Kalman Filtering 技术，发现基金具有择时能力。Elton、Gruber 和 Blake（2011）使用基金的高频持有数据进行实证，发现基金具有市场择时能力。

1）T-M 模型。Treynor 和 Mazuy（1966）在 CAPM 的基础上，引入一个二次项，对基金管理人的股票选择能力和时机选择能力进行区分。该模型的基础是反映了时变 β 的非线性 CAPM，通常认为一个具有时机选择能力的基金经理会在行情好时增加 β 值较大的股票权重，行情下跌时减少 β 值较大的股票权重。即 β 值是时变的：

$$\beta_{pt} = \beta_p + \gamma_p(R_{mt} - R_{ft}) \tag{1-17}$$

Treynor 和 Mazuy（1966）指出，(1-17) 式中的 $\gamma_p > 0$ 表明 β 值与市场组合超额收益呈正相关，说明基金经理具有择时能力。用 (1-17) 式中的 β_{pt} 代替 CAPM 中的 β_p 便可得到 T-M 模型：

$$R_{pt} - R_{ft} = \alpha_p + \beta_p f_t + \gamma_p f_t^2 + u_t \tag{1-18}$$

(1-18) 式中，$f_t = R_{mt} - R_{ft}$，是市场组合的超额收益，T-M 模型将基金经理的主动管理能力分为选股能力和择时能力两部分，α_p 与市场行情无关，它表示基金经理的选股能力，γ_p 表示基金经理的择时能力。如果基金经理确实存在择时能力，二次项 $\gamma_p f_t^2$ 就会使得图 1-4(b) 中的投资组合线在 f_t 增大时变陡。

2）H-M 模型。Henriksson 和 Merton 在 1981 年提出了另一种检验择时能力的方法。不同于 T-M 模型，他们假设投资组合的 β 取两个值：当市场行情上升时，β 取最大值；反之 β 取最小值。H-M 模型的形式如下：

$$R_{pt} - R_{ft} = \alpha_p + \beta_p f_t + \gamma_p D_t f_t + u_t \tag{1-19}$$

在 H-M 模型 (1-19) 式中，D_t 是虚拟变量，当 $f_t > 0$ 时，$D_t = 1$，否则，$D_t = 0$。从模型看，当市场为熊市时，模型变为 $R_{pt} - R_{ft} = \alpha_p + \beta_p f_t + u_t$，投资组合的 β 值为 β_p；当市场为牛市时，模型变为 $R_{pt} - R_{ft} = \alpha_p + (\beta_p + \gamma_p)f_t + u_t$，投资组合的 β 值为 $\beta_p + \gamma_p$。可见，无论市场处于上升阶段还是下降阶段，当 $\gamma_p > 0$ 时，说明基金经理具有择时能力。同样，α_p 表示基金经理的选股能力，α_p 越大，选股能力越强，见图 1-4（c）。

3）C-L 的改进模型。1984 年，Chang 和 Lewllen 对 H-M 模型进行了改进：

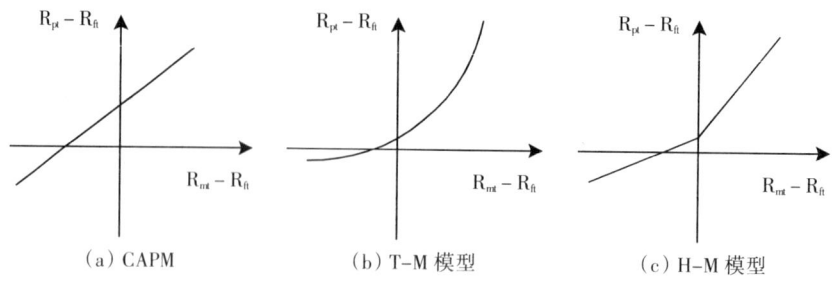

(a) CAPM　　　　(b) T-M 模型　　　　(c) H-M 模型

图1-4　三种模型下投资组合线对比

$$R_{pt} - R_{ft} = \alpha_p + \beta_1 \max(f_t, 0) + \beta_2 \min(f_t, 0) + u_t \tag{1-20}$$

(1-20)式中，当 $\alpha_p > 0$ 时，说明基金经理具有选股能力；β_1 和 β_2 为多头和空头市场的系数，当它们显著不为 0，且 $\beta_1 > \beta_2$ 时，基金经理具有择时能力。可见，C-L 模型的优点是简单明了，即使基金不具有择时能力，也能通过 β_1 和 β_2 的值来分析基金的投资策略特点。

（3）关于基金经理主动管理的能力研究。有关这个问题的研究已经是最近几年的热点。Brand、Brown 和 Gallagher（2005），Kacperczyk、Sialm 和 Zheng（2005），Cremers 和 Petajisto（2009），Cremers、Ferreira、Matos 和 Starks（2011）通过分析基金的投资组合构成证明了基金经理的主动管理行为会使基金业绩提高。Sun、Wang 和 Zheng（2009）发现，管理激进的基金业绩会好于那些策略较为保守的基金。Cohen、Polk 和 Silli（2010）研究发现，管理最主动的基金经理业绩一般比较出众，因此，基金经理应该适当降低基金投资组合的多样化程度。Savov（2010）认为，指数型基金在市场择时上并不一定比主动管理型基金好，这是因为，主动型基金经理通过其动态的交易策略，可以捕捉到更多的信息。Fama 和 French（2010）认为通过对比 alpha 估计的分布和实际收益率的 alpha 估计的分布，可以推断基金经理是否具有主动管理能力。Kacperczyk 等（2012）通过比较好基金及其基金经理的特征发现，好基金的规模通常更小，基金经理的管理也更主动，因而有能力的基金经理更易吸收新资金的流入，但也更容易从共同基金业跳槽至对冲基金业。

（4）关于基金经理能力的来源研究。Coval 和 Moskowitz（2001）认为地理因素很重要，将大部分资产投资于当地股票的基金业绩更好。Kacperczyk、Sialm 和 Zheng（2005）认为关注于某些行业的基金业绩更好。Cohen、Frazzini 和 Malloy（2007）认为基金经理会更多地投资那些与他们社会网络相关的企业，并且会获得更好的回报。Shumway、Szefler 和 Yuan（2009）则认为基金经理能力与未来业绩联系更紧密的信念有关。Baker、Litov、Wachter 和 Wurgler（2010）发现在基金盈余报告期前后，主动型基金经理购买的股票收益好于其卖出的收益。Cohen、Polk 和 Silli（2010），Jiang、Verbeek 和 Wang（2011）证明了基金取得好业绩的原因是权重大的股票收益比权重小的股票高。

2. 国内文献综述

目前，国内专门针对基金经理主动管理能力的研究还很少，主要还是集中在使用传统的 T-M 模型和 H-M 模型来研究基金经理选股能力和择时能力的问题上：

汪光成（2002）通过对我国 33 只基金的实证分析认为，我国基金经理的选股和择时能力均不显著，而吴世农、李培标（2002）用 T-M 模型和 H-M 模型分析了 10 只基金，认为基金经理不具备显著的选股能力，但在择时能力上比较显著。刘红忠等（2001）同样采用 Jensen's α 和 T-M 模型、H-M 模型发现，基金经理的投资能力并不显著，基金业绩没有跑赢指数，并且不存在持续性。沈维涛等（2001）应用风险调整指数法、T-M 模型和 H-M 模型发现，经过风险调整后，基金业绩总体上优于市场基准，且是通过基金经理的选股能力获得的，但并没有足够的证据表明基金经理具有择时能力。戴建华（2009）运用 H-M 模型考察 2006~2008 年明星基金经理的选股能力和择时能力，实证结果表明，部分基金经理具有一定的管理能力，但整体上并没有表现出令人信服的管理水平。苏辛、周勇（2014）使用主动占比和追踪误差分别从特有风险和系统性风险的角度测度基金经理的主动管理能力，发现基金经理对业绩具有显著的影响，在控制基金特征等因素之后，基金经理的主动管理能力与业绩等因素相关，结论表明，业绩好的基金经理通常具有较高的主动管理能力。

五、基金流动性风险管理

1. 国外文献综述

（1）基金流量与业绩的关系研究。关于基金流量研究的文献很多，大量研究表明，基金业绩是影响流动性的重要因素。早期的 FPR（Flow-Performance Relation，FPR）理论的研究一般利用回归分析的方法研究股票型基金流量与基金历史业绩的关系。Patel、Zeckhauser 和 Hendricks (1991) 选取 1975~1987 年的一组无负载 (no-load) 基金进行研究，发现现期基金流量是前一期基金流量、前一期基金收益、排名收益和基金规模的线性函数。Roston (1996) 发现当年业绩好的基金会增加新资金的流入，而历史业绩持续较差的基金将出现资金流出。但业绩好的基金的 FPR 曲线比业绩差的基金的曲线更为陡峭，说明好业绩带来的资金流入比差的业绩导致的资金流出更显著。Chordia、Subrahmanyam 和 Anshuman (2001) 在股票收益率和流动性之间发现了显著的横截面关系，他们使用成交量和换手率作为流动性测度，并发现流动性脆弱的股票收益率也较小。Amihud (2002) 的研究表明，股票流动性与收益之间存在负相关关系，基金追求业绩需要以拥有较低流动性的资产作为代价。

Berk 和 Green (2004) 认为基金市场均衡通过基金流动性获得，他们的模型表明基金流动性是阻止好业绩持续的关键因素，对于业绩好和排名高的基金，投资者会增加投资，从而增加赢家基金的资产规模①。Edelen (1999) 以及 Alexander、Cici 和 Gibson (2007) 认为，大笔的资金流入赢家通常会降低基金的未来业绩，通过交易费和错误的交易决策来实现。然而，他们也指出流出和流入一样，对于未来业绩也是不利的，这与 Berk 和 Green (2004)② 的观点不同。

Coval 和 Stafford (2007) 发现输家基金会发生大笔的资金流出，导致其交易行为可被他人预测，从而使业绩变得更差。这些短期的流动性引发的交易效应对收益的长期效应起反作用，使得输家基金的收益率难以回复到均值水平③，结果就是，输家基金的业绩继续恶化。

Bessler、Blake、Luckoff 和 Tonks (2010) 从实证上进行研究，认为基金流量与基金经理变更是使业绩持续性变弱的重要因素，无论是联合影响还是各自影响。他们发现与那些没有大笔资金流入的赢家基金相比，获得高流入的赢家基金的平均四因子 alpha 在来年会下降 2.52 个百分点。对于输家基金，即使他们的原始收益率因流出而上升，相对于没有流出的基

---

① 例如，见 Sirri 和 Tufano (1998)，Lynch 和 Musto (2003)，DelGuercio 和 Tkac (2008)，Goriaev、Nijman 和 Werker (2008)。
② Berk 和 Green (2004) 认为，业绩不好的基金会从资金流出中受益。
③ 对于赢家基金，流动性引发的交易行为的短期效应和规模的长期效应是同向影响的，扩大了赢家基金流入的负面影响。

金，他们的 alpha 也仅仅是不显著地上升了 1.08 个百分点，说明流出不会因为资产规模变小而使基金经理改善其业绩。

（2）关于基金流动性风险及其度量方法的研究。由于开放式基金在国外已有较长的发展历史，实务界和学术界对开放式基金的流动性风险做了大量的研究。

首先，很多学者研究了基金流动性风险的影响。例如，Kaufman（1994）、Hale（1994）均从宏观的角度研究了基金流动性风险问题，发现由于股票、债券价格的骤降会引起巨额赎回，从而迫使基金经理以低于市场实际价值的价格出售股票和债券，这会导致金融市场的系统性风险。Edelen（1999）[1]的研究则发现，为了降低流动性风险，应减少基金操作的频率，对于较小的流动性冲击，可以出售高流动性的证券和借贷资金来缓和，而较大的冲击会促使投资组合中流动性较差的资产变现，但这些对策会降低基金的业绩。Huang 等（2008）的研究也表明，在较为不稳定的市场条件下，基金经理会投资流动性好的股票。Cao 等（2009）分析了基金经理对于市场流动性的择时，发现流动性择时是业绩评价中的重要因素。

其次，关于流动性风险的测度也有大量文献。较早期的研究是，Garbade 和 Silber（1979）提出用证券（或组合）的变现前与变现后价格差值的方差来度量流动性风险，并建立了相应的模型[2]。Warther（1995）[3]研究了非预期现金流（如赎回）对基金的影响，结果表明流动性风险会对基金产生较大的冲击，将增加基金的流动成本。Bangia、Diebold、Schuermann 和 Stroughair（1999）提出了著名的 BDSS 模型，用流动性调整 VaR 的方法（La-VaR）来度量做市商市场上的流动性风险值，并将买卖价差所反映的流动性风险直接纳入传统的 VaR 公式中。

而最新的研究主要集中在将流动性风险看作是一种系统性风险因子来进行研究。例如，Easley、Hvidkjaer 和 O'Hara（2002）从不对称信息的微观结构方面证明了 EOH 模型预测的效应存在于资产收益率之中，他们使

---

[1] Edelen R, "Investor flows and the assessed performance of open-end mutual funds". *Journal of Financial Economics*, Vol. 53, 1999, pp.439-466.
[2] 刘海龙. 开放式基金的流动性风险管理研究现状及展望[J]. 管理评论，2004, 16(6): 3-9.
[3] Warther V.A., "Aggregate mutual fund flows and security returns". *Journal of Financial Economics*, Vol. 39, 1995, pp.209-235.

用基于微观结构模型的非公开信息（PIN）的测度方法，结果发现信息风险可以定价。Pastor 和 Stambaugh（2003）指出市场流动性是资产定价中一个重要的变量，他们发现流动性 beta 越高的股票会获得越高的预期收益。Acharya 和 Pedersen（2005）提出了在市场风险因子的基础上增加三个与流动性有关的风险因子的模型，Liu（2006）提出了一个增加流动性风险因子的市场模型。Watanabe 和 Watanabe（2008）研究了流动性 beta 的时变和流动性风险溢价，结果发现条件流动性因子载荷的估计是统计显著的。很少文献研究了流动性及流动性风险在基金业绩中的作用。

（3）流动性风险与基金特征关系研究。基金流动性风险很大程度上受到基金特征要素的影响。基金特征是基金固有的内部特征变量，较少受市场环境等因素的影响，在一定时期内会保持相对稳定。常见的特征要素包括年龄、规模、流动性、品牌、申购赎回费率、换手率等。

首先，基金年龄长短成为衡量业绩持续性的重要变量。根据 Sirri 和 Tufano（1998）、Fant 和 O'Neal（2000）的研究，成立时间长的基金和大规模的基金由于更容易被投资者了解，更易获得资金流入。另外，新基金比老基金能获得更多的资金流入。Chevalier 和 Ellison（1997）的研究也发现，同样的业绩提升幅度，新基金获得的资金流入要明显高于老基金，更容易获得资金流入。

其次，历史文献认为，小规模以及那些属于小基金族的基金具有更敏感的 FPR，并且这些基金具有更大的风险转移预期。与 Berk 和 Green（2004）的假设一致，Chen 等（2004）发现小基金显著好于大基金，即收益率随基金管理规模的增大而下降，但他们并没有考察其结论是否与基金的历史流量有关。Huang、Wei 和 Yan（2007）发现小基金族中的基金具有更大的流量—业绩敏感性，因此这些基金更易于变换风险。Yan（2008）发现基金规模与不流动性程度正相关，大基金的新投资一般限于有限的流动性股票和好的投资机会。

再次，赎回费率有助于减少赎回。低赎回费率降低了投资者的退出成本，会增加赎回，从而减小基金规模。因此，赎回费率与赎回率成反比例，赎回费率越高，赎回率越低。Nanda 等（2000）构造了一个关于投资者流动性需求、基金经理能力和费率结构三者关系的模型，他们的实证研究表明，流动性需求、管理水平、成本等因素决定了具有不同业绩基金的费率结构。Greene、Hodges 和 Rakowski（2007）发现设置赎回费用的基金

第一章 导 论

的日赎回量要显著低于没有赎回费用的基金，而新设立赎回费用的基金，其日赎回量在设立赎回费用后显著减少。

最后，基金品牌对流动性具有显著影响。Sirri 和 Tufano（1998）研究了基金的媒体曝光率对基金流量的影响，研究结果表明曝光率越高，所传达的信息越多，可以吸引投资者申购，从而增加基金的流量。Chakarabarti 和 Rungta（2000）发现品牌效应能影响投资者对基金的认知，从而影响其选择。Kempf 和 Ruenzi（2004）研究了同一基金管理公司所管理的基金排名与基金份额变动的关系，结果发现，基金的业绩排名与份额正相关。Nanda 等（2004）发现明星基金可以增加基金流量，并且还会产生溢出效应（Spillover Effect），这会给同一基金族中其他基金带来正的基金流量，因为投资者在关注明星基金时，也会注意到该只基金旗下的其他基金。

此外，还有一些学者对于某些特征或因子敏感性是否在解释收益率上更重要存在着争论，详见 Daniel 和 Titman（1997），Davis、Fama 和 French（2000），Gebhardt、Hvidkjaer 和 Swaminathan（2005）。

2. 国内文献综述

由于我国开放式基金成立时间短、样本少，关于开放式基金流动性风险的研究尚处于起步阶段，从已有的研究来看，最近几年国内的相关文献大多集中在以下几个问题：

（1）基金赎回问题。赵献兵（2001）分析了基金流动性风险的影响因素，并运用一个简单的线性规划模型，对基金市场流动性的动态均衡调节进行研究，研究了如何安排现金头寸。陈铭新、张世英（2003）则提出了一个完全随机型赎回行为和不完全随机型赎回行为的模型，并给出了基金资产净值的期望收益，但模型是建立在投资者赎回不会影响基金净值增长率、不存在申购费用等假定之上的，因而这些假定并不是十分合理，结论也难以令人信服。谢盐、田澍、赵世英（2004）使用复合泊松过程对个人赎回量和赎回频率进行了描述，并对 Nanda 模型进行了修正，研究了基金结构和投资者赎回行为的关系，但没有对机构投资者和个人投资者行为对赎回的影响进行实证研究。

此外，李军、娄静、王亚南（2005）在 Nanda、Narayanan 和 Warther（2000）模型的基础上提出了新模型，对我国股票型基金和债券型基金的投资者的赎回行为进行了实证分析。薛强军（2006）使用 O'Neal 分离现金流量方法研究基金业绩对投资者申购和赎回行为的影响，他发现基金当期业绩与其申购比率和赎回比率存在正相关的关系，但影响程度呈非对称性。吴英姿等（2006）的研究发现较高的赎回费率并不能抑制投资者的流动性需求，且分红金额与基金现金流量具有负相关的关系。

（2）基金流量与流动性风险研究。国内学者关于基金流量与业绩的关系研究以及流动性风险测度等问题的研究较少。陆蓉、陈百助、徐龙炳、谢新厚（2007）研究了我国开放式基金的FPR，发现我国的FPR曲线是凹的，说明业绩提高并没有带来资金的净流入，反而增加了赎回。赵旭、吴冲锋（2003）修正了Nanda和Narayanan（2000）的模型，发现基金业绩与基金经理管理能力正相关，但与流动性成本和流动性需求的风险负相关。

杜海涛（2002）用VaR来度量基金的流动性风险，他使用市场深度指标，并使用2002年第一季度的数据度量了最早成立的三只开放式基金（华安创新、南方稳健和华夏成长）的基金投资组合的流动性风险值。赵旭等（2003）使用了与杜海涛（2002）相同的样本基金为研究对象，并分别与同属于一家基金管理公司的三只封闭式基金进行对比，发现开放式基金所持有的股票资产的流动性与封闭式基金并没有什么显著差别，哪怕是同一公司旗下的两种基金。刘海龙、仲黎明、吴冲锋（2003）则研究了开放式基金流动性风险的最优控制问题，他们发现最优策略对基金经理的风险厌恶程度、资产波动率和流动性系数较为敏感，而对证券超额收益率敏感度较低。苏辛、林义雯、陆晟嘉（2014）归纳总结了开放式基金流动性风险的影响因素、形成机理和传导机制，并在此基础上分析了当前我国开放式基金运作中潜在的流动性风险问题，提出了开放式基金流动性风险管理的策略。苏辛、周勇（2015）构建了我国资本市场的流动性因子，并从基金持有资产的角度考察了流动性和流动性风险对于基金业绩的影响，实证研究发现，基金的流动性水平和流动性风险对于基金业绩都有影响，从而支持了两者应独立进行测度的论点。

六、国内研究现状小结

综上所述，国内大多数研究都是采用国外已有方法，套用我国数据，鲜有新方法，导致理论求证不系统，实证结果多样。由于客观条件的限制，目前国内研究尚存在以下问题：

第一，选取的样本基金个数太少，样本期间也比较短，多数只研究了

第一章 导 论

1~3年的基金业绩,缺乏对基金在一个完整市场循环(牛市和熊市的相互转换)下整体表现的反映,难以全面、客观地体现基金长期投资的特点。

第二,大多文献仍停留在传统指标和方法的应用上,对随后相关的进展关注、应用不够。

第三,分析模型单一,多数研究或者使用单因子模型,或者使用多因子模型,没有使用其他模型。

第四,研究范围狭窄,基本上只是针对基金业绩的一个方面进行评价,没有综合考虑。在基金业绩及其持续性、基金经理主动管理能力以及流动性风险管理方面的综合研究不多。

第五,忽视对有关数据和结果进行统计检验,使得结论缺乏严谨性。

第六,国外学者多采用西方成熟证券市场的数据资料,因此,单独照搬国外学者的研究结论不一定适合我国实际。

为了避免上述问题出现,我们需要转变思路,有必要分析比较各种基金业绩评价方法在我国特殊市场环境下所呈现的特性,探求其在我国应用的适用性,从而更好地开展系统全面的理论和实证研究。

第三节 研究内容、结构和难点

一、研究目标和研究内容

本书的研究目标是在充分考虑我国开放式基金发展的内外部环境的基础上,分析业绩特点,通过系统整理国内外基金业绩相关问题的理论方法,探求并发展适合我国实际的方法,全面、客观地对我国开放式基金进行实证研究,以期为投资者、基金经理、基金管理公司和监管部门提供较强的理论与现实意义的借鉴。

具体地说,本书主要探讨如下几个问题:

第一,开放式基金业绩的评价方法都有哪些?如何根据我国实际情况,选择适当的方法准确度量基金风险和收益?

第二,基金经理的主动管理能力对业绩有何影响?基金业绩的取得是否反映了基金经理真实的管理能力？哪些基金经理具有真正的主动管理能力？

第三，开放式基金特有的流动性及其风险该如何度量？它们对基金业绩及其持续性有何影响？我国开放式基金收益率中是否存在流动性溢价和流动性风险溢价，流动性风险是否可以预测基金业绩和基金经理的主动管理能力？如何对流动性风险进行管理？

根据上述问题，本书大致可分为以下几章：

第一章，导论。主要介绍本书研究的背景以及研究的理论与现实意义，并分别从基金业绩评价、基金经理主动管理能力以及开放式基金流动性风险及风险管理三个方面对国内外相关文献进行综述，并分析现有研究的不足，为本书的后续研究提供理论基础，在此基础上对本书的研究思路、研究方法、框架结构进行介绍，最后对全书的主要贡献与不足之处进行归纳和总结。

第二章，开放式基金业绩评价及实证研究——基于 Expectiles 估计的 Sharpe 比率在基金业绩评价和检验中的应用。采用改进的 Sharpe Ratio 对我国开放式基金业绩进行评价，将 Expectile 引入基金业绩评价的问题研究中，运用非对称最小二乘法（ALS）对动态的条件自回归 Expectile（CARE）模型进行半参数估计，并进一步计算得到样本基金收益率序列的 VaR 值和 ES 值，再使用计算结果对样本基金的日收益率进行风险调整，得到基于 VaR 和 ES 修正的 Sharpe 比率，并对样本基金进行排名。通过比较传统的 Sharpe 比率、基于 VaR 和 ES 的 Sharpe 比率，发现基于 Expectile 估计的 VaR 和 ES 得到的结果更显著、更有效。

第三章，基金经理主动管理能力与业绩关系研究。分别使用主动占比（Active Share，AS）和追踪误差（Tracking Error，TE）来衡量基金经理的主动管理能力，并从多变量线性回归、控制规模因素、持续性、基金经理更换等角度进行分析。结果表明，基金经理对基金业绩具有显著的影响。我们发现，在控制基金特征和历史业绩之后，基金经理的主动管理能力与业绩、基金规模、换手率等因素存在相关性，结论表明业绩好的基金经理通常具有较高的主动管理能力。此外，对于基金经理主动管理能力的持续性分析表明，主动管理能力高的基金具有显著的持续性，说明我国开放式基金业确实存在有才能的基金经理。关于基金经理变更的研究表明，基金经理变更对基金业绩具有负向的影响。

第四章,流动性、流动性风险与基金业绩——基于我国开放式基金的实证分析。首先对于开放式基金流动性风险及相关理论进行了综述,分析开放式基金流动性危机的形成机制,考察我国开放式基金潜在的流动性问题,并从理论上基于 Amihud(2002)不流动比率、Pastor 和 Stambaugh(2003)测度构建了我国资本市场的系统性市场流动性因子,并基于基金持有的数据来测度基金的流动性风险,结果发现基金的流动性水平和流动性风险对于基金业绩都有影响,从而支持了两者应独立进行测度的论点。此外,我们还使用多变量回归,在控制规模、年龄、换手率和流量等基金特征之后对流量效应(Smart Money 效应)、业绩持续性效应和规模效应进行了分析。结果表明,基金的流动性风险不仅可以预测业绩,还可以用于识别基金经理是否具有主动管理能力,从而为投资者选择基金和基金经理提供了有效的方法。最后从监管部门和基金管理公司的角度,提出了流动性风险管理的对策措施。

第五章,总结与展望。回顾全书,提出本书的不足之处,并展望今后研究的发展方向。

上述问题的存在使得开放式基金的业绩相关问题具备了理论和现实两方面的意义,当然,开放式基金的业绩相关问题还包含了其他方面,但限于本书的篇幅和研究目的,本书的实证研究主要针对以上问题进行。

综上,本书的框架结构如图 1-5 所示,其中,第二章、第三章、第四章为本书主体。

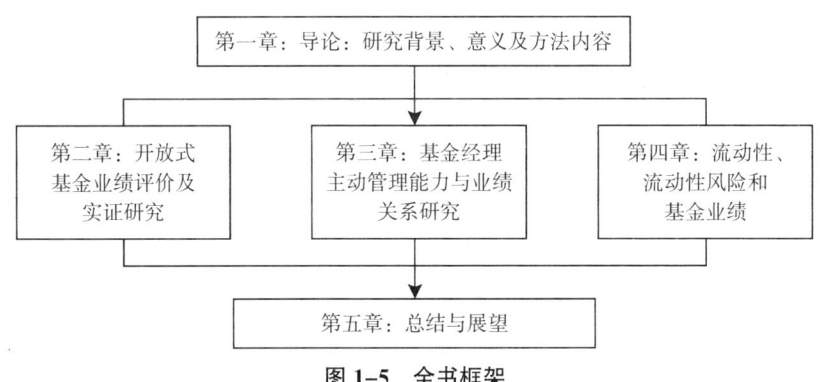

图 1-5 全书框架

二、研究方法

全书以实证分析为主,综合运用了实证、比较、规范等研究方法。借鉴国外最新的理论研究成果,结合我国的实际情况进行理论演绎创新,形成了本书的研究方法和体系。主要方法有:

1. 实证分析

鉴于本书的研究论题是开放式基金的业绩相关问题,这是一个具有很强实践性和可操作性的领域,所以实证分析是全书主要的研究方法,以期能有力地论述和证明本书的理论观点,使本书的结论更有说服力。实证研究中采用的数据主要来源于目前国内股票、基金的数据库及相关数据库。

从国外大量文献中可以看出,运用多种统计方法进行定量分析是研究基金业绩相关问题的主流方法。但在国内,由于开放式基金发展时间不长,且国内相关研究较为落后,对开放式基金进行多角度的定量分析并不多见。因此,本书在研究方法上以定量分析为主,运用大量的数据及各类统计模型方法对开放式基金的相关问题进行实证研究,结合定性分析方法,进行全面系统的评价。

具体地说,本书在进行实证分析时用的方法主要是各类统计分析方法,包括求均值、极值、均方差、峰度、偏度及各种统计量等,此外,还使用时间序列、分位数回归、回归分析、相关分析、统计检验、参数与非参数估计检验技术等方法,并使用 Matlab 软件进行编程计算分析。

2. 一般分析和重点分析相结合的方法

本书在分析时,注重把样本基金作为一个整体对其进行一般性分析,力求反映整体的全貌。然而,单纯的一般分析并不能看出不同基金之间的差别,因此,本书还将对位于分布顶端和底部的基金进行重点分析比较;除对整个证券市场的行情进行分析外,还重点分析有代表性基金经理的主动管理能力、经理变更、持续性、规模、流动性和流动性风险等对基金业绩的影响。

3. 分年度与总体时期相结合的方法

开放式基金在不同的阶段面临不同的证券市场行情,投资策略也不尽相同,必然会产生不同的投资结果,因此,我们采用分年度检验的方法,以便对不同时期的业绩进行对比。但是,仅仅单纯采用分年度检验难以反映开放式基金的长期投资效果，因此，我们对 2005~2013 年开放式基金的业绩进行了总体分析，看其在一个较长时期内是否具备长期投资能力。

4. 统计模型及其方法

（1）基金业绩评价的模型。本书在 Taylor（2008）、Kuan 等（2009）的 CARE 模型的基础上作了改进，引入 TGARCH 模型，提出了新的 CARE 模型，并使用非对称最小二乘法来估计模型中的参数：

Symmetric absolute value CARE：

$\mu_t(\tau) = \beta_1 + \beta_2 \mu_{t-1}(\tau) + \beta_3 |r_{t-1}|$

Asymmetric slope CARE：

$\mu_t(\tau) = \beta_1 + \beta_2 \mu_{t-1}(\tau) + \beta_3 (r_{t-1})^+ + \beta_4 (r_{t-1})^-$

Indirect TGARCH(1, 1) CARE：

$\mu_t(\tau) = \sqrt{\beta_1 + \beta_2 \mu_{t-1}^2(\tau) + (\beta_3 + \beta_4 I_{t-1}) r_{t-1}^2}$

Indirect AR(1)-TGARCH(1, 1) CARE：

$\mu_t(\tau) = -\beta_0 r_{t-1} + \sqrt{\beta_1 + \beta_2 (\mu_{t-1}(\tau) + \beta_0 r_{t-2})^2 + (\beta_3 + \beta_4 I_{t-1})(r_{t-1} - \beta_0 r_{t-2})^2}$

四个模型中，Symmetric absolute value CARE 模型由于引入了 Expectile 对于观测值的直接反应，因而解释了对正负观测值的对称性反应。第二个模型 Asymmetric slope CARE 引入了杠杆效应，描述了正、负收益对 Expectile 的不对称性影响。后两个模型采用了 TGARCH 模型进行改进，与 GARCH 相比，由于考虑了门限的控制作用，模型具有更强的预测精度和稳健性，也具有更广泛的适应性，能够更有效地描述基金收益率序列复杂的动态性。

（2）VaR 和 ES 的计算和后验检验。第一步，根据样本内数据估计得到的 CARE 模型，并利用分位数与 VaR 的关系式 $Q_t(\alpha) = -VaR_t$，便可计算 500 个样本外数据基于 Expectile 的 VaR 值。

第二步，根据 Expectile 二次型损失函数的一阶条件以及 ES 的定义，可以计算得到 Expectile 和 ES 之间的函数关系式，利用这一关系式便可以计算样本基金基于 Expectile 的 ES 值。

第三步，对第一步和第二步得到的 VaR 和 ES 结果进行后验检验：

首先，使用 Engle 和 Manganelli（2004）提出的动态分位数检验（Dynamic Quantile Test）对 VaR 结果进行后验检验。Engle 和 Manganelli（2004）的 DQ 检验统计量为：

$$DQ = \frac{Hit_t' X_t (X_t' X_t)^{-1} X_t' Hit_t}{T\alpha(1-\alpha)}$$

DQ 检验的原假设为，Hit 变量在其所有向前、向后阶数上无自相关，也不存在度量误差。由这一原假设可知，检验结果的 p 值越大越好，拒绝零假设的个数越小越好。

其次，对 VaR 估计做完 DQ 检验后，由于未知收益率残差的分布，接下来使用 Bootstrap 法对样本外 ES 的估计值进行后验检验。与 Efron 和 Tibshirani（1993）及 Taylor（2008）不同的是，本书使用由 CARE 模型估计得到的 Expectile 进行标准化，而不是标准差和分位数，这样重新定义的基于 Expectile 的标准化残差和检验统计量分别如下：

$$e_t = \frac{r_t - ES_t}{\mu_t(\tau)}, \quad t = \frac{E(e_t) - 0}{\sigma_{e_t}/\sqrt{m}}$$

对于 ES 的 Bootstrap 检验基础是，如果残差 e_t 的值过大，那么 ES 测度就不能正确描述收益率序列的分布情况。因此，在零假设下，残差独立同分布且均值为 0，备择假设是残差 e_t 的均值大于等于 0。同 DQ 检验，ES 的 Bootstrap 检验也需要接受原假设。

最后，还使用预测样本的 Expectile 在尾部的概率来比较条件 ES 模型的好坏，即考察收益率 r_t 落在 $\mu_t(\tau)$ 之下的比例，定义为 Violation Rate of Expectile：

$$VR = \frac{\sum_{t=n+1}^{n+m} I(r_t < \mu_t(\tau))}{m}$$

其中，n 为估计期间的样本量（1141），m 为预测样本期间的样本量（500）。

一般来说，模型的 VR 值应该接近于置信水平，因此通过比较 VR/α 值可以比较模型的好坏。如果 VR < α，说明模型高估了风险和损失（即高于实际损失和风险）；相反，如果 VR > α，则说明风险被低估了，基金经理可能无法分配足够的资金来应对将来的损失。显然，VR/α 的比值接近或小于 1 是最好的，表明对应的条件 ES 模型比较好。

（3）关于基金经理主动管理能力与基金业绩的关系研究。由于基金具有特定的投资目标，且持有特定的资产类别，因而很有必要从基金持有的构成角度来准确度量基金经理主动管理的能力。首先使用主动占比（AS）和追踪误差（TE）来度量基金经理的主动管理能力，用 $\omega_{fund,i}$，

$\omega_{index,i}$ 分别表示基金和基准中资产 i 所占的权重,则基金 i 在时期 t 的 AS 测度的计算公式为:

$$AS_{i,t} = \frac{1}{2} \sum_{i=1}^{n} |\omega_{fund,i} - \omega_{index,i}|$$

TE 定义为基金收益率与基准指数收益率之差的标准差,用公式表示为:

$$TE = stdev(R_{it} - R_{mt})$$

为了考察基金经理的主动管理能力与基金业绩之间的关系,本书使用业绩 alpha,分别使用四因子模型和五因子模型回归的估计结果作为被解释变量,以 AS、TE、基金年限、规模、换手率、流量、基金经理任期以及上一期的 alpha 为解释变量进行多变量回归,并使用面板回归的方法进行估计:

$$perf_{i,t} = c_0 + c_1 AS_{i,t-1} + c_2 TE_{i,t-1} + c_3 perf_{i,t-1} + \lambda_1 \ln(age_{i,t-1}) + \lambda_2 \ln(TNA_{i,t-1}) + \lambda_3 turnover_{i,t-1} + \lambda_4 flow_{i,t-1} + \lambda_5 \ln(tenure_{i,t-1}) + \lambda_6 AS_{i,t-1} \times \ln(TNA_{i,t-1}) + \varepsilon_{it}$$

(4)基金流动性和流动性风险的度量。

1)Amihud 测度。本书首先采用著名的 Amihud(2002)不流动比率来测度基金持有的股票 i 在 m 月的不流动比率,即:

$$ILLIQ_{i,m} = \frac{1}{D_{i,m}} \sum_{t=1}^{D_{i,m}} \frac{|r_{i,t}|}{dvol_{i,t}}$$

并使用沪深股市全部股票标准化 Amihud 测度的等权平均来计算市场流动性:

$$AmihudN_{i,t} = \min(0.25 + 0.3 Amihud_{i,t} P_{m,t-1}, 30.00)$$

接下来,使用如下 AR(2)过程来估计 AmihudN 的新息:

$$AmihudN_t = c + \varphi_1 AmihudN_{t-1} + \varphi_2 AmihudN_{t-2} + \varepsilon_t$$

用 OLS 估计上述 AR(2)过程的参数,便可得到 AmihudN 的新息为 AR(2)过程的负残差,从而将来自不流动性测度的 AmihudN 转变为流动性测度:

$$LiqInnov_t = (-1) \times \varepsilon_t$$

2)Pastor 和 Stambaugh(2003)测度。Pastor 和 Stambaugh(2003)的回归法所定义的股票 i 在 t 月的流动性测度是 $\gamma_{i,t}$ 在如下模型回归中的 OLS 估计:

$$r^e_{i,d+1,t} = \theta_{i,t} + \phi_{i,t} r_{i,d,t} + \gamma_{i,t} sign(r^e_{i,d,t}) \times v_{i,d,t} + \varepsilon_{i,d+1,t}, \ d = 1, 2, \cdots, D$$

接下来，使用两阶段法来计算市场流动性新息：

先计算 $\Delta\hat{\gamma}_t$： $\Delta\hat{\gamma}_t = p_{m,t-1}\dfrac{1}{N_t}\sum_{i=1}^{N_t}(\hat{\gamma}_{i,t} - \hat{\gamma}_{i,t-1})$

再对 $\Delta\hat{\gamma}_t$ 进行以下回归： $\Delta\hat{\gamma}_t = a + b\Delta\hat{\gamma}_{t-1} + cp_{m,t-1}\hat{\gamma}_{t-1} + u_t$

则流动性新息为： $Liqinnov_t = \dfrac{1}{100}\hat{u}_t$

3) 流动性风险测度。Pastor 和 Stambaugh（2003）、Sadka（2010）都指出，流动性风险实际上是资产收益率与市场流动性变化的协方差，换句话说，流动性风险反映了资产收益率是否与其对市场流动性新息的敏感性有关。按此思路，我们用股票或基金收益率对前文中得到的市场流动性新息进行移动回归所得到的流动性 betas 估计作为流动性风险测度。则本书所定义的流动性风险可计算为如下五因子模型中 L_t 的回归系数 $\beta_{i,t,L}$：

$$r_{i,t} - r_{f,t} = \alpha_{i,t} + \beta_{i,t,L}L_t + \beta_{i,t,M}MKT_t + \beta_{i,t,S}SMB_t + \beta_{i,t,V}HML_t + \beta_{i,t,U}UMD_t + \varepsilon_{i,t}$$

4) 流动性效应检验。在控制基金特征之后进行多元回归，检验流动性对于基金业绩的敏感性。分别使用基准调整收益、Sharpe 比率和四因子 alpha 对流动性、上一期业绩、基金年限、规模、换手率、流量和机构投资者的虚拟变量进行面板回归：

$$perf_{i,t} = \beta_0 + \beta_1 perf_{i,t-1} + \beta_2 Liq_{i,t-1} perf_{i,t-1} + \beta_3 Liq_{i,t-1} + \lambda_1 \ln(age_{i,t-1}) +$$
$$\lambda_2 \ln(TNA_{i,t-1}) + \lambda_3 turnover_{i,t-1} + \lambda_4 flow_{i,t-1} + \lambda_5 Inst + \varepsilon_{it}$$

三、研究难点

虽然关于开放式基金相关问题的理论和方法在国外已经非常成熟，实证研究的文献也很多，但在我国这样一个新兴市场上，如何寻找合适的方法及模型来研究仍然是一项相当困难的工作。

首先是数据问题，数据不完善给本书的研究带来了很大的阻力。总的来说，目前国内对基金的一些实证研究由于我国证券市场的现实条件所限，普遍存在一些先天不足的问题，比如样本数据区间比较短，市场基准的选取不太准确等。本书希望在这两方面有所改进，并采用最新的数据进行实证分析。

由于本书侧重实证研究，涉及的数据面广、量大，仅仅是开放式基金的每日净值及分红数据就非常庞大，而国内在基金数据库建设方面相对滞

第一章 导　论

后，数据也不准确、不完善，可能使评价结果产生很大的偏差。本书实证研究中涉及的开放式基金收益、费用、申购赎回、基金规模等都来自基金披露的年报或半年报，基金经理主动管理方面的数据则来自各基金管理公司，但随着开放式基金数目的不断增多，对数据的采集工作量也越来越大，因此，在进行实证之前，需要花费较多的时间和精力在数据的收集、整理与校对上。然而，国内对于开放式基金的信息披露不及时，基金的半年报和年报一般在一个会计期结束数月之后才会公布，加大了数据收集和整理的难度。此外，数据的真实性和可得性也存在很多困难，这些都给数据的收集造成了很大的困难。

其次是样本问题。我国开放式基金不过短短 10 年时间，却已经发行了八百多只开放式基金，然而由于本书篇幅和数据量过于庞大等方面原因，不可能选取全部样本，也无法选取相当长的时期进行实证研究。因此，选取的样本必须有足够代表性和分散性。

再次是研究内容范围上。基金业绩评价涉及很多方面，但由于时间的限制和笔者认识上的差距，很多问题还没有涉及，如基金投资风格、股市行情等方面对基金业绩的影响，本书已经涉及的问题也没有充分地展开和论述，研究存在一定的局限，但这并不意味着这些问题可以被忽略。

最后是方法创新上。由于基金业绩评价涉及多个问题、多种方法，要选对正确的方法已是难事，更何况进行创新。因此，本书仅对传统的方法和模型稍作改进，未能提出全新的方法和模型。例如，开放式基金流动性风险的度量问题是个公认的难点，国外在这一领域成熟的研究成果不多，主要的难点在于目前理论界对于流动性的定义及度量和形成机制还没有一个广泛的可接受的理论模型，因此在构建基于流动性的风险度量模型方面依然有很多困难。目前国内对这一领域的研究也处于起步阶段，相关研究非常少。因此，本书在此问题上尚不能做出创新。

总之，在基金业绩相关领域的研究中，无论是西方的学术界还是实务界都进行了较为广泛、深入的探讨，随着基金行业的发展，研究的内容、方法也在不断地完善、成熟和拓展。在我国，基金业尚处于发展的初级阶段，机遇和挑战并存，但挑战更多，对于基金业绩的研究无论广度、深度上都还很有限。尽管如此，全面、系统分析我国基金业在初级阶段的业绩表现是非常必要的，有助于相关参与者及时了解基金运行的特点和投资效率，有助于进一步完善未来基金业的运作和管理。因此，本书期望运用有关领域的最新研究成果，尝试对最近7年的开放式基金业绩进行较全面的分析和评价，探讨研究理论方法和模型在我国的适应性，为今后进一步的研究提供阶段性的结论和参考性的观点、建议。

第二章 开放式基金业绩评价及实证研究
——基于 Expectiles 估计的 Sharpe 比率在基金业绩评价和检验中的应用[①]

第一节 引 言

基金业绩评价是指利用基金运作的历史数据，用量化的方法对基金的实际投资效果进行综合评判。国外从 20 世纪 60 年代特别是 90 年代以来对基金业绩评价方法作了大量的研究，其中，以夏普比率（Sharpe ratio）、特雷诺比率（Treynor ratio）和詹森 α 指数（Jensen's α）三个经典的风险调整收益指标应用最为广泛。在上述三个经典指标中，特雷诺比率和 Jensen's α 依赖于 CAPM，在证券市场线（Security Market Line，SML）基础上利用系统风险（β 值）对基金收益进行调整；夏普比率则是以资本市场线（Capital Market Line，CML）为基准，假设收益率服从正态分布，使用标准差来调整总风险。

苏辛、周勇（2015）总结了三个经典方法的特征，他们发现，从三个经典方法的表达式来看，Treynor 比率和 Jensen's α 仅仅考虑了深度，因为它们使用 beta 来度量系统风险。在基金并没有完全分散非系统风险的情况下，使用 Treynor 比率和 Jensen's α 会得到错误的结论。而当组合的构成是投资者的全部特定资产或主要资产时，或者是在众多的基金中选择某一

[①] 苏辛、周勇：《条件自回归 Expectile 模型及其在基金业绩评价中的应用》，《中国管理科学》2016 年第 6 期。

只基金时，可以用标准差来度量风险，这时可以使用Sharpe比率来进行业绩评价和排名研究。

此外，CAPM的有效性还受到了部分学者的质疑，例如，Roll和Ross（1977）不仅对CAPM模型的有效性表示怀疑，而且还批评了其用于投资组合绩效测定的效果，因为CAPM回归检验的势函数很低。Dybving和Ross（1985）也认为即使基金经理能成功地把握市场，Jensen's α作为绩效评价工具也很难判断市场。而Sharpe比率不仅反映了基金经理的市场调整能力，也考虑了非系统风险，因而一直是国内外基金业绩评价常用的指标之一。

然而，传统的Sharpe比率有如下两个缺陷：一是以收益率服从正态分布为前提，但大量文献发现金融资产的收益率序列普遍具有明显的非正态性、尖峰厚尾性、有偏性、收益—损失的非对称以及波动率聚类等统计性质；二是标准差仅表示收益的波动性，并不能完全地衡量基金的真实风险，因为它忽略了最重要的损失风险，即下侧风险（Downside Risk）。

目前，学术界和业界广泛应用于风险度量的在险价值VaR（Value at Risk）和预期不足ES（Expected Shortfall），主要考察的是标的物分布在尾部下侧的极值所造成的风险。苏辛、谢尚宇、周勇介绍和比较了VaR、ES和Expectile等现代风险度量技术和方法。因此，为弥补传统Sharpe比率的缺陷，本章首先运用动态的条件自回归Expectile（Conditional Autoregressive Expectile，CARE）模型来估计基金收益率序列的VaR值和ES值[①]，从而对传统Sharpe比率进行风险调整，这样，可以更准确地描述基金收益的波动性特征，也更科学地评价基金业绩和基金经理管理风险的能力。其中，本书在估计CARE模型的参数时，运用了非对称最小二乘法（Asymmetric Least Squares，ALS）。

由于数据的复杂性与难获取性，大量文献研究了月数据和周数据下的基金业绩，使用日数据研究基金业绩的研究还很少。Goetzmann、Ingersoll和Ivkovic（2000）证明了使用月收益率评价会出现向下偏差。Bollen和Busse（2001，2005）也对比了日数据和月数据的评价能力，发现使用日数据的模型解释力要好于月数据。Cremers等（2010）的实证结果显示，基

---

① GARCH方法常用于波动率、VaR和ES的估计中，但GARCH方法在确定方差模型和选择分布假设的过程中可能会出现误差。

第二章 开放式基金业绩评价及实证研究

金日业绩的估计效果并不会因为使用日收益率数据而受到影响。由于我国基金发展的历史尚短，且资本市场发展不成熟，若使用月数据或周数据将会导致结果出现偏差，因而，本章主要研究基于日收益率序列下的我国开放式基金业绩评价和检验问题。

从第一章的文献综述可以看出，大多数关于基金业绩评价的文献忽略了基金实际收益的尖峰厚尾性、非对称性以及个体之间存在强正相关性所带来的影响，单纯使用传统的 Sharpe 比率可能会得到不准确的评价结果。在理论研究中，假如我们能得到 Sharpe 比率的样本分布，就可以使用 Vinod 和 Morey（2001）提出的方法来计算 Sharpe 比率，但现实中我们难以获得恰当的分布。因此，在传统 Sharpe 比率的基础上，本章提出分别用 VaR 和 ES 替换标准差，对基金超额收益进行风险调整，从而得到实际日收益率下样本基金修正的 Sharpe 比率和排名。在计算基金日收益率的 VaR 和 ES 值时，我们开创性地采用了非对称最小二乘法（ALS）对条件自回归 Expectile（CARE）模型进行估计，即使用得到的 Expectile 估计来预测基金收益率的 VaR 和 ES。其中，引入门限 GARCH（TGARCH）模型对 Taylor（2008）的 CARE 模型进行改进是本书的一大创新，实证结果表明，改进后的模型具有更强的预测精度和稳健性，也具有更广泛的适应性，因而能够更有效地刻画基金收益率序列复杂的动态性。本书的统计估计和检验的结果也表明，我们模型的参数估计结果和 VaR、ES 的计算、检验结果都好于 Taylor（2008）的 CARE 模型以及 Engle 和 Manganelli（2004）、Kuester 等（2006），以及 Berkowitz、Christoffersen 和 Pelletier（2009）的 CAViaR 模型。

第二节　Sharpe 比率

一、传统 Sharpe 比率

Lo（2002）称 Sharpe 比率"是金融分析中最常用的统计量"。McLeod 和 van Vuuren（2004）在其论文中详述了 Sharpe 比率如何"快速流行开来，并成为金融领域最普遍实施的工具"。Christie（2005）指出，Sharpe 比率是"评价基金经理业绩的一个最广泛应用的指标"。

作为最广泛用于金融分析的一个统计量，Sharpe 比率（见 Sharpe，1966，1975，1995）是一种风险调整的业绩评价工具，它与基金的平均超额收益成正比，与波动性成反比[①]。Sharpe 比率的经济学含义是基金单位波动风险的超额收益。Sharpe 比率的数值越大，表明单位风险上所获得的回报越高，基金绩效也就越好。Sharpe 比率的表达式为：

$$SR = \frac{E(r_p) - r_f}{\sigma_p} \quad (2-1)$$

在（2-1）式中，$E(r_p) = \frac{1}{T}\sum_{t=1}^{T} r_t$ 为基金收益的样本均值，$\sigma_p = \sqrt{\frac{\sum_{t=1}^{T}(r_t - E(r_p))^2}{T-1}}$ 为基金收益的样本标准差[②]，r_f 为无风险率。

二、基于 VaR 的 Sharpe 比率

金融危机使人们越来越关注风险的精确度量，并将其作为风险管理中至关重要的一环。在险价值 VaR（Value at Risk）便是金融机构和监管部门最常用的一种风险测度方法，它是在给定置信水平 $1-\alpha$ 下 [$\alpha \in (0,1)$]，金融资产或投资组合在一定持有期内市场价值的最大潜在损失，它相对于标准差更关注潜在的下方风险，即更关注金融资产的尾部损失。

令 r_t 表示基金收益率，则 VaR 的表达式为：

$$VaR = \inf\{r_t : F(r_t) \geq 1 - \alpha\} \quad (2-2)$$

从 VaR 的表达式（2-2）式中可以看出，VaR 是一个关于分位数的一对一函数，其度量相当于基金收益率序列条件分布的尾部分位数，它的值与分布在极端情况下的概率有关，而与具体的取值无关。因此，如果我们

[①] 尽管当超额收益为负时，此关系并不成立，但 Sharpe 比率在这些条件下的解释含义不改变，即大的 Sharpe 比率意味着有更好的风险调整业绩（见 Sharpe，1998；Vinod 和 Morey，2000；Akeda，2003）。但也有人反对此观点（见 Scholz，2007）。

[②] 本书按照 Miller 和 Gehr（1978）以及 Jobson 和 Korkie（1981）的方法，使用样本方差来定义 Sharpe 比率，因为样本方差估计使用 T 或 T-1 不会影响渐进分布的结果。

构造两个尾部取值不同的分布，可能会得到相同值的 VaR[①]。

当以 VaR 代替标准差时，我们便得到基于 VaR 的 Sharpe 比率，公式为：

$$S(\text{VaR}) = \frac{E(r_p) - r_f}{\text{VaR}} \tag{2-3}$$

三、基于 ES 的 Sharpe 比率

尽管 VaR 简单明了，得到了学术界和业界的广泛应用，但其在理论和实践中都存在着一些缺陷，例如，VaR 计算的是在一定置信度下的某一分位数的损失，但分位数之下的损失，即小概率事件，却未予以考虑，因此，无法有效反映极端风险（即尾部风险[②]）。更重要的是，VaR 没有次可加性，不是一致性风险测度，因而不能描述风险的分散化特征。

而预期不足（Expected Shortfall, ES）则克服了 VaR 的上述缺陷，因此也得到了广泛的应用。ES 最初是由 Artzner 等在 1997 年提出的。他们把 ES 定义为超出 VaR 的那部分损失的条件期望。因此，ES 对下方的尾部风险有着更为深刻的度量。其表达式如（2-4）式所示：

$$\text{ES} = E(Y_t | Y_t > \text{VaR}) = \frac{1}{\alpha} \int_{\text{VaR}}^{\infty} y f(y) dy \tag{2-4}$$

Yamai 和 Yoshiba（2002）从估计误差、分解风险因子、风险度量的有效性等方面对两种方法进行了比较，结果显示 ES 更好。Acerbi 和 Tasche（2001）证明了 ES 是一个一致性的风险测度方法，且能够在 VaR 不能估计的情况下进行有效估计，但是计算比较复杂。

同样，当以 ES 代替传统 Sharpe 比率的标准差时，便得到基于 ES 的 Sharpe 比率，如（2-5）式所示：

$$S(\text{ES}) = \frac{E(r_p) - r_f}{\text{ES}} \tag{2-5}$$

[①] Chung-Ming Kuana, Jin-Huei Yeh and Yu-Chin Hsu, "Assessing Value at Risk with CARE, the Conditional AutoRegressive Expectile Models." *Journal of Econometrics*, Vol. 150, 2009, pp.291-270.
[②] Yamai 和 Yoshiba（2002）指出，当资产损失很大，且发生不频繁时，尾部风险尤为显著。

第三节 VaR 和 ES 的估计

VaR 和 ES 的度量至今仍是一个极富挑战性的统计难题，人们对于哪种方法是最好的办法尚未达成共识。这是因为它们仅仅是基于当前信息的条件下投资组合未来价值的特定分位数，取决于给定分布的尾部形状，但现实中收益率分布一般会随时变化，因此很难找到关于时变条件分位数的恰当模型。

为了解决上述问题，我们采用一种对尾部下方风险更加敏感的度量方法[1]。这种度量方法是基于 Newey 和 Powell（1987）所提出的 Expectiles[2]。Expectiles 是非对称最小二乘回归（Asymmetric Least Squares Regression，ALS）法的解，其最大的优点是不需要做任何分布假设。

Expectiles 具有与分位数 Quantiles 类似的性质，可用于估计 VaR 和 ES。首先，将 Expectiles 用于估计 VaR 的理论基础是，Expectiles 与分位数是一一映射的关系（Jones，1994；Abdous 和 Remillard，1995；Yao 和 Tong，1996），Efron（1991）也认为，Expectiles 可看作分位数的估计。Kuan 等（2009）定义了基于 Expectiles 的 VaR，即 EVaR（Expectile-based VaR），EVaR 的定义与基于分位数的 VaR（QVaR）类似，但它对极值变化的反应要比 QVaR 敏感，这是因为 EVaR 不仅与两端的取值有关，还跟具体的取值有关。此外，Taylor（2008）指出，由于 ALS 是分位数回归的最小二乘类型，ALS 的解（即 Expectile）是由超出解之外的预期值所决定的，这就为使用 Expectile 估计 ES 奠定了理论基础。

金融收益率序列的自相关问题是不容忽视的。Taylor（2008）和 Kuan 等（2009）将 Expectiles 应用到条件自回归模型上，提出了条件自回归 Expectile（Conditional AutoRegressive Expectile Models，CARE）模型。CARE 模型是在 Engle 和 Manganelli（2004）的 CAViaR 模型的基础上提出的，两者类似但又不完全相同，区别主要在于模型的估计方法上，CAViaR 基于

---

[1] Giuliano De Rossi 和 Andrew Harvey（2009）指出，Expectile 在许多分布中比分位数更有效。
[2] Newey 和 Powell（1987）介绍了关于 Expectiles 的相关理论，并证明了如何将 ALS 法应用于回归问题中。

Koenker 和 Bassett（1978）提出的分位数回归（QR），而 CARE 则是使用 Newey 和 Powell（1987）提出的非对称最小二乘法（ALS）。最重要的是，CAViaR 模型不能用于估计 ES[①]。

然而，Taylor（2008）和 Kuan 等（2009）的条件自回归 Expectile（Conditional AutoRegressive Expectile，CARE）模型存在着一些缺陷，比如：Taylor（2008）的 CARE 模型结构与 Engle 和 Manganelli（2004）的 CAViaR 模型基本相同，且没有定义基于 Expectiles 的风险测度和进行动态的模型检验；而 Kuan 等（2009）的 CARE 模型虽然更好地捕捉了收益率的非对称信息，但是在描述尾部 Expectiles 的动态特征上仍有不足。因此，本章在他们研究的基础上提出了经过改进的新模型来估计 VaR 和 ES[②]。

一、Expectiles 和非对称最小二乘回归

随机变量 y 的 Expectiles 是使得二次型损失函数 $E[|\tau - I(r < \mu(\tau))|(r - \mu(\tau))^2]$ 最小时所得到的 $\mu(\tau)$。对于 $\tau \in [0, 1]$，决定了损失函数的非对称程度。特别地，当 $\tau = 0.5$ 时，$\mu(0.5)$ 使方差最小，此时的 $\mu(0.5)$ 即为 r 的均值。

ALS 最先由 Aigner、Amemiya 和 Poirier（1976）提出，并由 Newey 和 Powell（1987）进一步完善。其计算原理为最小化如（2-6）式所示的二次型损失函数：

$$\min_{\beta} \sum_{t} |\tau - I(r_t < \mu_t(\tau))|(r_t - \mu_t(\tau))^2 \tag{2-6}$$

二、条件自回归 Expectile（CARE）模型

条件自回归 Expectile（CARE）模型是在 Engle 和 Manganelli（2004）以及 Kuester 等（2006）所提出的 CAViaR 模型的基础上稍作变换得到的。CAViaR 和 CARE 参数的估计方法都属于半参数法，但 CARE 的优点是避免了分布假设，通过使用 ALS 法直接对 Expectile 建模，同时，允许收益

[①] Taylor（2008）指出，CAViaR 模型的缺点是直接用分位数建模，因而不能用于计算 ES。
[②] 具体过程请参见本章实证部分。

率序列的条件分布是时变的。大量研究表明，金融资产的收益率具有波动性聚集的特点，而这一特点在统计学中常常表示为收益率分布是自相关的。已有实证显示，CARE模型要好于其他模型（Taylor，2008；Kuan等，2009）。

本章在Taylor（2008）和Kuan等（2009）的CARE模型的基础上作了改进，引入TGARCH模型[1]，提出了新的CARE模型，如（2-7）式~（2-10）式所示：

Symmetric absolute value CARE：
$$\mu_t(\tau) = \beta_1 + \beta_2 \mu_{t-1}(\tau) + \beta_3 |r_{t-1}| \tag{2-7}$$

Asymmetric slope CARE：
$$\mu_t(\tau) = \beta_1 + \beta_2 \mu_{t-1}(\tau) + \beta_3 (r_{t-1})^+ + \beta_4 (r_{t-1})^- \tag{2-8}$$

Indirect TGARCH(1, 1) CARE：
$$\mu_t(\tau) = \sqrt{\beta_1 + \beta_2 \mu_{t-1}^2(\tau) + (\beta_3 + \beta_4 I_{t-1}) r_{t-1}^2} \tag{2-9}$$

Indirect AR(1)-TGARCH(1, 1) CARE：
$$\mu_t(\tau) = -\beta_0 r_{t-1} + \sqrt{\beta_1 + \beta_2 (\mu_{t-1}(\tau) + \beta_0 r_{t-2})^2 + (\beta_3 + \beta_4 I_{t-1})(r_{t-1} - \beta_0 r_{t-2})^2} \tag{2-10}$$

在上述四个模型中，r_t为基金日收益率，β_i为需要估计的参数[2]，在模型（2-8）式中，$(r)^+ = \max(r, 0)$，$(r)^- = \max(-r, 0)$。在第三个和第四个模型（2-9）式、（2-10）式中，I_{t-1}为负收益率r_{t-1}的示性函数，即当$r_{t-1} < 0$时，$I_{t-1} = 1$；否则，$I_{t-1} = 0$。

其中，第一个模型Symmetric absolute value CARE模型由于引入了Expectile对于观测值的直接反应，因而能够解释对正负观测值的对称性反应。而为了解释基金的非对称性，第二个模型Asymmetric slope CARE引入了杠杆效应，描述了正、负收益对Expectile的不对称性影响，通常，负收益下的波动性要大于正收益的波动性，因此，使用第二个模型可以刻画非对称杠杆效应。模型（2-9）式和（2-10）式采用了TGARCH模型进行改进，与GARCH相比，由于考虑了门限的控制作用，模型具有更强的预

---

[1] TGARCH模型最早是由Glosten，Jagannathan和Runkle于1993年提出的，因此又被称为GJR模型。本书所用的TGARCH(1, 1)模型为：$\sigma_t^2 = \alpha_0 + (\alpha_1 + \gamma_1 I_{t-1}) a_{t-1}^2 + \beta_1 \sigma_{t-1}^2$。

[2] 通常，动态模型为了保证模型的平稳性和动态方差为正，会对参数的取值范围附加一些限制条件，但是加入限制条件后，模型估计的难度增加，因此，本书不对参数的取值范围做任何限定。

测精度和稳健性，也具有更广泛的适应性，能够更有效地描述基金收益率序列复杂的动态性。其中，Indirect TGARCH（1，1）CARE 模型与 TGARCH（1，1）波动模型在形式上相似，且全部参数须大于零，区别在于此处使用 ALS 估计，而非 TGARCH 模型中常用的极大似然估计法。在第三个模型的基础上，加入 AR（1）模型，$r_t = \alpha r_{t-1} + \varepsilon_t$，得到 Indirect AR（1）-TGARCH（1，1）CARE 模型，它表明条件均值是时变的。Kuan 等（2009）证明了 CARE 模型系数 betas 的非对称最小二乘估计具有相合性和渐进正态性。

第四节 中国开放式基金业绩评价实证研究

一、样本选取及其数据来源

本章以 2005 年 1 月 1 日至 2011 年 9 月 30 日这段时间作为样本期间，总共 1641 个观测值。为保证样本基金个数以及样本期间长度，我们选取了在 2005 年 1 月 1 日之前成立且必须具有完整数据的 56 只开放式基金为研究对象。56 个样本中包括股票型 27 只，混合型 13 只，债券型 10 只，指数型 6 只，均来自不同的基金管理公司，因而具有较好的分散性和代表性。并且整个样本期间反映了我国证券市场所经历的较大变化，比如股权分置改革、牛熊市转换等。本书所有实证数据均来自 Wind 资讯金融终端和国泰安数据服务中心。

在此部分的实证研究中，我们将整个样本期间分为两部分：一部分是样本内数据作为估计样本，即使用前 1141 个数据进行模型参数的估计，估计的时间窗长度[①]取 1000；另一部分是样本外数据作为预测样本或检验样本，使用最后 500 个数据用于样本外 VaR 值和 ES 值的预测和检验。

[①] 关于时间窗长度，本书实证与 Taylor（2008）的研究结果一致，认为增加移动窗口的观测值数量，并不会改进方法估计的结果。

二、收益率计算

为避免数据太小产生误差，本章对所有基金收益率进行了扩大 100 倍的处理，收益率 r_t 的计算公式为：

$$r_t = \log\left(\frac{N_t - N_{t-1} + D_t}{N_{t-1}}\right) \times 100 \tag{2-11}$$

其中，r_t 为基金在第 t 天的收益率，N_t 和 N_{t-1} 分别为基金在第 t 和 t-1 天的单位净值，D_t 表示第 t 至 t-1 天支付的利息或红利。

根据我国证券投资基金的有关法律规定，本章以上证 A 股指数和深证 A 股指数[①] 各 40%，中信标普国债指数占 20% 的比例计算基金基准指数。故基准指数的收益率计算公式如下：

$$r_M = 0.4 \times r_{Shang} + 0.4 \times r_{Shen} + 0.2 \times r_{S\&P/CITIC} \tag{2-12}$$

其中，r_{Shang} 为上证 A 股指数日收益率，r_{Shen} 为深证 A 股指数日收益率，$r_{S\&P/CITIC}$ 为中信标普国债指数日收益率。

无风险利率采用各时期的一年期定期存款年利率，将其转换为日利率：

$$r_f = \frac{r_{one-year}}{252} \times 100 \tag{2-13}$$

本章采用的实证分析工具为 Matlab，书中所有统计结果、图表、数据分析均来自 Matlab 7.11.0 的运算输出。

三、实证结果与分析

1. 基本统计量描述

表 2-1 给出了市场基准和 56 只开放式基金收益率的基本统计量。首先，从表 2-1 的结果可以看出，在收益率均值方面，股票型基金、混合型基金和指数型基金的平均收益率要好于市场，而债券型基金（除了华安宝利配置）的平均收益率低于市场。其次，全部样本基金的标准差均小于市场，其中，混合型和债券型基金的标准差明显小于指数型基金和股票型基

[①] 由于沪深 300 指数仅代表沪深市场上六成左右的市值，代表性不够，故不选为基准指数的计算成分。

第二章 开放式基金业绩评价及实证研究

金的标准差。再次，在偏度方面，华夏大盘、嘉实稳健等30只基金收益率的偏度为正，意味着向右偏，收益率序列分布有长的右拖尾；其余26只基金收益率的偏度为负，意味着左偏，收益率序列分布有长的左拖尾。最后，所有序列均表现出较高的峰值，除金鹰成分股优选外，其余基金的峰度值都大于3，表明大部分样本基金收益率分布的分散程度较低，且分布的凸起程度大于正态分布。因此，上述结果表明，本章所有样本基金收益率的分布是有偏且尖峰厚尾的。

接下来使用Jarque-Bera统计量对56只样本基金日收益率进行正态性检验，发现除了嘉实增长、博时精选等6只基金外，余下50只基金收益率序列的JB统计量值都大大超过5%下的临界值（5.9915），显著拒绝收益率为正态分布的原假设，因此我们可以认为，大部分样本基金的日收益率时间序列是非正态且尖峰厚尾的。此外，对市场基准序列的JB检验也显示，市场基准也是非正态分布的。

表 2–1　开放式基金的统计性描述

基金名称	基金代码	基金类型	均值	标准差	偏度	峰度	JB统计量
华夏大盘	000011	股票型	0.1781	0.4352	0.2970	3.0846	24.5695
华夏配置	288001	股票型	0.0934	0.3347	−0.1448	3.2339	9.4579
嘉实增长	070002	股票型	0.1087	0.3493	−0.0612	3.2467	5.1763
嘉实稳健	070003	股票型	0.0709	0.3587	0.0784	3.4875	17.8981
嘉实成长收益	070001	股票型	0.0887	0.3292	−0.2430	3.4809	31.9042
易方达策略成长	110002	股票型	0.1106	0.4404	0.1376	3.3059	11.5554
易方达积极成长	110005	股票型	0.1043	0.4121	0.2362	3.3588	24.0171
博时精选	050004	股票型	0.0861	0.3998	0.0436	3.1791	2.7082
南方稳健成长	202001	股票型	0.0680	0.3964	0.3226	4.0824	108.372
南方积极配置	160105	股票型	0.0673	0.3517	0.0394	3.3212	7.4651
广发稳健	270002	股票型	0.1070	0.4119	−0.1371	3.1847	7.4597
大成蓝筹	090003	股票型	0.0872	0.4328	0.1351	3.3803	14.8537
大成精选	090004	股票型	0.1060	0.4596	0.2246	3.9064	69.8431
富国天益	100020	股票型	0.1154	0.3806	0.2359	3.8501	64.5144
上投摩根中国优势	375010	股票型	0.1157	0.4717	−0.1578	3.9909	73.8114

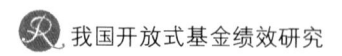

续表

基金名称	基金代码	基金类型	均值	标准差	偏度	峰度	JB统计量
鹏华普天收益	160603	股票型	0.1019	0.3912	−0.0080	3.4143	11.7322
融通新蓝筹	161601	股票型	0.0812	0.3646	0.2264	3.2165	17.1922
融通行业景气	161606	股票型	0.0798	0.4533	−0.2152	3.1606	14.4032
景顺长城优选	260101	股票型	0.0786	0.3762	−0.2020	3.6737	42.1162
景顺长城增长	260104	股票型	0.1140	0.4469	−0.0530	3.4433	14.179
长盛成长价值	080001	股票型	0.0767	0.3327	−0.4354	3.4445	65.2383
长盛动态精选	510081	股票型	0.0904	0.4271	−0.2614	3.2286	22.2207
国泰金龙行业精选	020003	股票型	0.1011	0.3786	−0.3160	3.3378	35.0486
国泰金马稳健回报	020005	股票型	0.0952	0.4224	−0.2755	3.8439	69.3262
海富通精选	519011	股票型	0.0931	0.3653	−0.1976	3.3445	18.7594
招商安泰股票	217001	股票型	0.0713	0.3640	0.0729	3.1114	2.2978
金鹰中小盘精选	162102	股票型	0.0867	0.3968	−0.0787	3.2812	7.0876
华夏成长	000001	混合型	0.0970	0.3877	0.0172	3.3498	8.4318
华夏回报	002001	混合型	0.1049	0.3125	0.7261	4.5206	301.741
博时价值增长	050001	混合型	0.0815	0.3511	0.0722	3.4759	16.8804
广发聚富	270001	混合型	0.0939	0.3714	−0.0445	3.6110	26.0198
大成价值增长	090001	混合型	0.0959	0.3804	−0.0292	3.3519	8.6844
华安创新	040001	混合型	0.0840	0.3599	0.0810	3.2923	7.6224
富国天源平衡	100016	混合型	0.0683	0.3073	−0.2429	3.2477	20.2946
鹏华行业成长	206001	混合型	0.1086	0.3480	−0.0853	3.1697	3.9518
融通蓝筹成长	161605	混合型	0.0673	0.3517	0.0394	3.3212	7.4652
景顺长城动力平衡	260103	混合型	0.0718	0.3377	0.1467	3.6229	32.3565
国投瑞银景气行业	121002	混合型	0.0949	0.3364	0.1092	3.3648	12.3381
宝盈鸿利收益	213001	混合型	0.0676	0.3887	0.2057	3.5551	32.5815
金鹰成份股优选	210001	混合型	0.0685	0.3874	−0.2971	2.9738	24.1441
华夏债券	001001	债券型	0.0303	0.0541	0.4642	5.6255	529.291
南方宝元债券	202101	债券型	0.0615	0.1585	0.7163	4.2835	252.506
大成债券 ab	090002	债券型	0.0257	0.0519	0.4760	5.8959	634.216
华安宝利配置	040004	债券型	0.1116	0.3466	0.0410	3.6533	29.5881

第二章 开放式基金业绩评价及实证研究

续表

基金名称	基金代码	基金类型	均值	标准差	偏度	峰度	JB统计量
富国天利增长债券	100018	债券型	0.0508	0.0921	0.3914	3.5685	63.8798
鹏华普天债券a类	160602	债券型	0.0248	0.0545	0.7111	9.1450	2715.24
融通债券	161603	债券型	0.0212	0.0635	1.3637	7.7389	2040.39
长盛中信全债	510080	债券型	0.0421	0.1142	−0.3395	5.6264	502.253
国投瑞银融华债券	121001	债券型	0.0715	0.2044	0.0940	3.2244	5.9989
招商安泰债券A	217003	债券型	0.0279	0.0653	0.9750	7.4795	1629.02
华安中国A股指数	040002	指数型	0.0902	0.4722	−0.2153	3.405	23.849
博时沪深300	050002	指数型	0.0762	0.472	−0.1791	3.2712	13.777
易方达50指数	110003	指数型	0.072	0.4632	−0.1189	3.449	17.619
鹏华中国50	160605	指数型	0.1096	0.4002	−0.0152	3.1469	1.536
银华道琼斯88	180003	指数型	0.0918	0.4373	0.0649	3.026	1.196
万家180	519180	指数型	0.0785	0.4643	−0.1254	3.3918	14.77
基准			0.0648	1.5565	−0.2354	5.4699	431.481

2. 模型参数估计

在估计CARE模型的参数之前，我们需要首先对56只样本基金收益率序列做相关性检验。Ljung-Box检验的结果显示，当滞后阶数取5或10时，所有样本基金Ljung-Box检验的Q统计量值都很大，且p值均为零，说明样本基金收益率序列均存在显著的序列相关性。因此，可以使用本章提出的CARE模型进行以下的分析。

接下来，给定四个α分位数，用本章第三节中的ALS法估计CARE模型中的参数β和τ值。估计结果如表2-2、表2-3所示。由于篇幅有限，本章仅列出了四种类型基金的第一只样本基金和市场基准的参数估计与检验结果。

ALS估计的基本思路是使得第三节中的二次损失函数式（2-6）最小。具体步骤是：先产生100000个服从（0，1）均匀分布的随机数向量。接下来，对每个随机数，计算（2-6）式中的损失函数，选择令损失函数最小的十个向量作为单纯形算法的初始值，重复第二步，直到单纯形算法的收敛性得到满足。最后，选择损失函数最小的那个向量作为最后的参数向量。ALS估计的最优化路径采用Nelder-Mead单纯形（直接搜索）算法，即使用 Matlab 中的 fminsearch 函数作为最优化命令。

表 2-2　给定四个 α 分位数，ALS 法估计 CARE 模型得到的参数 τ 值

基金类型＼模型	SAV	AS	Indirect TGARCH	Indirect AR-TGARCH
1%分位数				
股票型	0.00105	0.00249	0.00411	0.00018
混合型	0.00114	0.00286	0.00417	0.0001
债券型	0.0011	0.00328	0.0047	0.00013
指数型	0.00129	0.00284	0.00472	0.0002
基准	0.00999	0.00079	0.0024	0.0001
模型均值	0.00115	0.00287	0.0044	0.00015
分位数均值	0.00857			
5%分位数				
股票型	0.00685	0.02115	0.0065	0.00013
混合型	0.00726	0.02211	0.00642	0.00011
债券型	0.01373	0.02612	0.0064	0.00017
指数型	0.00752	0.02194	0.0073	0.00014
基准	0.01599	0.01605	0.0085	0.0001
模型均值	0.00884	0.0228	0.00666	0.00014
分位数均值	0.00961			
95%分位数				
股票型	0.9907	0.9787	0.974	0.969
混合型	0.9903	0.9777	0.9769	0.962
债券型	0.99	0.9692	0.971	0.967
指数型	0.991	0.9813	0.972	0.971
基准	0.9899	0.9863	0.986	0.9915
模型均值	0.9905	0.9767	0.9735	0.9673
分位数均值	0.977			
99%分位数				
股票型	0.9983	0.9983	0.997	0.999
混合型	0.9989	0.9978	0.9973	0.994

第二章 开放式基金业绩评价及实证研究

续表

基金类型 \ 模型	SAV	AS	Indirect TGARCH	Indirect AR-TGARCH
99%分位数				
债券型	0.9982	0.9975	0.995	0.992
指数型	0.9992	0.9986	0.996	0.997
基准	0.9955	0.9991	0.9926	0.991
模型均值	0.9987	0.9981	0.9963	0.9955
分位数均值	0.9972			

表2-2给出了CARE四个模型下四种基金类型的τ估计值，结果显示，τ值比相应的α值更极端。即当分位数α的取值为1%和5%时，τ比α小得多，而当α为95%和99%时，τ比α大。我们的结论也与Newey和Powell（1987），Sin和Granger（1999）以及Taylor（2008）的结论是一致的。此外，表2-2的结果还显示，第三个模型和第四个模型的τ值在不同类型的基金中相差不大，表现相对稳定。

由于篇幅原因，我们仅给出考虑四种分位数时，在5%的显著性水平下，第三个模型Indirect TGARCH model使用ALS法的参数估计中正、负值所占的百分比，以及参数显著性检验的P值（见表2-3），以便我们能更好地了解模型估计的结果和特点。

从估计的结果看，估计值的符号、大小与分位数的取值有关，例如，在1%和5%的分位数下，大多数样本基金四个参数估计的符号基本为正；而在较大的分位数下，部分基金后两个参数的符号发生了变化，但总体来说与1%和5%分位数时的情况基本一致，说明参数的估计结果较为稳定。

同时，我们还对参数的估计结果进行了显著性检验。检验的零假设是 $\hat{\beta}_j = 0$（j取决于每个模型中的参数个数）。检验结果显示，在5%的显著性水平下，除了融通蓝筹成长、景顺长城动力平衡、宝盈鸿利收益、南方宝元债券和鹏华中国50这五只基金的β_3是接受原假设之外，其他基金的系数估计均显著不同于0。此外，值得注意的是，自回归系数β_2总是显著的，这表明收益率分布尾部存在显著的波动率聚集现象，说明模型中的自回归部分能够很好地捕捉波动率波动的特征。

此外，我们对于 CARE 其他三个模型的参数估计结果也显示出了稳定性和显著性。由于篇幅关系，此处省略结果。

表 2-3　Indirect TGARCH 模型的参数估计结果

参数估计值	β_1	β_2	β_3	β_4
1%分位数				
正值比例	100%	92.47%	100%	89.29%
负值比例	0	7.53%	0	10.71%
显著的个数	56	56	56	55
5%分位数				
正值比例	100%	91.92%	0	85.71%
负值比例	0	8.08%	100%	14.29%
显著的个数	56	56	55	51
95%分位数				
正值比例	100%	86.13%	98.17%	81.43%
负值比例	0	13.87%	1.83%	18.57%
显著的个数	56	56	53	55
99%分位数				
正值比例	100%	87.24%	92.39%	67.14%
负值比例	0	12.76%	7.61%	33.86%
显著的个数	56	56	52	55

接下来，我们继续以 CARE 的第三个模型 Indirect TGARCH model 为例，来说明如何使用 CARE 计算基金收益率在样本外数据上的 VaR 和 ES。使用其他三个模型计算 VaR 和 ES 的方法相同。

首先，给定 5% 的 α 分位数，使用华夏大盘基金样本数据得到的 Indirect TGARCH model 中的 τ 估计为 0.009。Indirect TGARCH model 中的参数估计值分别为：0.00085、0.9951、0.00585 和 0.00709，则模型（2-9）可改写为：

$$\mu_t(0.009) = \sqrt{0.00085 + 0.9951\mu_{t-1}^2(0.009) + (0.00585 + 0.00709 I_{t-1})r_{t-1}^2}$$

（2-14）

将 (2-14) 式中的 $\mu_t(0.009)$ 替换为 $Q_t(0.05)$，并代回 (2-14) 式得到 (2-15) 式：

$$Q_t(0.05) = \sqrt{0.00085 + 0.9951Q_{t-1}^2(0.05) + (0.00585 + 0.00709I_{t-1})r_{t-1}^2}$$
(2-15)

利用 (2-15) 式以及分位数与 VaR 的关系式 $Q_t(\alpha) = -\text{VaR}_t$，便可计算 500 个样本外数据基于 Expectile 的 VaR 值。

再根据 Expectile 二次型损失函数的一阶条件以及 ES 的定义[1]，可以计算得到 Expectile 和 ES 之间具有以下的函数关系：

$$\text{ES}_t(\alpha) = \begin{cases} \dfrac{\tau}{(1-2\tau)\alpha} E(r_t) - \left[1 + \dfrac{\tau}{(1-2\tau)\alpha}\right]\mu_t(\tau), & \alpha < 0.5 \\ \dfrac{1-\tau}{(2\tau-1)(1-\alpha)} E(r_t) - \left[1 + \dfrac{1-\tau}{(2\tau-1)(1-\alpha)}\right]\mu_t(\tau), & \alpha \geq 0.5 \end{cases}$$
(2-16)

结合 (2-14) 式和 (2-16) 式，得到条件 ES 模型如下：

$$\text{ES}_t(\alpha) = \begin{cases} 0.18E(r_t) - 1.18\sqrt{0.0009 + 0.995\text{ES}_{t-1}^2(\alpha) + (0.006+0.007I_{t-1})r_{t-1}^2}, & \alpha < 0.5 \\ -1.06E(r_t) + 0.06\sqrt{0.0009 + 0.995\text{ES}_{t-1}^2(\alpha) + (0.006+0.007I_{t-1})r_{t-1}^2}, & \alpha \geq 0.5 \end{cases}$$
(2-17)

分别使用 (2-15) 式和条件 ES 模型 (2-17) 式，我们便可以计算样本基金的 VaR 和 ES。

3. VaR 和 ES 的后验检验

在得到 VaR 和 ES 的结果之后，我们还需要对结果进行后验检验。

（1）DQ 检验。首先，我们使用 Engle 和 Manganelli (2004) 提出的动态分位数检验[2]（Dynamic Quantile test）对 VaR 结果进行后验检验。

假设 F_{t-1} 是基金在 t-1 时刻上可获得的信息集，VaR_t 为基于 F_{t-1} 的向前一步预测。

令 $H_t = \begin{cases} 1, & \text{if } r_t < -\text{VaR}_t \\ 0, & \text{if } r_t \geq -\text{VaR}_t \end{cases}$，且 $\Pr(H_t = 1 | F_{t-1}) = \alpha$ (2-18)

---

[1] Carlo Acerbi, Dirk Tasche, "On the Coherence of Expected Shortfall", *Journal of Banking and Finance*, Vol. 26, 2002, pp.1487–1503.
[2] Taylor (2008)、Berkowitz、Christoffersen 和 Pelletier (2009)、Gerlach、Chen 和 Chan (2011) 的研究发现，动态分位数检验（Dynamic Quantile test）是 VaR 检验方法中预测准确度最好的方法。

则变量 H_t 为独立同分布且均值为 α 的伯努利随机变量。因此，由（2-18）式可知，Hit 变量 $Hit_t = H_t - \alpha$ 为一个鞅差序列（martingale difference sequence，记为 m.d.s），其均值为 0，且以 α 的概率服从伯努利分布。

上述性质可以表示为（2-19）式：

$$E(Hit_t | F_{t-1}) = 0 \tag{2-19}$$

由（2-18）式、（2-19）式可知，对于 t-1 时刻信息集上的任意变量 Z_{t-1}，存在：

$$E(Hit_t \otimes Z_{t-1}) = 0 \tag{2-20}$$

因此，当（2-20）式成立时，Hit 变量在信息集 F_{t-1} 上是有效的，换句话说，Hit 变量在其所有向前、向后阶数上无自相关，也不存在度量误差。

基于此，Engle 和 Manganelli（2004）提出了 DQ 检验的统计量：

$$DQ = \frac{Hit'_t X_t (X'_t X_t)^{-1} X'_t Hit_t}{T\alpha(1-\alpha)} \tag{2-21}$$

同 Engle 和 Manganelli（2004），我们的 X_t 向量中包括常数项、Hit 变量的四个滞后项和当期 VaR 值共六项，则在零假设下，DQ 统计量服从 χ_6^2 的分布。

表 2-4 列出了给定 5% 的分位数下样本基金 DQ 检验的 P 值结果，表中最后一行为 5% 的置信水平下拒绝零假设的个数。由 DQ 检验的原假设可知，我们需要接受原假设，即检验结果的 P 值越大越好，拒绝零假设的个数越小越好。

从表 2-4 的检验结果可以看出，本章所提出的四个模型下 56 只基金 DQ 检验的 P 值都很大。具体地说，本章的四个模型中，表 2-4 显示的绝大部分基金的 p 值均大于 0.9，且在 5% 的显著水平下，四个模型拒绝零假设的个数分别为 1、3、2、2，DQ 检验显著，表明使用本章的 CARE 模型所得到的样本外数据的 VaR 预测值较为准确。由于本章的 CARE 的后两个模型与 Taylor（2008）不同，因此我们还在表 2-4 中列出了 Taylor（2008）的 Indirect GARCH 和 Indirect AR-GARCH 模型的检验结果，见表 2-4 的最后两列。结果显示，Taylor（2008）的 Indirect GARCH 和 Indirect AR-GARCH 模型的 DQ 检验的 P 值小于我们的 CARE 模型，且前者拒绝原假设的个数也大于后者。因此，本书的 CARE 模型对于 VaR 的检验结果明显好于 Taylor（2008）的 CARE 模型，也好于 Engle 和 Manganelli（2004），

Kuester 等（2006），Berkowitz、Christoffersen 和 Pelletier（2009）的 CAViaR 模型①。

表 2-4　5%分位数下样本基金 VaR 预测的 DQ 检验 p 值

基金名称	Symmetric Absolute Value	Asymmetric Slope	Indirect TGARCH	Indirect AR-TGARCH	Taylor's Indirect GARCH	Taylor's Indirect AR-GARCH
华夏大盘	0.968	0.997	0.989	0.969	0.942	0.938
华夏配置	0.984	0.984	0.977	0.986	0.963	0.929
嘉实增长	0.991	0.997	0.994	0.995	0.951	0.999
嘉实稳健	0.923	0.959	0.979	0.869	0.805	0.815
嘉实成长收益	0.964	0.994	0.992	0.974	0.94	0.72
易方达策略成长	0.976	0.996	0.985	0.981	0.914	0.89
易方达积极成长	0.977	0.993	0.994	0.998	0.966	0.992
博时精选	0.981	0.988	0.983	0.989	0.972	0.996
南方稳健成长	0.969	0.978	0.973	0.969	0.967	0
南方积极配置	0.978	0.953	0.987	0.987	0.982	0.998
广发稳健	0.979	0.978	0.991	0.96	0.982	0
大成蓝筹	0.981	0.998	0.993	0.988	0.978	0.999
大成精选	0.933	0.994	0.985	0.984	0.974	0.999
富国天益	0.92	0.992	0	0.997	0	0.968
上投摩根中国优势	0.979	0.989	0.973	0.964	0.994	0.934
鹏华普天收益	0.984	0.991	0.992	0.985	0.982	0.999
融通新蓝筹	0.977	0.99	0.998	0.974	0.941	0.973
融通行业景气	0.989	0.989	0.99	0.989	0.976	0.948
景顺长城优选	0.975	0.985	0.979	0.967	0.975	0.989
景顺长城增长	0.963	0.988	0.996	0.976	0.764	0.967
长盛成长价值	0.964	0.983	0.981	0.959	0.918	0
长盛动态精选	0.996	0.996	0.991	0.979	0.972	0.998
国泰金龙行业精选	0.993	0	0.98	0.953	0.939	0.984

---

① 由于篇幅关系，表 2-4 省略了 CAViaR 模型的检验结果。

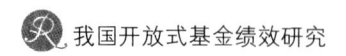

续表

基金名称	Symmetric Absolute Value	Asymmetric Slope	Indirect TGARCH	Indirect AR-TGARCH	Taylor's Indirect GARCH	Taylor's Indirect AR-GARCH
国泰金马稳健回报	0.985	0.992	0.982	0.965	0.945	0.999
海富通精选	0.984	0.989	0.987	0.969	0	0.992
招商安泰股票	0.963	0.992	0.998	0.974	0.974	0.937
金鹰中小盘精选	0.975	0.991	0.966	0.979	0.928	0.793
华夏成长	0.977	0.979	0.983	0.968	0.98	0.996
华夏回报	0.974	0.996	0.989	0.999	0.96	0.804
博时价值增长	0.968	0.98	0.954	0	0.932	0
广发聚富	0.989	0.98	0.984	0.975	0.986	0.951
鹏华行业成长	0.983	0.996	0.964	0.998	0.966	0.992
大成价值增长	0.981	0.989	0.996	0.988	0.978	0.884
华安创新	0.985	0.988	0.956	0.995	0	0.946
富国天源平衡	0.974	0.968	0.995	0.996	0.935	0.958
融通蓝筹成长	0.977	0.967	0	0.954	0.942	0.942
景顺长城动力平衡	0.969	0.997	0.996	0.986	0.919	0.97
国投瑞银景气行业	0.959	0.974	0.974	0.979	0.911	0
宝盈鸿利收益	0.989	0.99	0.997	0.993	0.933	0.974
金鹰成份股优选	0.989	0.995	0.987	0.979	0	0.984
华夏债券	0.999	0.999	0.917	0.989	0.966	0.997
南方宝元债券	0.959	0.983	0.992	0.978	0.944	0.982
大成债券 ab	0	0.903	0.97	0.989	0.97	0.992
华安宝利配置	0.956	0.989	0.987	0	0.96	0.99
富国天利增长债券	0.915	0.954	0.988	0.972	0.935	0
鹏华普天债券 a 类	0.999	0.869	0.979	0.998	0.942	0.963
融通债券	0.983	0	0.999	0.988	0.978	0.998
长盛中信全债	0.944	0.945	0.984	0.982	0	0.816
国投瑞银融华债券	0.973	0.993	0.99	0.975	0.514	0.996
招商安泰债券 A	0.991	0.999	0.865	0.949	0.89	0.949

续表

基金名称	Symmetric Absolute Value	Asymmetric Slope	Indirect TGARCH	Indirect AR-TGARCH	Taylor's Indirect GARCH	Taylor's Indirect AR-GARCH
华安中国 a 股指数	0.987	0.995	0.994	0.978	0.656	0
博时沪深 300	0.974	0.995	0.978	0.948	0.763	0.892
易方达 50 指数	0.983	0	0.985	0.943	0.804	0.986
鹏华中国 50	0.987	0.991	0.982	0.974	0.978	0.998
银华道琼斯 88	0.956	0.99	0.981	0.986	0.466	0
万家 180	0.973	0.987	0.975	0.95	0	0.95
5%水平下显著拒绝原假设的个数	1	3	2	2	6	8

（2）Bootstrap 检验。对 VaR 估计做完 DQ 检验后，由于未知收益率残差的分布，接下来使用 Bootstrap 法对样本外 ES 的估计值进行后验检验。与 Efron 和 Tibshirani（1993）以及 Taylor（2008）不同的是，我们使用由 CARE 模型估计得到的 Expectile 进行标准化，而不是标准差和分位数，这样我们重新定义的基于 Expectile 的标准化残差如（2-22）式所示。

$$e_t = \frac{r_t - ES_t}{\mu_t(\tau)} \tag{2-22}$$

$$t = \frac{E(e_t) - 0}{\sigma e_t / \sqrt{m}} \tag{2-23}$$

对于 ES 的 Bootstrap 检验基础是，如果残差 e_t 的值过大，那么 ES 测度就不能正确描述收益率序列的分布情况。因此，在零假设下，残差 e_t iid 且均值为 0，备择假设是残差 e_t 的均值大于等于 0。则检验使用 Efron 和 Tibshirani（1993）的 Bootstrap 法再抽样样本构建的 t 统计量如（2-23）式所示，Bootstrap 再抽样的次数为 10000 次。p 值可由 t 统计量的经验分布计算得到。同 DQ 检验，ES 的 Bootstrap 检验也需要接受原假设。表 2-5 的实证结果显示，在 5%的显著性水平下，本章四个 CARE 模型得到的 ES 值的 Bootstrap 检验拒绝原假设的个数分别为 2、4、1、2，表明检验显著，ES 能够较好地描述收益率序列的尾部风险。同样，我们还对 Taylor（2008）的最后两个模型进行了检验，检验结果也显示，本章的 CARE 模型要好于 Taylor（2008）的模型。

表 2-5　5%分位数下样本基金 ES 预测的 Bootstrap 检验 p 值

基金名称	Symmetric Absolute Value	Asymmetric Slope	Indirect TGARCH	Indirect AR-TGARCH	Taylor's Indirect GARCH	Taylor's Indirect AR-GARCH
华夏大盘	0.759	0.62	0.795	0.798	0.74	0.372
华夏配置	0.708	0.448	0.625	0.736	0.501	0.398
嘉实增长	0.764	0.774	0.818	0.855	0.757	0.64
嘉实稳健	0.449	0.823	0.715	0.865	0.43	0.304
嘉实成长收益	0.803	0.882	0.606	0.827	0.792	0.421
易方达策略成长	0.576	0	0.7492	0.829	0.817	0.447
易方达积极成长	0.599	0.787	0.882	0.916	0.77	0.565
博时精选	0.795	0.762	0.825	0.837	0.79	0
南方稳健成长	0.605	0.701	0.82	0.796	0.754	0.46
南方积极配置	0.675	0.892	0.857	0	0	0.914
广发稳健	0.684	0.689	0.891	0.709	0.697	0.999
大成蓝筹	0.713	0.856	0.8	0.923	0.846	0.455
大成精选	0.785	0.814	0.863	0.911	0	0.808
富国天益	0.669	0.821	0.932	0.871	0.472	0.35
上投摩根中国优势	0.914	0.807	0.717	0.228	0.436	0.279
鹏华普天收益	0.615	0.738	0.887	0.893	0.646	0.691
融通新蓝筹	0.769	0.569	0.393	0.925	0.631	0.806
融通行业景气	0.835	0.899	0.739	0.822	0.71	0
景顺长城优选	0.675	0.843	0.398	0.706	0.562	0.704
景顺长城增长	0.801	0.894	0.846	0.588	0.473	0.606
长盛成长价值	0.894	0.68	0.797	0.623	0.218	0.591
长盛动态精选	0.891	0.695	0.899	0	0.846	0.727
国泰金龙行业精选	0.807	0.363	0.669	0.81	0.733	0.33
国泰金马稳健回报	0.855	0.826	0.743	0.866	0.799	0.554
海富通精选	0.713	0.623	0.941	0.789	0.623	0.293
招商安泰股票	0.754	0.9	0.787	0.76	0.724	0.444
金鹰中小盘精选	0.662	0.906	0.803	0.797	0.813	0

第二章　开放式基金业绩评价及实证研究

续表

基金名称	Symmetric Absolute Value	Asymmetric Slope	Indirect TGARCH	Indirect AR-TGARCH	Taylor's Indirect GARCH	Taylor's Indirect AR-GARCH
华夏成长	0.585	0.829	0.687	0.874	0.759	0.09
华夏回报	0.836	0	0.766	0.876	0.874	0.65
博时价值增长	0.478	0.409	0	0.867	0.641	0.316
广发聚富	0.851	0.902	0.65	0.744	0.473	0.676
大成价值增长	0.833	0.789	0.813	0.86	0.719	0
华安创新	0.769	0.894	0.913	0.836	0.436	0.641
富国天源平衡	0.632	0.895	0.798	0.832	0.819	0.61
鹏华行业成长	0.844	0.773	0.906	0.866	0.884	0.488
融通蓝筹成长	0.858	0.836	0.7314	0.904	0.652	0.762
景顺长城动力平衡	0.816	0.802	0.814	0.814	0.813	0.579
国投瑞银景气行业	0	0.631	0.71	0.751	0.724	0
宝盈鸿利收益	0.738	0.873	0.832	0.815	0.791	0.549
金鹰成份股优选	0.83	0.776	0.778	0.631	0.83	0.797
华夏债券	0.861	0.872	0.923	0.854	0.782	0.765
南方宝元债券	0	0.651	0.822	0.803	0	0.679
大成债券 ab	0.895	0	0.839	0.864	0.891	0.558
华安宝利配置	0.797	0.875	0.837	0.878	0.82	0.545
富国天利增长债券	0.758	0.861	0.941	0.867	0.731	0.619
鹏华普天债券 a 类	0.868	0.889	0.879	0.874	0.893	0.689
融通债券	0.876	0.867	0.85	0.793	0.761	0
长盛中信全债	0.859	0.739	0.849	0.879	0.731	0.489
国投瑞银融华债券	0.735	0.868	0.835	0.797	0	0.804
招商安泰债券 A	0.908	0.857	0.921	0.89	0.764	0.443
华安中国 a 股指数	0.739	0	0.778	0.696	0.705	0.39
博时沪深 300	0.674	0.889	0.716	0.818	0.378	0.787
易方达 50 指数	0.683	0.587	0.821	0.84	0.32	0.441
鹏华中国 50	0.704	0.849	0.807	0.866	0.8	0

续表

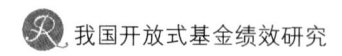

基金名称	Symmetric Absolute Value	Asymmetric Slope	Indirect TGARCH	Indirect AR-TGARCH	Taylor's Indirect GARCH	Taylor's Indirect AR-GARCH
银华道琼斯88	0.762	0.596	0.828	0.919	0	0.713
万家180	0.768	0.716	0.849	0.69	0.64	0.516
5%水平下显著拒绝原假设的个数	2	4	1	2	5	7

（3）VR 检验。最后，我们还计算了预测样本的 Expectile 在尾部的概率，即收益率 r_t 落在 $\mu_t(\tau)$ 之下的比例，我们称为 Violation Rate of Expectile。

假设 $I_t = \begin{cases} 1, & \text{if } r_t < \mu_t(\tau) \\ 0, & \text{if } r_t \geq \mu_t(\tau) \end{cases}$，则我们定义样本外数据的 Violation Rate of Expectile 为 VR，如（2-24）式所示：

$$VR = \frac{\sum_{t=n+1}^{n+m} I(r_t < \mu_t(\tau))}{m} \quad (2-24)$$

（2-24）式中，n 为估计期间的样本量（n = 1141），m 为预测样本期间的样本量（m = 500）。

模型的 VR 值应该接近于置信水平，因此，比较 VR/α 值可以比较模型的好坏。如果 VR < α，说明模型高估了风险和损失（即高于实际损失和风险）；如果 VR > α，则说明风险被低估了，基金经理可能无法分配足够的资金来应对将来的损失。显然，VR/α 的比值接近或小于 1 是最好的，表明对应的条件 ES 模型比较好。表 2-6 显示，尽管六个模型的 p 值都较小，但 Indirect TGARCH 和 Indirect AR-TGARCH 模型的平均 VR/α 值比较大且接近于 1，说明这两个模型得到的条件 ES 模型较好。表 2-6 的最后两列显示 Taylor（2008）的最后两个模型的 VR/α 值比较小，说明它们可能高估了基金收益率序列的风险。

4. 样本基金业绩排名研究

在完成 VaR 和 ES 的检验后，我们便可以根据本章提出的 Sharpe 比率计算（2-1）式和（2-3）式、（2-5）式，分别使用标准差以及基于 Expectile 估计的 VaR 和 ES 对样本基金的超额收益率进行调整，得到三种 Sharpe 比率。由于篇幅关系，表 2-7 仅给出在 5%的分位数下，使用 Indirect TGARCH

第二章 开放式基金业绩评价及实证研究

模型计算的结果。

表2-6 5%的置信水平下CARE模型的VR值

基金名称	Symmetric Absolute Value	Asymmetric Slope	Indirect TGARCH	Indirect AR-TGARCH	Taylor's Indirect GARCH	Taylor's Indirect AR-GARCH
华夏大盘	0.02	0.032	0.046	0.048	0.048	0.042
华夏配置	0.016	0.016	0.039	0.035	0.016	0.035
嘉实增长	0.024	0.032	0.049	0.004	0.024	0.019
嘉实稳健	0.006	0.022	0.029	0.016	0.002	0.038
嘉实成长收益	0.032	0.026	0.037	0.038	0.028	0.018
易方达策略成长	0.012	0.03	0.044	0.046	0.004	0.016
易方达积极成长	0.012	0.026	0.036	0.052	0.027	0.012
博时精选	0.014	0.02	0.041	0.027	0.014	0.037
南方稳健成长	0.008	0.012	0.061	0.042	0.007	0.026
南方积极配置	0.012	0.002	0.045	0.033	0.011	0.033
广发稳健	0.018	0.014	0.058	0.064	0.021	0.042
大成蓝筹	0.014	0.042	0.027	0.044	0.012	0.022
大成精选	0.034	0.026	0.035	0.026	0.002	0.025
富国天益	0.016	0.026	0.074	0.037	0.008	0.008
上投摩根中国优势	0.016	0.024	0.059	0.015	0.015	0.02
鹏华普天收益	0.016	0.022	0.057	0.051	0.046	0.039
融通新蓝筹	0.016	0.024	0.032	0.019	0.004	0.002
融通行业景气	0.02	0.02	0.044	0.03	0.01	0.034
景顺长城优选	0.014	0.018	0.043	0.034	0.022	0.035
景顺长城增长	0.024	0.034	0.027	0.053	0.018	0.017
长盛成长价值	0.024	0.016	0.068	0.024	0.011	0.024
长盛动态精选	0.03	0.03	0.091	0.074	0.041	0.026
国泰金龙行业精选	0.024	0.032	0.067	0.029	0.025	0.029
国泰金马稳健回报	0.032	0.022	0.037	0.051	0.032	0.048
海富通精选	0.016	0.05	0.067	0.022	0.008	0.016
招商安泰股票	0.028	0.024	0.053	0.043	0.033	0.038
金鹰中小盘精选	0.014	0.022	0.026	0.063	0.01	0.011

续表

基金名称	Symmetric Absolute Value	Asymmetric Slope	Indirect TGARCH	Indirect AR-TGARCH	Taylor's Indirect GARCH	Taylor's Indirect AR-GARCH
华夏成长	0.012	0.014	0.038	0.027	0.041	0.025
华夏回报	0.014	0.054	0.033	0.062	0.049	0.035
博时价值增长	0.008	0.014	0.041	0.032	0.05	0.001
广发聚富	0.022	0.019	0.031	0.016	0.015	0.028
大成价值增长	0.014	0.02	0.066	0.024	0.004	0.014
华安创新	0.026	0.028	0.021	0.042	0.032	0.012
富国天源平衡	0.01	0.008	0.045	0.012	0.016	0.01
鹏华行业成长	0.02	0.03	0.077	0.066	0.042	0.036
融通蓝筹成长	0.012	0.008	0.036	0.028	0.027	0.029
景顺长城动力平衡	0.016	0.032	0.032	0.044	0.015	0.013
国投瑞银景气行业	0.004	0.01	0.063	0.051	0.004	0.006
宝盈鸿利收益	0.024	0.022	0.027	0.031	0.038	0.042
金鹰成分股优选	0.022	0.032	0.052	0.042	0.045	0.03
华夏债券	0.166	0.037	0.044	0.054	0.01	0.016
南方宝元债券	0.004	0.016	0.076	0.071	0.003	0.017
大成债券 ab	0.13	0.116	0.023	0.041	0.039	0.044
华安宝利配置	0.028	0.022	0.073	0.019	0.021	0.0143
富国天利增长债券	0.0003	0.054	0.032	0.036	0.001	0.001
鹏华普天债券 a 类	0.0001	0.104	0.049	0.012	0.001	0.002
融通债券	0.014	0.032	0.03	0.023	0.014	0.008
长盛中信全债	0.048	0.036	0.021	0.035	0.031	0.027
国投瑞银融华债券	0.016	0.022	0.017	0.051	0.014	0.034
招商安泰债券 A	0.1	0.142	0.023	0.022	0.006	0.01
华安中国 a 股指数	0.02	0.028	0.07	0.017	0.01	0.02
博时沪深 300	0.014	0.027	0.008	0.032	0.032	0.016
易方达 50 指数	0.016	0.028	0.032	0.016	0.04	0.019
鹏华中国 50	0.018	0.022	0.032	0.028	0.022	0.025

第二章 开放式基金业绩评价及实证研究

续表

基金名称	Symmetric Absolute Value	Asymmetric Slope	Indirect TGARCH	Indirect AR-TGARCH	Taylor's Indirect GARCH	Taylor's Indirect AR-GARCH
银华道琼斯88	0.022	0.016	0.043	0.034	0.012	0.008
万家180	0.014	0.018	0.029	0.03	0.015	0.008
VR/α	0.474	0.598	0.877	0.72	0.41	0.451

表2-7 基于Sharpe比率的开放式基金排名

基金名称	传统的Sharpe比率	排名	基于VaR修正的Sharpe比率	排名	基于ES修正的Sharpe比率	排名
华夏大盘	0.392	3	0.341	1	0.2009	1
华夏配置	0.257	16	0.241	13	0.161	14
嘉实增长	0.29	13	0.252	12	0.167	11
嘉实稳健	0.172	39	0.122	35	0.105	35
嘉实成长收益	0.247	17	0.211	17	0.157	16
易方达策略成长	0.234	24	0.193	20	0.126	26
易方达积极成长	0.238	22	0.184	21	0.132	23
博时精选	0.244	19	0.181	23	0.146	17
南方稳健成长	0.117	51	0.024	50	0.035	47
南方积极配置	0.17	41	0.0923	39	0.094	40
广发稳健	0.239	21	0.203	18	0.13	24
大成蓝筹	0.073	56	0.017	55	0.005	56
大成精选	0.092	54	0.019	53	0.006	54
富国天益	0.273	15	0.257	11	0.16	15
上投摩根中国优势	0.229	27	0.137	30	0.115	28
鹏华普天收益	0.156	45	0.034	46	0.014	50
融通新蓝筹	0.159	44	0.046	42	0.092	41
融通行业景气	0.161	43	0.031	47	0.016	49
景顺长城优选	0.172	40	0.037	44	0.087	42
景顺长城增长	0.136	48	0.018	54	0.013	51

续表

基金名称	传统的Sharpe比率	排名	基于VaR修正的Sharpe比率	排名	基于ES修正的Sharpe比率	排名
长盛成长价值	0.32	5	0.297	2	0.181	6
长盛动态精选	0.176	37	0.116	36	0.102	37
国泰金龙行业精选	0.209	30	0.142	28	0.109	32
国泰金马稳健回报	0.192	33	0.134	31	0.112	30
海富通精选	0.23	26	0.174	25	0.142	18
招商安泰股票	0.245	18	0.179	24	0.135	21
金鹰中小盘精选	0.197	31	0.0946	38	0.096	39
华夏成长	0.219	28	0.138	29	0.124	27
华夏回报	0.317	6	0.276	4	0.184	4
博时价值增长	0.18	36	0.125	34	0.104	36
广发聚富	0.233	25	0.182	22	0.133	22
大成价值增长	0.193	32	0.169	27	0.114	29
华安创新	0.183	35	0.131	32	0.111	31
富国天源平衡	0.19	34	0.047	41	0.099	38
鹏华行业成长	0.291	12	0.231	14	0.183	5
融通蓝筹成长	0.15	46	0.026	48	0.01	53
景顺长城动力平衡	0.143	47	0.053	40	0.086	43
国投瑞银景气行业	0.243	20	0.194	19	0.139	20
宝盈鸿利收益	0.102	53	0.014	56	0.009	55
金鹰成份股优选	0.125	50	0.025	49	0.043	45
华夏债券	0.422	2	0.275	5	0.175	7
南方宝元债券	0.332	4	0.274	6	0.185	3
大成债券ab	0.299	10	0.261	10	0.141	19
华安宝利配置	0.285	14	0.223	16	0.168	10
富国天利增长债券	0.47	1	0.279	3	0.189	2
鹏华普天债券a类	0.304	9	0.264	8	0.165	12
融通债券	0.209	29	0.127	33	0.107	33
长盛中信全债	0.297	11	0.227	15	0.162	13

第二章 开放式基金业绩评价及实证研究

续表

基金名称	传统的 Sharpe 比率	排名	基于 VaR 修正的 Sharpe 比率	排名	基于 ES 修正的 Sharpe 比率	排名
国投瑞银融华债券	0.313	7	0.262	9	0.171	9
招商安泰债券 A	0.312	8	0.268	7	0.171	8
华安中国 a 股指数	0.165	42	0.036	45	0.074	44
博时沪深 300	0.131	49	0.041	43	0.0338	46
易方达 50 指数	0.235	23	0.173	26	0.129	25
鹏华中国 50	0.114	52	0.023	51	0.018	48
银华道琼斯 88	0.175	38	0.115	37	0.106	34
万家 180	0.074	55	0.021	52	0.012	52
基准	0.237		0.148		0.112	

由表 2-7 结果可见，首先，采用三种方法计算所得到的 56 只基金的 Sharpe 比率均大于零，主要是因为大盘在样本期间内的总体强势。开放式基金具有稳定市场的作用，由于基金经理投资策略的长期性，他们更倾向于投资具有长期价值、业绩优良的股票，从而基金具有较强的风险抵御能力。其中，第二、第三种排名方法好于或等于第一种排名方法的基金分别有 34 只、32 只（各占 60.71% 和 57.14%），说明这些基金控制下侧风险的能力比较好；此外，也表明传统的 Sharpe 比率不能反映总方差中下侧风险较大的问题，而 VaR 和 ES 的实质具有内在的同一性，它们都较好地反映了基金收益率真实分布下的下侧风险，因为在大盘波动很大时，下方风险显然大于标准差计算的风险，因此相应的 Sharpe 比率较小。值得注意的是，大部分样本基金基于 ES 的 Sharpe 比率值小于基于 VaR 的 Sharpe 比率，这是因为 ES 表示的是损失超出 VaR 时的条件期望，它对尾部风险动态性的衡量精确度要好于 VaR，因此所得到的 Sharpe 比率更小。

其次，表 2-7 结果显示三种方法得到的排名不尽相同，但反差并不大。从基金类型的业绩排名看，四类基金的业绩有上升也有下降，其中，股票型基金和混合型基金的业绩排名上升的数目多于下降的数目，反映了我国开放式基金市场上股票型和混合型基金在市场操作上具有趋同性。这可能与基金具体的投资风格、投资目标以及不同基金经理的管理能力差异有关。如果 Sharpe 比率的排名下降，说明基金经理在分散风险方面的能力还有待加强。如果排名上升,说明基金经理在与市场的博弈中表现卓越。以华夏大盘为例,其基于 VaR 和 ES 调整的 Sharpe 比率排名第一,表明该只基金具有获取超额收益的能力,也体现了其基金经理优秀的管理能力。从排名结果看,10 只债券型基金的业绩排名整体上是最好的,这是因为债券型基金主要投资于风险相对较低的债券产品。而 6 只指数型基金的排名均比较靠后,说明个体指数基金和市场指数的波动性相关,且国内资本市场风险对指数基金的影响基本一致。

再次,将 56 只基金的三种 Sharpe 比率值分别与对应市场基准的 Sharpe 比率(0.237、0.148、0.112)进行比较,发现各有 22 只、27 只、29 只基金的 Sharpe 比率均超过了基准,说明在三种 Sharpe 比率之下,各有 60.71%、51.79%、48.21%的样本基金业绩未能战胜市场组合。可见,采用 VaR 和 ES 对传统 Sharpe 比率进行调整后,由于准确度量了风险,样本基金的业绩得到了好转,其根本原因在于三个度量方法的含义完全不同,VaR 和 ES 修正的 Sharpe 比率评价的是下侧风险下的基金业绩,这正是传统评价方法所不具备的,此外,VaR 和 ES 修正的 Sharpe 比率体现了风险调整后的收益,这就更明确、更直观。因此,引入 VaR 和 ES 的 Sharpe 比率考虑了横向和纵向比较的问题,它将基金的收益和下侧风险纳入基金业绩评价的范围,对投资者而言,这将具有极其重要的参考价值,而对于基金管理者而言,本章的实证研究表明具有可行性和可操作性。

最后,需要注意的是,由于我国股市具有明显的"政策市"特征,基金管理公司在投资风格、管理水平上差距不大,加上基金经理之间具有"羊群效应",因而本章实证分析中使用三种方法得到的大部分基金的业绩排名结果具有一定的稳定性。可见,我们应该在基金业绩评价中考虑风险因素,并将基金经理的报酬与其管理风险的能力相联系,从而更加有效地保护基金投资者的权利,引导我国基金业健康有序地发展。

四、结论与展望

本章提出了一种新的 Sharpe 比率的计算方法,分别使用基于 Expectile 的 VaR 和 ES 值代替标准差作为开放式基金收益率的风险测度,从而对基金收益率的超额收益进行修正,得到新的 Sharpe 比率。为了准确地测度 VaR 和 ES,我们构建了新的条件自回归 Expectile(CARE)模型,使用非

第二章 开放式基金业绩评价及实证研究

对称最小二乘回归法估计模型参数，计算基于 Expectile 的 VaR 和 ES 值，并使用动态分位数（DQ）法和 Bootstrap 法分别对 VaR 和 ES 进行后验检验，检验结果表明，使用 CARE 模型来估计基于 Expectile 的 VaR 和 ES 能够更好地度量基金收益率的尾部风险，也能比较准确地描述 Expectile 的尾部动态行为。此外，本书使用传统 Sharpe 比率、基于 VaR 修正的 Sharpe 比率以及基于 ES 修正的 Sharpe 比率来度量我国 56 只开放式基金的业绩，并进行了排名，从结果看，传统的 Sharpe 比率不能反映总方差中下侧风险较大的问题，而 VaR 和 ES 都较好地反映了基金收益率真实分布下的下侧风险，因为在大盘波动很大时，下侧风险显然比标准差计算的风险要大，表明我们的度量方法和排名方法是有效可行的。因此，本章为开放式基金业绩评价的研究提供了一个全新且具有经济意义和统计意义的研究手段。

由于我国基金发展的时间较短，为了保证一定的样本期间，本章实证研究均受到样本数据量和时间长度的制约，最终仅选取了 2005 年之前成立的几十只基金作为样本进行研究，在未来的研究中，可以进一步采集更大的样本量和更长的样本期间进行研究，从而更准确地探寻我国开放式基金业绩的相关问题。未来还可以考察更进一步的实证评价方法，比如使用日、月度、季度的数据和不同的基准进行比较。

第三章 基金经理主动管理能力与业绩关系研究

第一节 引 言

美国著名的相互基金——富达麦哲伦（Fidelity Magellan）基金至今仍因 Peter Lynch 于 1977~1990 年创造的优秀纪录而闻名，在 Lynch 的任职期间，Fidelity Magellan 的资产规模由 200 万美元上升至 140 亿美元，业绩超出了 S&P 500 指数的 150%。从而吸引了大量的资金流入，成为全球最大的相互基金，到 2000 年，其资产规模超过了 1000 亿美元。但是在此后的几年里，由于货币贬值和风险投资失败等原因，Fidelity Magellan 的业绩表现并不尽如人意，广受人们质疑，资产规模于 2009 年曾一度降至 248 亿美元。

再来看一个国内的例子：受金融危机影响，2008 年我国的证券市场由牛市转熊市已成为不争的事实，市场中各类投资者的投资热情大减，新基金的发行举步维艰。然而，当年 10 月 20 日华夏策略精选基金的发行却引起了人们的广泛关注，仅发行一天时间便筹集到 15 亿元——这主要是因为该基金的管理人是王亚伟，他和他所管理的另一只基金——华夏大盘，无疑是自 2006 年来中国证券市场上最为如雷贯耳的两个名字。

王亚伟，已然成为中国证券投资基金行业内一个群体——明星基金经理的缩影和代表。明星基金经理及其所管理的基金成为众多媒体和公众极力追捧的对象，是因为这些基金经理能够产生好于其他人的业绩。可见，"买基金就要买基金经理"的理念已经深入人心。

那么，明星基金经理与明星基金真的是同类中的明星吗？基金业绩的取得是否反映了基金经理真实的管理能力？如何使基金在风险与收益的博弈中寻求最优，谋求可能的最大收益，这就需要基金经理的投资和管理才能。人们想知道哪些基金经理具有真正的主动管理能力？准确理解上述问题很重要，因为有越来越多的投资者将盈余资金交给专业的基金经理管理。根据 Wind 数据（剔除掉货币型基金），截至 2016 年 12 月 31 日，我国有 42.62% 的开放式基金直接由个人投资者持有。

而回答上述问题的方法之一便是将基金业绩与基金经理行为能力综合进行分析。本章将尝试探讨上述问题。

一、研究对象

基于对市场有效性的判断不同，可以将开放式基金分为两大类：以超越市场为目标的主动管理型基金与以获得市场平均收益率为目标的被动型基金。

主动管理型基金认为，市场未来的走势能够被预测，因此市场是能够被打败的，主要通过预测个股收益率或市场走势来寻求赚取正的超额收益的机会。基金经理在专业知识、个人特征、投资管理经验等方面存在差异，他们主要基于技术面分析以及对企业、行业发展趋势和宏观经济环境来预测该企业的未来发展前景、业绩情况以及对应的股票价格走势来获取超越市场的报酬率。而被动型基金多为指数型基金，是一种以复制目标指数、跟踪目标指数变化为原则，分散投资于目标指数的成份股，力求实现与市场相近收益的基金品种。

从国内外市场来看，主动管理型基金均占据了主导位置，这主要是因为主动管理型基金控制了市场上大量的公司股票并在股价的决定上起着关键性作用[1]。

关于主动管理型基金与被动型基金的主要特征对比见表 3-1。

表 3-1 主动型基金与被动型基金对照

	主动型基金	被动型基金
理论支撑	认为市场是非有效的	认为市场是有效的
投资目标	获取超额收益	获取与目标指数一致的收益

---

[1] 参见 Mark Grinblatt 等（1995）、Paul Gompers 和 Andrew Metrick（2001）。

第三章 基金经理主动管理能力与业绩关系研究

续表

	主动型基金	被动型基金
主要风险类别	特有风险	系统性风险
是否主动管理风险	是	否，或几乎没有
交易与管理费用	高	低
换手率	高	低
透明度	低，投资者很少知道基金的组合构成和交易情况	高，投资者清楚基金的组合构成和交易情况
基金管理	受限于基金经理的投资风格和能力等	管理方法透明、明确

以美国的基金业为例，根据 Vanguard Index Trust 的统计，从 1978 年到 1995 年底，有 79% 的共同基金的业绩没能超过标准普尔 500 指数，而 Wilshire 5000 指数超过了 86% 的基金[①]。

再来看看我国的情况，我们统计了在 2005 年 1 月 1 日之前成立的主动型基金每年的收益率（考虑分红再投资），并与本章所定义的市场基准指数收益率作比较，结果如表 3-2 所示。可以看到，即使是 2007 年、2009 年行情上升的时候，主动型基金仅有少数能够击败指数，如果加上费用，业绩可能会更差；但是在市场下跌阶段，主动型基金却跌得较少。这主要是因为仓位的影响，指数收益率是按照 100% 满仓计算的，其上涨和下跌都会比较猛烈。

表 3-2 主动管理型基金与沪深 300 收益率比较

	2005 年	2006 年	2007 年	2008 年	2009 年	2010 年	2011 年
市场指数收益率	-0.077	1.21	1.615	-0.66	0.967	-0.125	-0.25
超越指数收益率的基金个数	77	81	23	234	16	352	280
比率	97.7%	61.83%	12.64%	100%	5.39%	97.78%	65.88%

---

① Bogle John, "The implications of style analysis for mutual fund performance evaluation", *Journal of Portfolio Management*, Vol.24, No.4, 1998, pp.34-42.

截至 2016 年底，我国开放式基金规模为 9.16 万亿元，其中有 62.51% 是主动管理型基金。在不考虑申购赎回费用和管理费的前提下，考察 2016 年的 2228 只主动型基金的年复权单位净值增长率，发现有 68.27% 的基金能够战胜对应当年的沪深 300 指数收益率。这说明当前我国的主动型基金经理具备一定的管理能力。

由表 3-1 和表 3-2 也可以看出，基金经理在主动管理型基金的运作中起着十分关键的作用。因此，本章的研究对象主要是针对国内的主动管理型基金及其基金经理[①]。具体的样本选择请参见本章第四节的实证部分。

二、研究目标

就目前来看，国内大部分基金管理公司实行的是投资决策委员会领导下的基金经理负责制。作为基金运作的核心人物，基金经理的任务就是按照基金管理公司制定的投资目标制定和实施投资策略，为投资者创造最大财富。

因此很显然，一只基金的业绩表现，除受共同的宏观因素影响外，在很大程度上还取决于其管理人的主动管理能力。一方面，不同的基金经理在主动管理的程度和所采取的策略类型上会有所不同。这就使我们有必要去探寻基金经理的主动管理能力是否对业绩有重大影响。另一方面，对于基金经理而言，基金业绩既是基金经理主动管理能力的最终反映，也是评判基金经理管理是否成功的最直接、最简单的方法和标准。因此，考察两者的关系，对于基金管理公司、基金经理和投资者来说具有十分重要的理论意义和现实意义。

随着统计学、金融经济学等学科的逐步发展，基金业绩与基金经理管理能力关系的相关问题的研究已经成为国内外相关领域的理论前沿和重点，这方面的研究主要包括基金经理的选股能力、择时能力、持股偏好、投资风格、"羊群行为"等对业绩的影响。另外，关于基金经理的个人特征（如年龄、性别、从业时间、受教育程度等）和投资策略对基金业绩影响的研究也是一大热点。但个人特征和投资策略最终会反映为基金经理的主动管理能力，而且相应的研究已经较为成熟，已经难以创新，尤其是国内关于基金经理的研究多是围绕着个人特征，对于基金经理的主动管理能

---

① 为表述简洁，本章余下部分所指基金均为主动管理型基金。

力研究还非常少,故本章选择基金经理的主动管理能力作为研究目标,并试图使用最新的方法来研究我国基金经理的主动管理能力。

从本书第一章的文献综述可以看出,当前国内对基金经理主动管理能力的研究尚处于初级萌芽阶段,尚未有学者进行有价值的研究。研究方法也鲜有创新,仍然停留在使用传统的方法对基金经理的选股能力、择时能力进行简单的回归分析上,对于基金经理主动管理行为能力的综合考察关注不够,缺乏更深层次的探讨。本章将尝试使用国外最新的研究成果考察基金经理的主动管理能力与所管理的基金业绩之间的关系,所使用的方法建立在相关文献的基础上,并根据我国实际特点进行了改进和创新,以求得到最真实可靠的结果。

第二节 基金业绩和基金经理主动管理能力的度量

一、基金业绩的度量

正如本书第二章所述,衡量基金业绩的办法有很多种,如何选择正确的度量方法便成为首要解决的问题。由于 Sharpe 比率不适合进行回归,而 alpha 具有良好的统计回归特征,alpha 也被广泛用于基金业绩评价中,故本章改用 alpha 来度量基金业绩。Ding 和 Wermers (2009) 指出,alpha 除了可以捕捉基金经理的能力之外,还可以反映基金经理潜在行为和外部信息等影响。Koijen (2012) 也认为,如果基金经理提供了显著高于基准的超常收益,则可认为基金经理为投资者增加了价值,即基金经理是具有主动管理能力的。可见,alpha 能将基金业绩与基金经理能力很好地结合在一起,因此,用 alpha 来分析基于持股度量的基金业绩问题是非常有用的。

由于本章全部的样本基金均具有特定的投资目标,持有特定的资产类别,我们使用 Carhart (1997) 的四因子模型来度量基金业绩:

$$R_{it} - R_{ft} = \alpha_i + \beta_1 MKT_t + \beta_2 SMB_t + \beta_3 HML_t + \beta_4 MOM_t + e_{it} \quad (3-1)$$

为了更有效地估计模型的参数,本章使用日收益率数据进行研究。然而，由于开放式基金中存在不同步交易［Fisher（1966）、Scholes 和 Williams（1977）］或 Stale Pricing（过时定价）［Getmansky、Lo 和 Makarov（2004）；Chen、Ferson 和 Peters（2006）］等特点，日数据可能会使四因子模型的参数 betas 估计出现偏差。Getmansky、Lo 和 Makarov（2004）为了平滑当期 beta 的收益偏差，考虑了收益率与滞后的市场溢价之间的相关性。因此，参考上述文献，我们使用向前一阶的市场溢价来控制开放式基金的不同步交易和 Stale Pricing 的问题，最终得到如下的五因子模型：

$$r_{i,t} = \alpha_i + \beta_1 MKT_t + \beta_2 MKT_{t-1} + \beta_3 SMB_t + \beta_4 HML_t + \beta_5 MOM_t + e_{it} \qquad (3-2)$$

在模型（3-1）和模型（3-2）中，$r_{i,t} = R_{i,t} - R_{f,t}$，表示基金 i 在时间 t 的超额收益，截距项 α_i 为基金经风险调整后的总收益，反映了基金经理的总体主动管理能力[①]，$MKT_t = R_{m,t} - R_{f,t}$，表示市场因素在时期 t 的风险溢价，beta 是因子载荷，其中，β_1 和 β_2 分别为当期 beta 和向前一期 beta，它们度量了基金收益率对于市场基准收益率的敏感程度[②]。SMB_t 为规模因素在时期 t 的风险溢价，HML_t 为价值因素在时期 t 的风险溢价，MOM_t 为一年期收益动量因素在时期 t 的风险溢价，e_{it} 表示与模型中其他解释变量无关的误差项。

Fama 和 French（2010）指出，SMB_t、HML_t 和 MOM_t 可以看作是被动基准收益率在样本期间对于基金平均收益的贡献，因此截距项 alpha 除了可以表示基金业绩之外，还可以解释为基金平均收益率与被动组合收益率之间的差异，即基金经理主动管理的整体效果。一般地说，正的截距项（true alpha）表示基金业绩良好，即基金经理具有正的投资管理能力，而负的截距项表示业绩不好，基金经理的投资管理能力为负。

表 3-3 列出了基金业绩的描述性统计量。其中，SMB、HML 和 MOM 分别按照 Fama 和 French（1993）、Carhart（1997）的方法进行计算。按照基金规模的大小将样本基金分为五组，结果基于对各组合内的基金按等权进行计算。括号内的数值为基于 Newey-West（1987）的自相关标准差计算的 t 统计量值（其中，滞后阶数取 2）。

[①] 过去大部分文献将 alpha 看作是基金经理选股能力的测度，如 Bollen 和 Busse（2004）、KTWW（2006）。然而，由于 alpha 表示基金的总业绩，本书将其作为基金经理主动管理能力的总测度。
[②] Scholes 和 Williams（1977）指出，市场模型系数的一致性估计可以由最小二乘估计结合而得。因此，本书中对于市场溢价的一致性 beta 估计为 $\beta_1 + \beta_2$。

第三章 基金经理主动管理能力与业绩关系研究

表 3-3 各因子的描述性统计量

因子	平均收益率	收益率标准差	T统计量	相关系数				
				MKT	MKT_t-1	SMB	HML	MOM
MKT	0.347	2.552	2.43	1.00				
MKT_t-1	0.431	2.55	2.03	0.0224	1.00			
SMB	0.3296	4.749	4.30	0.0049	0.0057	1.00		
HML	0.2142	2.456	1.59	0.0246	0.0006	−0.1046	1.00	
MOM	0.323	2.613	2.46	0.0059	0.0047	−0.6139	0.3981	1.00

表 3-3 的结果显示，四因子模型和五因子模型都可以解释基金收益的变动。首先，SMB、HML 和 MOM 具有相对较高的波动性，且因素之间的相关系数很小，表明两个因素模型都可以解释基金收益中的变动。其次，SMB、HML 和 MOM 上的高平均收益表明这三个因子可以解释股票组合平均收益率的横截面变动。最后，较小的相关系数表明多重共线性本质上不会影响模型系数的估计结果。

二、基金经理主动管理能力的度量

除 Alpha 和 T-M、H-M 模型外，近几年国外学者提出了许多新的度量方法，例如，使用 S&P 500 指数调整的追踪误差测度［即收益波动率，Wermers（2003）］、组合持有的相同成分［Cohen、Coval 和 Pastor（2005）］、ICI（Industry Concentration Index，基金持有的行业集中度指数）[Kacperczyk、Sialm 和 Zheng（2005）]、基于历史分析形成的被动基准的偏差［Kacperczyk 和 Seru（2007）］、收益缺口［Return Gap, Kacperczyk, Sialm 和 Zheng（2008）］、主动占比［Active Share, Cremers 和 Petajisto（2009）］、多因子模型回归的 R^2［Amihud 和 Goyenko（2010）］、基金经理增加的总价值[1]［Berk 和 Binsbergen（2012）］等。虽然方法众多，但上述研究都表明，按照某些

---

[1] Berk 和 Binsbergen（2012）认为，alpha 是一个收益率测度，而不是价值测度，能力的经济大小只可以通过独立价值的增量来评价，而不是通过超常收益。他们提出新的管理能力的测度方法：基金经理增加的总价值，等于基金经理的总 alpha 值与管理资产的乘积。这一乘积包括两个部分：一部分是基金经理自己的酬劳（费用×资产规模），另一部分是基金经理取自投资者或者是返回给投资者的部分。

特征分类，可以降低估计的不确定性。

由于主动占比（Active Share，AS）和追踪误差（Tracking Error，TE）分别反映了基金管理中的特有风险和系统性风险两方面，本章将使用Active Share 和追踪误差来测度基金经理主动管理的能力，并按照这两种测度方法对样本基金分类进行相关的研究。

1. 主动占比（Active Share）

如前文所述，由于基金具有特定的投资目标，且持有特定的资产类别，因而很有必要从基金持有的构成的角度来准确度量基金经理主动管理的能力。Active share 便是一种对比基金持有和基准持有之间差异的方法。

为了保证与基准指数构成无相同成分的基金 AS 为 100%，Cremers 和 Petajisto（2009）使用加总基金持有和基准持有的权重之差的一半来表示基金经理主动管理行为。用 $\omega_{fund,i}$，$\omega_{index,i}$ 分别表示基金和基准中资产 i[①] 各占的权重，则基金 i 在时期 t 的 AS 测度的计算公式为：

$$AS_{it} = \frac{1}{2} \sum_{i=1}^{n} |\omega_{fund,i} - \omega_{index,i}| \qquad (3-3)$$

Cremers 和 Petajisto（2009）指出，如果将基金的投资组合分解为两部分：即投资组合中与基准指数完全相同的部分，以及零投资组合部分。那么，只有组合中的"零投资"部分代表了基金经理所采取的全部主动行为的结果。因此，AS 的经济意义是，AS 度量的是零投资组合部分在整个组合中所占的比例大小。例如，某基金经理管理的基金资产为 1000 万元，假如他看好沪深 300 指数中的一半股票，他将保留 500 万元作为现金储备，剩下 500 万元用于投资他所看好的沪深 300 指数中的那一半股票，则该基金的 AS 为 50%[②]；如果他仅选择了沪深 300 指数中的 30 只股票进行投资，即有 10% 与指数重叠，则此时 AS 值变为 90%。因此，AS 的取值范围为 [0, 1]。

AS 是否真实地反映了不同基金经理的主动管理能力呢？本章开头所提到著名的富达麦哲伦基金（Fidelity Magellan）在 Lynch 管理下的 AS 超过了 90%，尽管在其任职末期，AS 曾经出现了下降，但在 Jeffrey Vinik 接

[①] 由于数据库中没有基金对于非股票资产的持有数据，我们仅使用基金的持股数据（令股票的权重之和为 1）来计算 AS。同样，Cremers 和 Petajisto（2009）在他们的文章中只计算了股票资产的 AS 之和。

[②] 这是因为该基金投资组合中与沪深 300 指数相同的股票投资比例为 50%。

手后，AS 一度回到了 80% 左右。然而，Stansky 于 1996 年掌管 Fidelity Magellan 后，AS 突然在两年内降至 30%~40%，并且持续下降。但当 Harry Lange 2005 年接替 Stansky 后，AS 又重新回到了 80%。

从上述分析和案例不难看出，AS 的经济意义非常简单，它能立刻反映基金的投资组合与基准指数在持有上的不同成分的比重；此外，AS 的计算较为简单、明了，因而可用于相同基金或者是不同基金之间的比较。

值得注意的是，Kacperczyk 等（2012）提出了组合分散度（Portfolio Dispersion）的测度方法，这一测度类似于 AS，但是组合分散度是一个持续性的变量，因而可能会低估估计的标准误差。

2. 追踪误差

追踪误差（Tracking Error，TE），也称为追踪误差波动率，根据 Grinold 和 Kahn（1999）的思想，本章将其定义为基金收益率与基准指数收益率之差的标准差，用式子表示为：

$$TE = stdev(R_{it} - R_{mt}) \tag{3-4}$$

（3-4）式中所反映的追踪误差的经济意义是，反映了基金中不由基准指数解释的变动部分的波动率，即基金经理实际 alpha 的标准差。因此，追踪误差又被称作收益波动率。

而在常用的业绩评价模型中，如 Jensen（1968）的 CAPM 模型、Fama 和 French（1993）的三因子模型、Carhart（1997）的四因子模型以及 T-M、H-M 的择时模型等，追踪误差又可以看作是模型中未被解释的部分——残差的标准差，这是因为，从统计学的角度上说，时间序列回归得到的残差与直接对基准调整收益的均方差取根号是等价的。因此，追踪误差反映了系统性风险和基金经理行为所导致的业绩信息，不仅包含基金经理行为大小的信息，也包括选股和择时的信息。此外，由于基金业绩与基准指数有关，直接计算由基准调整收益的标准差可以更好地捕捉基金相对于基准的风险，即使是未知基金持有的状况也可以进行计算和估计。

可见，追踪误差最大的特点是简单、明了易操作，因而追踪误差被广泛用作基金经理管理能力大小的一个代理变量，也是业界中被广泛使用的方法之一。基金经理们在计算追踪误差的过程中最常用的分析工具是均值—方差分析。通常，在实际情况中，主动管理型的基金经理追求高于基准指数的收益率，但与此同时，他们又希望能控制追踪误差以最小化基金业绩差于指数的风险。

从前面的分析可以看出，AS 与 TE 强调了主动管理的不同方面，AS 的计算中主要用到了投资组合的权重，这与基金投资管理中的特有风险有关。而 TE 的定义假定了基准指数的 β 值等于 1，因而任何导致 β 值不等于 1 的偏离都会产生追踪误差。可见，TE 主要反映了系统性因子风险。因此，为了全面地衡量主动管理，我们需要同时考虑两者。Petajisto（2010）指出，通过利用多因子模型回归的残差，可以计算由收益率得到的选股能力测度，或者是利用基金持有数据，在因子水平（而不是个股）的基础上计算因子择时的测度。然而，存在的问题是，上述两种方法要求事先定义相关的因子组合。使用 AS 和 TE 则可以避免这一问题。

表 3-4 给出了样本基金在 2013 年关于 AS 和 TE 的真实分布情况。表中的每个格子表示根据不同分类标准划分的基金个数。从表中的结果可以看出，国内开放式基金的 AS 值不高，且 AS 和 TE 存在明显的正相关关系，但两者之间的变动大体上来说是无关的。例如，AS 取值在 40%~50% 范围内的基金所对应的 TE 取值可能会小于 4%，也可能会大于 6%。因此，我们可以根据 AS 和 TE 进行分组①以区分不同的主动管理类型。

表 3-4　2013 年的 AS 和 TE

AS	TE			
	2~4	4~6	>6	全部基金
30~40	2	1		3
40~50	14	24	2	40
>50		1		1
全部基金	16	26	2	44

---

① 分组见本章第四节实证分析部分。

第三章 基金经理主动管理能力与业绩关系研究

第三节 我国开放式基金经理主动管理能力的实证分析

一、数据与样本选择

本章实证研究的样本期间为 2005 年 1 月 1 日至 2013 年 12 月 31 日,共计 2177 个观测值。每个样本基金至少有 9 年数据,从而可以确保基金在建仓稳定后的投资管理绩效。所需的全部数据如下:

首先是样本基金数据。主要包括基金收益率以及诸如规模(总净资产)、基金年限、换手率等基金特征方面的数据。

根据我们实证分析的需要,并考虑数据的可获得性,我们主要分析国内开放式股票型基金,并从中选取了 2005 年 1 月 1 日之前成立并公开募集的且数据完整可靠的 44 只股票型和偏股型基金作为样本(数据不完整的也予以剔除)。由于只有主动投资的基金才能充分体现基金经理的投资和管理能力,我们剔除了以被动管理为主的指数型基金,还剔除了债券型基金、平衡型基金、货币市场基金、政府债券基金和持有普通股少于 70% 的基金,此外,为避免潜在偏差(incubation bias),我们还排除了那些资产规模在 500 万元以下或管理少于 10 只股票的基金。

其次是我们需要基金的持股成分数据。根据我国有关法律规定,开放式基金必须按季度或半年度披露其年报,我们根据年报中披露的信息收集相关的基金持股成分数据。包括持股名称、代码、日期、股票所占权重、收益率等。

最后是基金经理信息数据库。主要包括基金经理姓名、任期等个人特征。实证分析所需数据主要来自 Wind 和国泰安数据库,但由于这两个数据库中关于基金经理特征的资料并不完善,为了避免缺失信息带来的问题,我们通过其他相关网站来补全信息。

此外,考虑到国内基金业存在基金经理更换频繁以及多人管理的现实情况,我们的处理方法是:对于基金经理更换的情况,我们对样本期间内的新旧基金经理的数据取平均；如果样本期间存在多人管理的情况，我们取任期最长的主导基金经理的数据，之所以选择在该基金上任期最长的那个作为主导基金经理，主要是因为任期长的基金经理可能具有最主要的决策权。

具体的变量定义如下：

基金年限（age）：至样本期间末期基金成立的年限，我们在此取自然对数，Ln（age）；

基金规模（size）：基金经理管理的总净资产值的自然对数，Ln（TNA）；

换手率（turnover ratio）：基金最小的证券总购买或总卖出量（总买卖量）与基金平均TNA的比率；

新资金的流量（flow）：定义为新资金在上一年流入基金的百分比，计算公式为：

$$\frac{TNA_{i,t} - TNA_{i,t-1}(1 + R_{i,t})}{TNA_{i,t-1}} \tag{3-5}$$

基金经理任期（tenure）：上任成为该只基金经理的时间长度。本章在此取自然对数处理，即Ln（tenure）。

此外，目前在我国基金市场上，费率是中国证券监督委员会根据各只基金的投资类型和风格规定的，而不是由基金经理决定的，故本章不考虑费率因素。

另外，由于基金经理的投资管理能力最终也体现在基金的投资风格特征上，因此，本章也不考虑风格因素。

二、基金经理主动管理能力与基金业绩关系的实证研究

传统文献中，测度基金经理能力的一种常用方法是直接使用业绩回归，而不需要对基金经理的投资问题建模。因此，为了考察基金经理的主动管理能力与基金业绩之间的关系，更好地理解每个变量对于基金业绩的影响，接下来使用业绩alpha，分别使用四因子模型和五因子模型回归的估计结果作为被解释变量，以AS、TE、基金年限、规模、换手率、流量、基金经理任期以及上一期的alpha为解释变量进行多变量回归检验。

构建多变量回归模型如下：

第三章 基金经理主动管理能力与业绩关系研究

$$\text{perf}_{i,t} = c_0 + c_1 AS_{i,t-1} + c_2 TE_{i,t-1} + C_3 \text{perf}_{i,t-1} + \lambda_1 \text{Ln}(age_{i,t-1}) + \\ \lambda_2 \text{Ln}(TNA_{i,t-1}) + \lambda_3 turnover_{i,t-1} + \lambda_4 flow_{i,t-1} + \lambda_5 \text{Ln}(tenure_{i,t-1}) + \\ \lambda_6 AS_{i,t-1} \times \text{Ln}(TNA_{i,t-1}) + \varepsilon_{it} \quad (3-6)$$

(3-6)式中，$\text{perf}_{i,t}$ 表示当期的基金业绩，分别由四因子模型和五因子模型估计的 alpha 得到；$AS_{i,t}$ 与 $TE_{i,t}$ 分别表示基金的 AS 与追踪误差 TE，两者的计算方法如本章第三节所述；控制变量包括基金的上一期业绩 $\text{perf}_{i,t-1}$（因为基金的上一期业绩已经被证明是一个显著的业绩预测变量[①]，它可能会反映基金经理的管理能力和策略）以及基金年限、规模、换手率、流量、基金经理任期，此外，我们还考虑增加 AS 与基金规模的交叉项［即 AS × Ln(TNA)］作为解释变量。在上述的变量中，AS、TE 和换手率这三个变量是在基金经理的控制能力范围之内的，余下变量不是基金经理所能控制的。ε_{it} 表示与模型中解释变量无关的误差项。

值得注意的是，模型（3-6）的全部解释变量基于 t-1 期，被解释变量基于 t 期，使用面板回归方法进行估计。

表 3-5 的 Panel A 首先给出了样本基金上述变量的基本统计量和相关系数。Panel B 则列出了各变量之间的横截面相关系数。从结果可以看出，换手率、基金经理任期和 AS 这 3 个变量与 alpha 正相关，且相关系数较大。而年龄、基金规模、流量和 TE 则与 alpha 存在负相关。

表 3-5 样本基金特征与基金经理特征的基本统计量

Panel A：描述性统计量					
	均值	标准差	中位数	最小值	最大值
Age（年）	4.56	2.45	4.235	0.04	10.28
TNA（亿元）	28.89	31.88	28.24	10.4	103.03
Turnover（%）	73.47	7.39	63.365	60.78	81.24
Flow（%）	1.167	3.413	−0.336	−0.879	53.17
Tenure（年）	2.284	1.034	1.56	1.056	3.94
AS（%）	42.875	3.18	42.753	26.52	60.71
TE（%）	0.058	0.023	0.095	0.017	0.174
四因子 α	0.07	0.023	0.079	0.014	0.15

[①] 见 Brown 和 Goetzmann（1995）、Gruber（1996）。

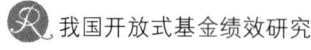

续表

Panel A：描述性统计量					
	均值	标准差	中位数	最小值	最大值
五因子 α	0.079	0.02	0.078	0.018	0.16

Panel B：横截面相关系数								
	Ln (age)	Ln (TNA)	Turnover	Flow	Ln (Tenure)	AS	TE	α
Ln (age)	1							
Ln (TNA)	−0.24	1						
Turnover	0.37	0.36	1					
Flow	−0.2	0.26	0.098	1				
Ln (Tenure)	0.043	0.39	0.19	0.026	1			
AS	0.13	−0.36	−0.37	−0.21	−0.12	1		
TE	0.16	0.16	0.16	−0.1	−0.31	0.35	1	
α	−0.21	−0.24	0.33	−0.24	0.31	0.17	−0.33	1

表3-6给出了模型（3-6）的多变量回归结果。注意到使用模型（3-1）和模型（3-2）的alpha进行多变量回归所得到的结果相差并不大。首先，我们感兴趣的系数是c_1和c_2，它们表示在其他控制变量之外，基金业绩与基金经理主动管理能力之间的关系。面板回归结果显示，AS对α的影响显著，结果也与我们的预期一致，回归得到的AS系数估计为正，说明高AS的基金会表现出更好的管理能力。以五因子α为例，AS系数的经济含义可以这样解释：当其他变量不变时，如果基金经理通过主动管理行为，改变了基金的持有比例，会使AS发生变化，1%的AS变化会导致基金的α发生0.2%的变化（t = 2.62）。可见，AS是基金业绩的一个显著的预测变量。与AS相反，实证结果显示TE与业绩负相关且显著，TE变化1%将引起业绩发生13.13%的变化（t = −9.19），说明较高的TE预示着较差的业绩。与Cremers和Petajisto（2009）不同的是，我们得到的TE估计结果较大，且结果显著。

第三章 基金经理主动管理能力与业绩关系研究

表 3-6 多变量回归结果

变量	四因子模型的 α	五因子模型的 α
constant	4.91 (0.92)	4.99 (0.93)
AS	0.197 (2.61)	0.2 (2.62)
TE	−12.89 (−9.07)	−13.13 (−9.19)
Lagged performance	−0.4 (−10.81)	−0.39 (−10.72)
Ln(age)	−0.24 (−2.18)	−0.235 (−2.15)
Ln(TNA)	−0.275 (−2.13)	−0.28 (−2.14)
Turnover rate	0.0003 (0.079)	0.0004 (0.12)
Flow	−0.006 (−1.77)	−0.006 (−1.79)
Tenure	0.036 (0.53)	0.035 (0.51)
AS × Ln(TNA)	−0.008 (−1.54)	−0.009 (−1.55)
R-sqr	0.851	0.828

注：括号内为 t 统计量，标准差采用 Newey-West (1987) 法进行调整（滞后阶数为 2）；"+"号表示在 5% 的显著性水平下，比例不同于 0.5。

对于控制变量，只有 3 个控制变量是统计显著的。其中，基金年限的系数是负的，且 t 统计量的绝对值均大于 1.96，说明是显著的，意味着存在年限越短的基金具有更好的业绩。基金规模的系数是负的，且统计显著表明规模具有不经济性，即规模与业绩呈负相关关系。随着基金资产规模的扩大，业绩很可能会变差。Chen、Hong、Huang 和 Kubik (2004) 认为，这是因为规模小的基金通常由一个基金经理管理，而大基金通常是多人管理，单人管理的基金比多人管理的基金更会投资当地的股票，且在当地股票的选择能力上更好，因此业绩也更好。

继续以五因子 α 的结果为例，向前一阶的 α 系数估计非常显著，说明历史业绩是当期业绩最为显著的预测变量（t = −10.72），也表明样本基金的业绩存在一定的持续性，因为1%的上一期业绩能在下一期产生−0.39%的业绩。Bollen和Busse（2005）证明了基金业绩的持续性是一个短期现象，基金业绩的持续性只有在短期时间内进行评价才有可能存在。我们的实证结果也显示了在短期内样本基金存在强烈的持续性。

尽管余下的4个控制变量是不显著的，但参数估计的符号还是基本符合我们的期望的。首先，换手率的系数是正的，意味着我们确实可以使用换手率这个指标来判断基金的管理是主动的还是被动的。其次，流量与业绩负相关，这是因为业绩好的基金会吸引到更多的资金，随着资金规模的扩大，基金的现金持有量也会增加，基金对市场的敏感性随之下降，即beta值减小，最后导致基金的实际收益率下降，但流量的系数估计值很小，表明流量对于基金业绩的预测能力非常小。再次，任期的系数为正，但不显著，这说明，任期对于基金经理管理基金的能力有一定的影响，时间越长，基金经理就能够制定和连续实施组合管理战略，且应变能力越好，管理基金的能力越高，基金的业绩表现越好。众多研究①也表明，从业时间长度对于基金业绩的作用主要有两个：一是随着时间的增长，基金经理在分析股票、行业、经济形势等方面的能力有所提高；二是有经验的基金经理在基金管理公司内部可能会获得提升，并具有某些管理权力（见Ding和Wermers，2009）。最后，交叉项AS × Ln(TNA)为负，但不显著，说明管理能力好的基金经理在大规模基金的管理上会出现业绩下降，这同样是因为规模的不经济性。

Amihud和Goyenko（2011）认为，R^2由多因子模型回归的估计得到，它度量的是收益率方差由模型因子所解释的比例，R^2小，说明基金收益率与共同因子之间的偏差越大，因而可以用$1-R^2$表示基金经理的选股能力，反映基金中由于特有风险或多因子追踪误差产生的方差所占的比例。如果选股能力能使业绩上升，那么R^2应该与业绩负相关。表3-6中的回归R-sqr表明，使用五因子alpha作为因变量进行多变量回归所得到的R^2比较小（0.828），预示着更好的业绩。下文的实证结果也表明，使用五因子α计算的基金业绩更大。

---

① 如Kihn（1996）、Israelsen（1998）、Kon（2000）及Wermers（2006）等。

第三章 基金经理主动管理能力与业绩关系研究

三、基金业绩与基金规模关系的实证研究

Chen、Hong、Huang 和 Kubik（2004）的研究表明，基金规模与基金业绩之间存在负相关关系。为了进一步考察基金规模与基金经理的主动管理能力是否存在关系，此部分将研究基金规模是如何影响以 AS 值分组的基金业绩的。为此，我们将全部的样本基金先按照规模分为 5 组或 3 组，再根据 AS 值细分为 5 组或 3 组。由于篇幅关系，仅给出 5×5 分组的结果，如表 3-7 所示。

表 3-7 基金业绩：基于规模和 AS 分组

Panel A：基准调整收益（adjusted return of benchmark，%）							
规模小组	AS 小组						
	低	2	3	4	高	全部基金	高-低
低	3.85	3.644	3.01	4.039	5.806	4.07	1.956
2	2.21	3.265	4.445	2.373	4.474	3.35	2.264
3	2.472	3.99	1.855	4.91	5.324	3.709	2.852
4	1.385	3.96	2.605	3.226	4.024	3.04	2.64
高	4.296	2.6	2.447	2.472	1.35	2.632	-2.946
全部基金	2.84	3.49	2.873	3.403	4.19	3.36	1.35
高-低	0.446	-1.044	-0.564	-1.567	-4.456	-1.438	

Panel B：四因子 α（α of 4-factor）							
规模小组	AS 小组						
	低	2	3	4	高	全部基金	高-低
低	-0.0621 (-2.93)	-0.08 (-3.55)	-0.041 (-3.32)	-0.129 (-3.47)	0.043 (-2.7)	-0.17 (-2.26)	0.664 (2.52)
2	-0.217 (-4.06)	-0.201 (-3.1)	-0.24 (-2.77)	-0.329 (-3.54)	-0.261 (-2.82)	-0.48 (-2.6)	-0.044 (-1.37)
3	-0.376 (-2.00)	-0.36 (-2.93)	-0.206 (-3.42)	-0.151 (-2.64)	-0.124 (-3.06)	-0.25 (-2.98)	0.252 (3.46)
4	-0.523 (-2.16)	-0.597 (-3.12)	-0.554 (-3.32)	-0.305 (-2.92)	-0.495 (-3.27)	-0.77 (-3.09)	0.028 (2.72)

· 89 ·

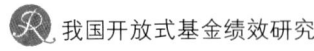

续表

Panel B：四因子 α (α of 4-factor)							
规模小组	AS 小组						
	低	2	3	4	高	全部基金	高-低
高	−0.563 (−2.15)	−0.462 (−2.71)	−0.309 (−2.61)	−0.386 (−2.33)	−0.501 (−2.8)	−0.85 (−2.85)	0.062 (3.43)
全部基金	−0.46 (−2.6)	−0.34 (−2.89)	−0.27 (−2.32)	−0.26 (−2.86)	−0.218 (−2.64)	−0.504 (−2.98)	0.12 (3.72)
高-低	0.058 (1.56)	−0.382 (−2.11)	−0.268 (−2.61)	−0.257 (−3.28)	−0.544 (−3.33)	−0.28 (−2.19)	

Panel C：五因子 α (α of 5-factor)							
规模小组	AS 小组						
	低	2	3	4	高	全部基金	高-低
低	−0.012 (−2.19)	0.043 (−2.3)	−0.203 (−1.69)	−0.13 (−2.08)	0.0445 (2.59)	−0.072 (−1.73)	0.16 (2.24)
2	−0.116 (−2.26)	−0.199 (−2.75)	−0.24 (−2.73)	−0.257 (−3.26)	−0.26 (−2.97)	−0.21 (−2.13)	−0.144 (−1.69)
3	−0.28 (−1.98)	−0.358 (−2.66)	−0.159 (−3.3)	−0.036 (−3.44)	−0.085 (−3.46)	−0.18 (−3.14)	0.195 (2.97)
4	−0.326 (−2.34)	−0.2 (−2.79)	−0.298 (−3.39)	−0.299 (−2.84)	−0.31 (−2.73)	−0.287 (−2.19)	0.016 (3.01)
高	−0.37 (−1.95)	−0.46 (−2.67)	−0.311 (−2.43)	−0.388 (−2.15)	−0.49 (−2.36)	−0.4 (−2.12)	−0.13 (−1.86)
全部基金	−0.46 (−3.31)	−0.45 (−2.23)	−0.478 (−3.59)	−0.442 (−3.01)	−0.44 (−2.7)	−0.25 (−2.39)	0.02 (1.97)
高-低	−0.258 (−3.87)	−0.503 (−2.1)	−0.168 (−3.63)	−0.258 (−2.83)	−0.53 (−2.02)	−0.523 (−2.78)	

注：表中所列的基准收益率为年收益率，括号内的 t 统计量基于 Newey 和 West（1987）的标准误差计算（滞后阶数取 2）。

本章使用基准调整收益率来考察基金的平均业绩，这是因为与超额收益率相比，投资者更关注基金是否打败基准收益率以及程度如何，此外，它也是度量基金经理能力的标准之一，战胜指数通常也是基金招募书中所宣称的投资目标，因此，基准调整收益率表明了基金经理投资管理策略的结果。

第三章 基金经理主动管理能力与业绩关系研究

首先，计算各组基金的等权基准调整收益，再在整个样本期内计算各组基金的平均收益率。使用四因子模型和五因子模型分别对基准调整收益进行回归，就可以得到如 Panel B 和 Panel C 中所示的 alpha 值。

其次，我们考察控制了规模因子后，AS 对基金业绩是否仍具有预测性。表 3-7 的结果显示，在规模分组的横截面上，AS 具有显著的差异，AS 值较大的基金经理表现出较为显著的管理能力，表明 AS 对基金业绩具有显著的预测性：除了规模最小的基金之外，第 2~4 组规模的基金经理所管理的基金平均每年超出市场基准 2.6%~3.7%，AS 最大和最小的组别之差的取值范围在 2.26%~2.85%。而在规模最小的基金组中，AS 最小的基金收益超出基准 3.85%，AS 值最大和最小的组别之差为 1.956 个百分点。而对于规模最大的那组基金来说，差值变为 -2.946。

最后，我们再来看看基金规模与业绩之间的关系：从表 3-7 的结果看，规模最小的基金平均业绩水平较高，它们战胜基准 4.07%，四因子年化 α 为 -0.17，五因子年化 α 为 -0.072。三个 Panel 都表明业绩最好的基金是规模最小且 AS 最大的小组。可见基金规模与基金业绩之间存在着相关性。因此，我们的结论与 Chen、Hong、Huang 和 Kubik（2004）的研究基本一致，即基金业绩随着基金规模的扩大而下降。

四、基于 AS、TE 分类的基金业绩

在前文中，基金业绩与基金经理主动管理能力的回归分析结果显示，基金经理对于业绩有重要影响。然而，仅仅从基金业绩方面衡量基金经理的主动管理能力是远远不够的，因为好业绩的取得也可能来自基金经理的个人运气。基金业绩的取得，究竟是基金经理的个人能力还是运气，还需要对基金经理能力和基金业绩的关系进行全面的检验和分析。接下来，我们在细分基金经理能力的基础上对两者的关系做更进一步的研究：

表 3-6 的结果已经显示，基金业绩可以由 AS、TE、向前一阶的 α 预测。在此部分内容中，我们按照 AS、TE 的值将全部样本基金分为 25 个（或 9 个）小组，通过对比各组业绩来观察基金经理的主动管理能力。

具体地说，就是在每个 t-1 期期末，先按照 t-1 期的 AS 值将全部的样本基金分为 5 组或 3 组，在每一组内再根据 t-1 期的 TE 值进一步细分为 5 组或 3 组，这样，总共可以划分为 5×5 个或 3×3 个基金组合。

本章使用基准调整收益率来考察基金的平均业绩，这是因为，与超额收益率相比，投资者更关注基金打败基准与否以及程度如何，此外，它也是度量基金经理能力的标准之一，战胜指数通常也是基金招募书中所宣称的投资目标，因此，基金收益率超出基准收益率的部分表明了基金经理投资管理策略的结果。实证结果显示，按 AS、TE 将基金分为 3×3 组得到的结论具有稳健性，不存在显著的差异。由于篇幅关系，表 3-8 中的 Panel A 仅列出 25 个基金组合的平均基准调整收益，首先计算每组基金的等权的基准调整收益，再在整个样本期内计算各组基金的平均收益率。使用 Carhart（1997）的四因子模型对基准调整收益进行回归，同样是控制规模、价值和动量的风险暴露后，我们得到如 Panel B 和 Panel C 中所示的 α 值。

从整体性来看，样本基金基本上能够战胜基准指数 2.82%，且总体业绩主要来自 AS 排名在第 2~5 组的基金，它们的基准调整收益均在 2.82% 之上；然而，使用 Carhart（1997）四因子模型后，由于控制了市场、规模、价值和动量这四个方面的风险暴露之后，整体基金业绩下降至 -0.41，五因子 α 所对应的基金总体业绩为 -0.26。

从表 3-8 的结果来看，历史 AS 值越大，基金业绩越好；另外，基金业绩随着历史 TE 的增大而下降。此外，AS 在基金挑选上能够给予投资者一定的参考价值。例如，在 Panel A 中，高 AS 组和低 AS 组之间的年基准调整收益率之差是 1.797%，在四因子模型下，这一个差值还会下降至 0.176，五因子 α 所对应的差值为 0.218。值得注意的是，四因子 α 和五因子 α 的 AS 最大值和最小值之差在所有的按 TE 分类的小组中都是正的，而且是统计显著的。因此，投资者可以避免选择 AS 值最小的那三个小组，挑选 AS 值最大的基金小组里的基金，因为基准调整收益结果显示，AS 值最大的基金小组平均战胜了基准 3.26%，而四因子 α 和五因子 α 得到的小组业绩为负值，但在 AS 分类的小组上依然存在差异，且 AS 值最高的小组基金的业绩依然最好，α 分别为 -0.324、-0.15。

相反地，我们还可以看出，追踪误差 TE 不能帮助投资者挑选基金，因为全部按 TE 分类的基金组一致具有负的 α，从低 TE 值的小组到高 TE 值的小组，基金业绩都不好，并且这一结论也是统计显著的。

表 3-8 的总体结果告诉我们，一方面，三个 Panel 一致的结论是 AS 最大且 TE 最小的基金组的业绩最好，超出基准 4.97%，四因子和五因子模型的年化 α 分别为 -0.143（t = -2.26）和 -0.029（t = -2.16）。这组基金

第三章 基金经理主动管理能力与业绩关系研究

都产生了较大且显著的基准调整收益和α，因此，它们的基金经理都具有很好的主动管理能力。另一方面，低AS、高TE组的基准调整收益为1.054%，四因子和五因子α分别为-0.623和-0.64，表明这组基金的业绩最小、基金经理的能力最差，说明基金并没有因为基金经理的主动管理获得因子收益，而是降低了投资者得到的价值，从而说明这些基金的管理人缺少良好的主动管理能力。

如果我们交换了分类的顺序，即先按TE分组，再按AS分组，结果显示不存在明显的变化。此外，如果将整个样本期间分为2005年1月1日至2008年12月31日和2009年1月1日至2013年12月31日两部分，两个子区间的估计结果相似，结果也与整个样本区间类型，说明关于AS和TE的估计并不取决于某些特定子时期。

综上所述，从经济学的角度来看，表3-8的实证结果表明，大部分AS高的基金经理均为其投资者增加了价值；相反地，TE大的基金经理则使得投资者的利益减少。可见，AS和TE可以用于判定基金业绩的取得是否与基金经理的个人主动管理能力有关。

表 3-8 基金业绩：基于 AS、TE 分类

Panel A：基准调整收益（adjusted return of benchmark，%）							
AS 小组	TE 小组						
	低	2	3	4	高	全部基金	高-低
低	2.148	1.148	1.796	1.173	1.054	1.46	-1.09
2	3.62	3.059	3.4	3.018	2.786	3.177	-0.834
3	4.079	2.77	3.06	1.963	2.438	2.862	-1.641
4	3.93	3.018	3.41	3.33	2.426	3.22	-1.504
高	4.97	3.7	2.686	2.35	2.6	3.26	-2.37
全部基金	3.83	2.74	2.91	2.367	2.26	2.82	-1.55
高-低	2.822	2.552	0.89	1.177	1.546	1.797	

Panel B：四因子 α（α of 4-factor）							
AS 小组	TE 小组						
	低	2	3	4	高	全部基金	高-低
低	-0.438 (-2.85)	-0.399 (-3.28)	-0.52 (-2.6)	-0.522 (-2.89)	-0.623 (-2.32)	-0.50 (-2.99)	-0.185 (-2.81)

续表

AS 小组	Panel B：四因子 α （α of 4-factor）							
	TE 小组						
	低	2	3	4	高	全部基金	高−低
2	−0.408 (−2.98)	−0.386 (−3.46)	−0.415 (−2.86)	−0.47 (−2.87)	−0.615 (−2.64)	−0.46 (−2.65)	−0.207 (−3.01)
3	−0.418 (−2.98)	−0.39 (−3.72)	−0.5 (−3.09)	−0.571 (−2.73)	−0.603 (−3.41)	−0.496 (−3.87)	−0.185 (−3.34)
4	−0.24 (−2.66)	−0.371 (−3.34)	−0.43 (−1.23)	−0.51 (−3.26)	−0.592 (−3.44)	−0.485 (−2.77)	−0.4 (−2.28)
高	−0.143 (−2.26)	−0.365 (5.07)	−0.342 (2.52)	−0.29 (−3.41)	−0.48 (−3.33)	−0.324 (−3.94)	−0.337 (−3.17)
全部基金	−0.33 (−2.23)	−0.38 (−2.75)	−0.441 (−3.34)	−0.47 (−1.64)	−0.58 (−2.02)	−0.41 (−3.63)	−0.25 (−2.31)
高−低	0.295 (3.69)	0.034 (3.13)	0.178 (2.5)	0.232 (2.29)	0.143 (3.06)	0.176 (3.77)	

AS 小组	Panel C：五因子 α （α of 5-factor）							
	TE 小组						
	低	2	3	4	高	全部基金	高−低
低	−0.15 (−2.46)	−0.365 (−2.99)	−0.387 (−2.31)	−0.394 (−3.57)	−0.64 (−2.26)	−0.372 (−3.49)	−0.49 (−2.54)
2	−0.138 (−2.86)	−0.163 (−3.21)	−0.21 (−3.17)	−0.323 (−2.5)	−0.504 (−2.59)	−0.27 (−3.17)	−0.366 (−3.08)
3	−0.26 (−3.16)	−0.297 (−2.84)	−0.153 (−2.63)	−0.13 (−3.62)	−0.36 (−3.62)	−0.24 (−2.17)	−0.1 (−2.32)
4	−0.27 (−3.28)	−0.305 (−2.92)	−0.276 (−3.45)	−0.27 (−3.28)	−0.224 (−3.01)	−0.269 (−3.3)	0.046 (2.13)
高	−0.029 (−2.16)	−0.002 (−4.7)	−0.059 (−2.89)	−0.319 (−2.93)	−0.345 (−2.94)	−0.15 (−2.36)	−0.374 (−2.44)
全部基金	−0.16 (−2.76)	−0.226 (−3.15)	−0.22 (−1.89)	−0.287 (−2.47)	−0.42 (−2.73)	−0.26 (−2.97)	−0.257
高−低	0.179 (2.88)	0.363 (2.67)	0.33 (2.94)	0.075 (2.78)	0.295 (3.52)	0.218 (3.03)	

注：表中所列的基准收益率为年收益率，括号内的 t 统计量基于 Newey 和 West（1987）的标准误差计算（滞后阶数取 2）。

五、基金经理主动管理能力的持续性

如果基金经理具有真正的主动管理能力，而不是凭借运气取得业绩，那么他们的能力就应该具有持续性，并且主动管理能力最大的基金经理的持续性应该最强。然而，如果基金经理对基金的管理仅仅具有部分效果，那么他们就不会具有持续的管理能力。众多历史文献的研究均表明，有一小部分基金的好业绩具有持续性，详见 Pastor 和 Stambaugh（2002），Kacperczyk、Sialm 和 Zheng（2005，2008），Kacperczyk 和 Seru（2007），Christoffersen、Keim 和 Musto（2007），Cremers 和 Petajisto（2009），Baker、Litov、Wachter 和 Wurgler（2010），Huang、Sialm 和 Zhang（2011），Amihud 和 Goyenko（2011），Cohen、Polk 和 Silli（2011）以及 Koijen（2012）。

在持续性的分析过程中，仅使用各基金的数据进行分析是不够的，还需要从总体上考察基金。然而，对于等权的基金组合进行简单的分析是不适合的，因为这种方法忽略了个体性质的信息和基金的风格特征。因此，我们把所有的样本基金按照共同的特征分成不同的小组。

为了检验我国开放式基金经理的主动管理能力是否具有持续性，根据 Carhart（1997）的思想，我们先根据 AS 的值将样本基金分为 5 组或 3 组，再根据上一年的基准调整收益在 5 组基金内部继续细分为 5 组或 3 组，同样得到 25 个或 9 个小组。这一分组方法可以帮助我们理解具有相同特征的基金经理是否具有管理能力，通过分别对比 AS 和收益率的最大组（赢家）和最小组（输家）的结果，可以考察基金经理的管理能力是否具有持续性。

表 3-9 基金经理能力持续性

Panel A：基准调整收益（adjusted return of benchmark，%）							
AS 小组	上一年收益率小组						
	低	2	3	4	高	全部基金	高-低
低	−1.47	0.53	2.81	4.08	6.24	2.44	7.71
2	−1.46	1.75	3.58	4.67	7.33	3.17	8.79
3	−1.21	0.95	3.27	4.29	6.82	2.83	8.03
4	−3.41	1.52	4.00	5.86	8.19	3.23	11.6

续表

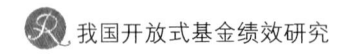

Panel A：基准调整收益（adjusted return of benchmark，%）

AS 小组	上一年收益率小组					全部基金	高-低
	低	2	3	4	高		
高	-2.65	0.51	2.98	5.65	10.02	3.3	12.68
全部基金	-2.04	1.05	3.33	4.91	7.72	2.99	9.76
高-低	-1.1	-0.03	0.17	1.56	3.79	0.86	

Panel B：四因子 α（α of 4-factor）

AS 小组	上一年收益率小组					全部基金	高-低
	低	2	3	4	高		
低	-0.102 (-1.6)	-0.132 (-2.73)	-0.423 (-2.66)	-0.357 (-2.98)	-0.258 (-2.33)	-0.254 (-2.37)	-0.156 (-1.75)
2	-0.127 (-2.67)	-0.256 (-2.73)	-0.342 (-2.93)	-0.227 (-3.03)	-0.29 (-3.52)	-0.249 (-2.19)	-0.167 (-2.1)
3	-0.138 (-2.71)	-0.176 (-3.4)	-0.13 (-3.54)	-0.23 (-3.31)	-0.279 (-2.73)	-0.19 (-3.01)	-0.14 (-2.51)
4	-0.415 (-2.79)	-0.09 (-2.97)	-0.203 (-3.74)	-0.458 (-3.32)	-0.311 (-3.41)	-0.296 (-2.4)	-0.104 (-1.93)
高	-0.36 (-2.71)	-0.53 (-3.38)	-0.128 (-3.28)	-0.282 (-3.01)	0.038 (4.5)	-0.252 (-2.12)	0.397 (2.88)
全部基金	-0.228 (-2.34)	-0.237 (-2.06)	-0.245 (-2.67)	-0.31 (-2.02)	-0.221 (-2.43)	-0.248 (-2.22)	0.008 (2.09)
高-低	-0.258 (-1.79)	-0.398 (-1.96)	0.295 (3.55)	0.075 (2.59)	0.296 (3.98)	0.002 (2.46)	

Panel C：五因子 α（α of 5-factor）

AS 小组	上一年收益率小组					全部基金	高-低
	低	2	3	4	高		
低	-0.102 (-1.59)	-0.136 (-2.7)	-0.424 (-2.62)	-0.36 (-2.64)	-0.255 (-2.31)	-0.26 (-2.16)	-0.15 (-2.25)
2	-0.129 (-2.64)	-0.257 (-2.71)	-0.345 (-2.9)	-0.228 (-2.17)	-0.29 (-2.48)	-0.25 (-2.74)	-0.16 (-2.83)
3	-0.14 (-2.68)	-0.176 (-3.37)	-0.13 (-3.49)	-0.228 (-2.98)	-0.278 (-2.71)	-0.19 (-2.39)	-0.138 (-2.59)

第三章 基金经理主动管理能力与业绩关系研究

续表

	Panel C：五因子 α（α of 5-factor）						
AS 小组	上一年收益率小组						
	低	2	3	4	高	全部基金	高-低
4	−0.419 (−2.77)	−0.09 (−2.72)	−0.204 (−3.71)	−0.45 (−2.78)	−0.304 (−3.39)	−0.29 (−1.74)	0.115 (2.15)
高	−0.357 (−2.7)	−0.54 (−3.35)	−0.122 (−3.26)	−0.277 (−2.76)	0.045 (4.47)	−0.249 (−3.17)	0.402 (3.21)
全部基金	−0.229 (−2.39)	−0.239 (−1.63)	−0.25 (−1.68)	−0.31 (−1.82)	−0.217 (−2.13)	−0.248 (−2.74)	0.026 (1.95)
高-低	−0.25 (−2.07)	−0.4 (−2.33)	0.302 (3.14)	0.083 (2.57)	0.3 (3.29)	0.006 (3.05)	

注：表 3-8 中所列的基准收益率为年收益率，括号内的 t 统计量基于 Newey 和 West（1987）的标准误差计算（滞后阶数取 2）。

表 3-9 给出了持续性的分析结果。Panel A 列出了各组的基准调整收益，Panel B 列出了各组的四因子 α，Panel C 为各组的五因子 α。表 3-9 给出的是使用等权所得到的结果。从 Panel A 的结果可以看出，主动管理能力最大（即 AS 值最大）的那组基金的基准调整收益表现出很强的持续性：根据上一年基准调整收益划分的赢家和输家在下一年的基准调整收益之差为 12.68%，这一差异在赢家和输家中同时存在，其中，赢家比市场基准高出了 10.02%，而输家则输给了市场 2.65%。AS 值较大的第 4 组基金也表现出较大的业绩持续性，赢家和输家的基准收益率之差为 11.6%。此外，根据 AS 划分的其他小组基金也表现出业绩持续性，主动管理能力最小的那组基金，赢家的基准调整收益比输家高出了 7.71%。因此可以认为，基金经理的主动管理能力具有持续性，当期的 AS 可以用于下一期 AS 的预测。

然而和其他学者的研究一样，我们发现，在四因子 α 和五因子 α 中，由于考虑了 Carhart（1997）的动能因子，大大抵消了基金业绩的持续性，Panel B 和 Panel C 的 α 基本上为负值。从 Panel B 可以看出，除了 AS 最大的那组基金之外，其他小组的基金都没有表现出持续性，例如，AS 值在第 4 组的基金的上一年 α 的赢家与输家之差为 −0.104，AS 最小的那组

我国开放式基金绩效研究

为-0.156。我们的结论也与Carhart（1997）的结果一致[①]，即部分基金业绩的持续性会随着四因子的调整而消失，这是因为好业绩的基金在获得新资金流入后购买了动能为正的股票。然而，AS最大的小组基金表现出业绩持续性，上一年的赢家高出了输家0.397。Panel C的五因子α结果显示，AS值大的两个小组均表现出持续性。Cremers和Petajisto（2009）的研究也发现，AS最大的小组具有很大的业绩持续性。

从投资者的角度来说，在AS最大的小组中，上一期的赢家基金是最具投资潜力的，因为它的基准调整收益为10.02%、四因子模型的α为0.038，五因子模型的α为0.045。t统计量分别为4.5和4.47，表明这一小组的基金业绩具有统计显著性。因此，我们可以认为这一小组的基金经理最具有主动管理能力。

综上所述，通过此部分的实证分析，我们可以看到部分基金经理具有真实的主动管理能力，业绩的取得并不能简单地归因于运气，因为我们的实证研究表明样本基金在一年的时间段上存在持续性。

六、基金经理更换对基金业绩的影响

根据前面的研究，我们已经知道，基金经理的主动管理能力对于基金业绩具有重要的影响。但是，由于我国基金业存在频繁更换基金经理的特殊情况，这会对基金的实际业绩产生一定的影响，因为基金的投资风格、投资策略以及基金经理的管理程度等会随着基金经理的变更而产生变化。导致基金经理更换的因素主要包括行业间的人才争夺、业绩不佳、公司管理层变动等。Ding和Wermers（2009）的研究显示，美国的基金经理平均任期在5年以上，而我国的平均任期仅为17个月[②]。可见，基金经理在我国是一个"短命"的群体。因此有必要特别考察基金经理变更对于基金业绩的影响。在这一部分，我们将直接检验基金经理更换事件对于业绩的影响。需要注意的是，本章的基金经理更换事件指的是主导基金经理发生更换。

[①] Carhart（1997）的结论是好基金的业绩不存在持续性。
[②] 赵秀娟、黎建强、汪寿阳：《基金经理在多大程度上影响了基金业绩？——业绩与个人特征的实证检验》，《管理评论》2010年第1期。

第三章 基金经理主动管理能力与业绩关系研究

首先，在 2005~2013 年的每年年末，我们根据每年的 AS 测度对所有的样本基金进行排名，并划分为 3 个小组。结果如表 3-10 所示。表 3-10 显示了基金经理更换的频率以及根据上一年 AS 测度排名的基金业绩情况。Panel A 给出了每个小组的基本信息，比如基金数量、等权 TNA、前两年的 AS 值、后两年的 AS 值以及出现基金经理更换事件的百分比。从 Panel A 看，样本基金中平均每年有 79.55% 的主导基金经理发生了更换，而且随着时间的推移，尤其是在样本期间的最后几年里，基金经理的更换率不断上升。此外，86.67% 的最后一组基金经理在给定的年份中被更换；而在 AS 值最大的基金中只有 78.57% 的基金经理被更换。这说明基金公司可能更容易辞退或者是更换业绩不好的基金经理。

表 3-10 基金经理更换的影响

Panel A：基于上一年 AS 分类的小组基金统计量					
排名变量：上一年 AS	高	中	低	全部	高-低
基金数量（只）	14	15	15	44	
TNA（亿元）	55.97	48.28	34.74	46.33	21.23**
前两年平均 AS	46.461	42.641	39.837	42.98	6.624
后两年平均 AS	46.52	42.723	39.794	43.012	6.726
后两年与前两年 AS 之差	0.059**	0.082	-0.043***	0.033	0.102***
基金经理更换的基金比例	78.57%	73.33%	86.67%	79.55%	0
Panel B：未发生基金经理更换的基金统计量					
基金数量（只）	3	4	2	9	
TNA（亿元）	53.08	64.77	67.76	61.87	-14.68**
前两年平均 AS	49.54	42.8	41.31	44.55	8.24
后两年平均 AS	50.19	42.99	41.13	44.77	9.06
后两年与前两年 AS 之差	0.646***	0.19*	-0.176***	0.22**	0.82
Panel C：发生基金经理更换的基金统计量					
基金数量（只）	11	11	13	35	
TNA（亿元）	61.32	43.3	34.9	46.51	26.41**
前两年平均 AS	45.90	42.581	39.57	42.67	6.33
后两年平均 AS	45.85	42.62	39.55	42.68	6.3
后两年与前两年 AS 之差	-0.048**	0.041	-0.019**	-0.009***	-0.029

注：***、**、* 分别表示 1%、5% 和 10% 的显著性水平下，前两年平均 AS 值与后两年平均 AS 值相等的 F 检验，以及高低组之差为 0 的 t 检验的显著性结果。

其次，Panel B 列出了未发生基金经理更换事件的基金的相关统计量信息，Panel C 则列出了发生基金经理更换的样本基金的统计量信息。从 Panel B 和 Panel C 的结果对比可以看出，未发生基金经理更换的样本基金在平均 TNA 和平均 AS 的水平上均高于发生基金经理更换的样本基金，且未发生基金经理更换的样本基金的后两年平均 AS 与前两年平均 AS 之差为 0.22，而发生基金经理更换的基金对应的差值为-0.009，表明未发生基金经理更换的基金在规模调整和业绩取得上更为平稳，且说明基金经理更换事件与基金的历史业绩呈现负相关的关系，历史业绩好的大基金经理对于基金的主动管理更为有效，从而能够产生好业绩，而业绩不好的基金经理可能被调任至规模更小的基金，历史业绩好的基金经理会调至管理更大规模的基金，这也与 Khorana（1996）、Chevalier 和 Ellison（1999）等的发现一致。

最后，我们从表 3-10 中还可以看出，由于基金经理更换事件，由 AS 所度量的基金业绩表现出稳定的均值回归的特征，这一发现也与 Khorana（1996，2001）的研究成果一致。

综上所述，我国基金经理存在"短命"现象，这可能是因为我国市场更加关注基金的短期表现。对于倡导价值投资的基金来说，基金经理在一个相当长的时间内不能保持稳定，将对基金业绩产生一定的消极影响。因此，拥有一个稳定的管理团队，将有助于基金业的持续、健康发展。

第四节 结 语

本章的研究为探索基金业绩与基金经理之间的关系提供了一个崭新的视角，也为考察基金经理基于时变的管理能力开辟了新的研究道路。为了确保研究的稳健性，我们在研究中还从多角度进行实证，例如，按 3×3 或 5×5 分组，求等权平均或按 TNA 加权的平均，以及将样本期间分成相等的两段，实证结果表明研究结果具有稳健性，为我们的结论增添了可信度。

本章取得了如下有价值的结论：

第一，AS 对 α 具有显著的正影响，说明高 AS 的基金会表现出更好的

第三章 基金经理主动管理能力与业绩关系研究

管理能力。与 AS 相反，实证结果显示 TE 与业绩负相关且显著。换句话说，大部分 AS 高的基金经理为投资者增加了价值；相反地，TE 大的基金经理则使投资者的利益减少。可见，AS 和 TE 可以用于判定基金业绩的取得是否与基金经理的个人主动管理能力有关。

第二，在考察规模效应时，AS 具有显著的差异，且 AS 值较大的基金经理表现出较为显著的管理能力，表明 AS 对基金业绩仍然具有显著的预测性。此外，我们还发现业绩最好的基金是规模最小且 AS 最大的小组，表明基金规模与基金业绩之间存在着相关性，此外，基金业绩随着基金规模的扩大而下降，说明存在规模效应。

第三，在持续性研究中，在一年期的时间段上，AS 最大的基金业绩持续性较强，说明这一组基金经理具有真实的主动管理能力，而不能简单地归因于运气。需要注意的是，当基金业绩由基准调整收益改为四因子 α 和五因子 α 时，由于考虑了 Carhart（1997）的动能因子，持续性消失，只有 AS 最大的基金具有持续性。这主要是因为：我国证券市场不够成熟，且行政干预较多，导致市场波动剧烈，基金经理不得不频繁改变投资策略，采取投机、跟风策略；同时，由于国内没有做空机制，基金经理不能在市场波动时通过有效的避险工具控制风险；最重要的是，基金经理的整体真实管理能力不高，主动管理能力还有待进一步提高。

第四，基金经理变更的研究结果表明，未发生基金经理更换的基金业绩更为平稳，说明基金经理更换事件与基金的历史业绩负相关，这是因为基金的投资风格、投资策略以及基金经理的管理程度等会随着基金经理的变更而产生变化，从而导致了业绩的变化。

全面提高基金经理的主动管理能力，是促进基金业健康快速发展的一项重要课题。基于上述结论，可以从以下几个方面进行改进：

首先，从外部政策和法规加强对基金经理投资行为管理。监管当局要加强外部监管的法律体系建设，强化基金信息披露制度，建立多层次的监管体系，以便全面、动态地把握基金运作的实际情况，对于基金运行中出现的问题及时采取合理的防范措施和应急措施。

其次，基金管理公司要通过完善的公司治理来建立有效的激励机制，激励基金经理最大限度地发挥其主动管理能力。此外，还要完善内部风险控制制度来约束基金经理的行为，并完善风险管理的组织架构，逐步建立与国际接轨的全面风险管理体系，进行全面系统的风险管理。

再次，基金管理公司应当注意控制基金规模。本章研究发现，我国开放式基金存在规模效应，即使是主动管理能力高的基金经理，也同样会因为基金规模的扩大而导致业绩下降。因此，基金管理公司应当监测基金规模的变化情况，及时进行控制和管理。

最后，应充分发挥基金经理的自身作用，不断提高他们提高自身素质和能力的空间，避免因基金经理更换所带来的消极影响。我国基金经理存在"短命"现象，这是因为我国市场更加关注基金的短期表现。如果基金经理在一个相当长的时间内保持稳定，他们就能够制定和连续实施组合管理战略，且应变能力越好，管理基金的能力就越高。因此，对于基金管理公司来说，拥有一个稳定的管理团队，将有助于基金经理施展才能，维持基金业的持续、健康发展。

第四章 流动性、流动性风险与基金业绩
——基于我国开放式基金的实证分析[①]

第一节 引 言

开放式基金的流动性风险是指基金所持有的资产在变现过程中价格的不确定性和可能遭受的损失。开放式基金的流动性风险主要是由其内部资金运作结构特点决定的,与封闭式基金相比较,开放式基金最大的特点在于其"开放性",即投资者在基金存续期内可以随时进行申购赎回,但由此引发的流动性风险问题已成为当前学者和业界重点关注的问题。这是因为,流动性风险是一种系统性风险,它是开放式基金运作中所面临的全部风险的集中体现。在极端情况下,基金流动性风险的积聚会导致"基金赎回—股市下跌—赎回增加—股市进一步下跌"的恶性循环,可能会进一步爆发灾难性的市场流动性危机,从而影响金融市场的稳定。因此,流动性风险是开放式基金面临的最重要的风险。

一个典型的例子是中国台湾基金的"封转开"。20世纪90年代中期,中国台湾封闭式基金的业绩较开放式差,并出现较大比例的折价,监管机构于是采取行政性手段将封闭式基金转为开放式。结果导致70%左右的基金遭到了大量投资者赎回,为应对赎回,基金经理不得不抛售股票,使台湾股市出现大跌。而股市的大跌反过来又促使基金单位净值的进一步下降,引发了更多的基金赎回,又进而造成股市下跌,形成了恶性循环,最

[①] 本章内容发表于《开放式基金流动性风险管理研究》,《学术研究》2014年第8期;《流动性、流动性风险与基金业绩——基于我国开放式基金的实证研究》,《中国管理科学》2015年第7期。

终对中国台湾证券市场造成了极大的冲击。

另一个著名的案例是，1998年长期资本管理公司（LTCM）由于流动性问题倒闭，一度引起了美国乃至全球市场的恐慌。LTCM管理的对冲基金的杠杆比率较高，且对市场流动性具有正的敏感性，它在多个国家市场买入低流动性资产、卖出流动性更大的资产。当俄罗斯债务危机引发了大范围内的流动性破坏时，由于LTCM旗下基金的投资组合对流动性敏感，组合价值急速下跌，从而促发了流动性需求，使LTCM的情况进一步恶化，并最终倒闭。

而在2008年的金融危机中，流动性风险同样扮演了重要角色，全球主要金融市场均陷入了市场流动性严重不足的泥沼之中。部分基金也因为损失惨重和面临投资者的赎回要求而被清算。反观我国的金融市场，开放式基金虽然发展历史不长、市场规模尚小，但流动性风险已经有所显现，部分小基金规模已接近5000万元的生死底线，面临被清盘的风险。

开放式基金流动性风险加剧的同时会加大基金管理公司的经营风险，也会给市场带来巨大的冲击。因此，在这种背景下未雨绸缪，对开放式基金的流动性风险进行研究是十分必要而且迫切的。如何认知开放式基金流动性风险以及如何提升基金经理的流动性风险管理水平对于加强开放式基金流动性风险管理，维护整个金融体系的稳定，减少市场波动对经济的负面影响，具有积极的现实意义。

一方面，截至2016年底，我国开放式基金已达8.53万亿元的资产规模，开放式基金在我国金融业中占据很大比重。另一方面，基金的主要功能之一是通过日常申购和赎回为投资者提供流动性。未预期的赎回对于基金收益率具有相当程度的负影响［Edelen（1999）、Acharya和Pedersen（2005）、Alexander，Cici和Gibson（2007）］，且持有流动性资产的基金会为潜在流出提供部分流动性［Huang（2010）］。因此，基金经理非常有必要去做好基金的流动性风险管理的工作。

但关于上述方面的定量研究并不多见。基于此背景，本章试图对我国开放式基金的流动性风险进行初步探讨，我们将借鉴国外最新的研究成果，从实证分析的角度对我国开放式基金的流动性风险进行分析和度量，并实证考察了流动性风险及其他相关因素对基金业绩的影响，进而给出了开放式基金流动性风险管理的对策，希望能够对我国开放式基金流动性风险的度量和风险管理水平的提高提供借鉴。

第四章　流动性、流动性风险与基金业绩

第二节　流动性风险概述

一、流动性概述

"流动性"（liquidity）一词最早是由凯恩斯于1936年提出的。流动性实际上是资产的一种属性，被广泛应用于宏观经济、股市、财务等领域，研究的目的不同，侧重点也不同。在理论界，流动性的定义有多个版本。最早研究流动性的是凯恩斯（1930）和希克斯（1962），他们认为市场流动性是指"市场价格未来的波动性"或者"立即执行一笔交易的可能性"。Tobin（1958）较早提出了金融资产流动性的概念，如果卖方希望立即出售其持有的金融资产，其可能损失的程度就代表了金融资产的流动性的好坏。Amihud和Mendelson（1986）认为，流动性是在一定时间内完成交易所需的成本，或寻找一个理想的价格所需的时间。O'Hara（1995）认为，流动性是"立即完成交易的价格"。

上述定义均从能否交易、交易量、交易时间及其成本等角度来解释流动性。从微观来说，证券流动性是指证券迅速变现而不受损失的能力；而从宏观来说，流动性是指股市参与者能够迅速进行大量买卖交易，并且不会导致股票价格发生显著波动的市场运行行为。

因此，流动性至少包括以下四个方面：

第一，即时性（immediacy），反映证券交易速度。从这一角度来看，流动性意味着一旦投资者有买卖证券的愿望，应该可以立即得到满足。

第二，市场宽度（width），反映流动性中的交易成本因素。即交易即时性必须在成本尽可能小的情况下获得。最常见的指标是买卖价差及其相关指标、价格自相关系数、方差比率。

第三，市场深度（depth），反映了在某一个特定价格水平上的可交易的数量。深度指标可用来衡量市场的价格稳定程度，即在深度较大的市场，一定数量的交易对价格的冲击相对较小，而在深度较小的市场，同等数量的交易对价格的冲击将较大。常用的指标是基于交易量的指标，比如报价深度、成交深度、成交率、换手率；以及基于价格冲击的指标，比如价格冲击系数、流动性比率。

第四，弹性（resiliency），是指在一定数量的交易导致资产价格偏离均衡水平后恢复的速度。如果资产价格将很快返回到有效水平，表明弹性较好。常用的指标是交易等待时间、交易频率。

综上四个因素，用 L 表示流动性，p 表示交易价格（宽度），q 表示交易数量（深度），t 表示时间（即时性），r 表示弹性。则流动性函数可以表示为：

$$L = f(p, q, t, r), \text{ and } \frac{\partial L}{\partial p} < 0, \frac{\partial L}{\partial q} < 0, \frac{\partial L}{\partial t} < 0, \frac{\partial L}{\partial r} > 0$$

(4-1)

二、开放式基金流动性风险的界定与分类

对开放式基金流动性及其风险危害性的认识，是流动性风险管理的重要基础和前提。

1. 持有资产的流动性风险和现金头寸流动性风险

根据流动性风险的表现形式，可将流动性风险分为以下两种：

一是持有资产的流动性风险，是指基金由于所交易的资产流动性较差，导致无法以合理的价格处理该资产的风险。这类风险主要是由于基金资产组合的配置、基金经理的交易行为策略或突发事件发生而不能以原来市价或接近的市价购买或出售资产。

二是现金头寸流动性风险，也称赎回风险，是指基金公司所持有的现金无法满足投资者的赎回需求，从而威胁到基金的正常经营和生存。这类流动性风险通常是由于投资者赎回或者是基金营销策略引起的。

上述两种风险是密切相关的。虽然前者并不必然导致后者的发生，但是基金资产发生流动性风险会直接导致资产发生价格损失，同时也会对基金的现金头寸产生影响，尤其是遇到投资者的大规模赎回时，就会被迫以较大的成本变现持有资产，使净值下降，进而可能引发清盘的风险。

2. 外生性流动性风险和内生性流动性风险

按照风险来源，流动性风险可分为：

一是外生性流动性风险。由于受到外部冲击造成基金持有的资产流动

第四章 流动性、流动性风险与基金业绩

性下降,从而增加变现损失或者交易成本的不确定性。外生性流动性风险主要产生于宏观经济政策、国内外时政变动、自然灾害和其他突发事件等。一般来说,外生性流动性风险是不以人的意志为转移的,只可分散不可完全化解。因此,外生性流动风险不易度量和预测,也难以控制。

二是内生性流动性风险。内生性流动性风险来源于基金内部,由于开放式基金不能按照事前期望价格成交,使基金资产净值损失具有不确定性。内生性流动性风险主要来自:基金进行投资管理时对资产配置的调整和应对申购赎回时所产生的流动性风险,因而,内生性流动性风险通常取决于投资者的构成与持有头寸状况以及基金的资产配置策略和各类资产的持仓情况。内生性流动风险在一定程度上是可控的,但其可控程度取决于流动性风险的来源及外部冲击。

3. 系统流动性风险和特有流动性风险

根据影响流动性风险的因素,可分为以下两种:

一是系统流动性风险。系统流动性风险与宏观政策、市场微观结构、行业、投资者行为等因素有关,它会影响市场上所有证券资产的流动性。

二是特有流动性风险。特有流动性风险是公司基本面因素变动,如盈利、股利分配等所造成的单个资产流动性的变化,其发生只取决于与该资产自身有关的因素。

三、流动性风险的影响因素

1. 资本市场的流动性

一个流动性良好的资本市场不仅能满足基金的投资需要,保证投资者的收益率需求,还可以承受基金资产变现时对市场造成的压力,降低流动性风险。然而,我国的资本市场的市场广度和深度尚存在很多不足,例如,产品种类较少,在大宗交易、程序化交易、做空机制和规避风险的金融工具等方面的制度尚不健全,这就使得基金交易成本较高,并且限制了交易品种的流动性,也加大了基金经理进行流动性风险管理的难度。

2. 市场行情

证券市场所处的阶段不同,成交额差距较大,因而流动性差别也大。当市场为牛市时,资金量大,成交量大,基金出现净资金流入,因而流动性风险下降。而在熊市,市场观望气氛浓厚,成交量不足,赎回风险较

高,导致流动性风险上升。

3. 基金业绩

基金业绩的好坏是影响流动性风险的重要因素之一。业绩的好坏是投资者进行申购赎回决策的一个直观标准。如果基金业绩不好,投资者将赎回基金,基金经理将面临更大的流动性风险,从而进一步降低该基金的业绩,赎回压力加大。因此,基金经理应在保障流动性的同时努力提高基金业绩,才能减轻赎回压力,从而降低流动性风险。

4. 基金的资产配置结构

金融资产的流动性和收益性负相关,一般来看,高流动性资产的收益率较低,而低流动性资产的收益率较高。基金经理持有较高比例的流动性资产将有助于满足投资者的赎回要求,降低流动性风险的发生;而如果流动性资产比例过高,又会增加资金的闲置成本,降低基金业绩,加大赎回风险,从而增加流动性风险。因此,基金经理应该寻找一个合理的资产配置结构,确保基金在收益性与流动性上的均衡。

5. 投资者构成

基金的投资者结构主要是机构投资者[①]与个人投资者之间的比例构成。投资者的流动性需求过高,通常会影响到基金经理的投资策略。理想的投资者应该是那些以长期投资为理念,交易不频繁,流动性需求低的投资者。因此,基金经理更加偏好机构投资者,因为机构投资者更注重长期投资,其资金的来源和使用比较稳定,认购数量较大、赎回频率较低。而个人投资者的流动性需求受其年龄、性别、收入水平等因素影响,他们更注重短期投资,其赎回频率较高。然而,机构投资者的比重也不宜过高。因为尽管机构投资者的赎回频率较低,但由于其认购数额集中,一旦发生赎回需求,必将是巨额赎回的,而个人投资者认购较为分散,不易对基金产生较大的影响。

6. 赎回费用

赎回费用有助于降低基金的流动性风险,对于保障基金的稳定运作有着重要的意义。收取一定的赎回费用,可以减少投机性较强的投资者,从而降低基金的流动性风险。若不收取赎回费用,当投资者有流动性需求时,容易发生赎回。但如果赎回费用存在,变现成本明显增加,投资者就

---

① 机构投资者主要包括银行、券商、保险公司、社会保障基金和其他企业等。

可能转而通过其他途径来满足自身的流动性需求。这样，开放式基金通过收取赎回费用可以适当地把自己可能遭遇的部分流动性风险转移给其他金融机构，减少自己的流动性风险。但是，赎回费用的设置也不宜过高，因为过高的赎回费用会降低基金的实际收益率，将流动性风险低的投资者排除在外，从而加剧基金的流动性风险。

四、其他风险

除了流动性风险，开放式基金还会面临诸如市场风险、操作风险、信托风险等风险，这些风险都会共同影响基金的业绩。然而，它们与流动性风险之间的关系，以及它们对基金的影响却是各不相同的。

1. 市场风险

市场风险是指未来市场价格（主要是利率、持有资产价格）发生波动而可能遭受损失的不确定性。其中，市场利率的波动会导致证券市场价格和收益率的变动，利率还会直接影响到债券的价格和收益率，影响企业的融资成本和利润，由于股票和债券是基金持有的主要资产，因而基金业绩会受到利率变化的影响；同样，基金所持有的股票和债券发生的价格波动必将直接影响基金的业绩。开放式基金的市场风险还可以进一步细分为系统性风险和非系统性风险。根据资产定价理论，通过多样化组合投资可以减少非系统性风险，但系统性风险无法通过投资组合分散，这是投资者所必须承担的。

2. 管理风险

开放式基金的管理风险，是指由于基金经理的专业技能、研究能力及投资管理水平会直接影响到其对信息的收集、分析和对经济形势、资产价格走势的判断，进而影响基金业绩的风险。同时，基金管理公司的投资管理制度、风险管理制度和内部控制制度是否健全，能否有效防范道德风险和其他合规性风险等，都会导致基金管理风险的产生。

3. 信用风险

信用风险又称违约风险，是指基金在交易过程中因交易对手未能履行约定契约中的义务而造成损失的风险，主要包括基金所投资债券、票据、回购协议的发行人违约、拒绝支付到期本息等而导致基金资产发生损失的风险。

4. 操作风险

操作风险是指由于不完善或者有问题的内部操作过程、人员、系统或外部事件而导致直接或间接损失的风险。尤其是基金经理在业务环节的操作过程中由于经验不足、操作不当、管理不善或人为因素造成的种种错误或违规操作而带来基金利益直接受损的不确定性，如内幕交易、越权交易、交易错误和欺诈等。它不包括已经存在的其他风险种类，比如市场风险、管理风险、信用风险等。

5. 其他风险

除了上述主要风险之外，开放式基金的运作过程中还会包括以下风险：

政策风险，即因财政政策、货币政策、产业政策等国家宏观政策发生变化，导致市场价格波动，影响基金业绩的风险。

经济周期风险，随着经济运行的周期性变化，证券市场的收益水平也呈周期性变化，从而影响基金的业绩。

通货膨胀风险，在我国，投资者投资基金的目的是为了保值增值，如果发生通货膨胀，基金投资所得的收益可能会被通货膨胀抵销，从而影响资产的保值增值。

其他诸如金融危机、战争、自然灾害等不可抗力因素，行业竞争压力等因素可能产生的风险。

根据上述分析，我们可以看到，流动性风险是所有风险的集中表现，不同类型的风险最终都可能会归结为流动性风险。这是因为，市场风险、管理风险、操作风险、信用风险和其他风险都可能导致资产流动性风险和赎回风险的发生，从而引致流动性风险。

五、开放式基金流动性风险的形成机理和传导机制

1. 开放式基金流动性风险的形成机理

由于封闭式基金设立时基金发行总额就已经确定，并且在一定时期内不再接受新的投资，除非发生扩募等特殊情况，否则基金份额保持不变。因此，封闭式基金不可以被赎回，只能在证券市场按市场价格转让。而开放式基金由于采取了开放的运作模式，投资者可以根据需要随时申购和赎回，当基金资产发生损失，即出现净值下降时，投资者就会赎回基金，导致基金资产遭受进一步的损失和赎回需求增加的相互循环。于是，为了应

对风险，基金经理不得不抛售资产变现，这就会导致基金遭受更大的损失，加剧了流动性风险。当流动性风险导致巨额赎回产生时，基金就极可能面临倒闭清算的灾难性后果。

综上所述，开放式基金流动性风险的形成包括三个阶段：首先，基金业绩出现下降，基金业绩下降的原因可能是由于基金经理决策失误、行情不佳、政策变动或突发事件等引起的，这可以看作是流动性风险产生的导火线。其次，业绩下降的直接影响是，引起投资者产生非理性赎回需求，导致流动性风险加剧，基金经理被迫抛售资产变现来满足投资者日趋增加的赎回要求。最后，前两个阶段进一步导致了基金资产的贬值。资产价值下跌和投资者上升的赎回请求，又会进一步加速基金资产的贬值，这种贬值又反过来加大投资者的流动性需求，从而导致流动性风险不断自我循环。

那么，开放式基金流动性风险形成的具体机理是怎样的呢？下面从基金的资金流入、流出的角度进行分析：从经济学的供求理论可以知道，基金的流动性供给和需求关系将决定流动性风险的大小，如果流动性供给与流动性需求出现不匹配，会降低基金的流动性，从而产生流动性风险（见图4–1）。

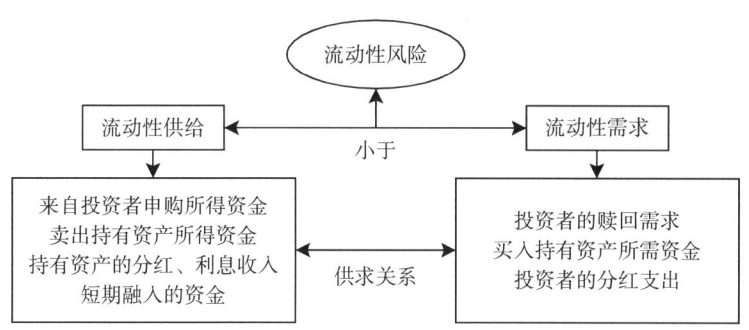

图 4–1 开放式基金流动性风险形成机理

从图4–1中可以看出，基金资金流量增长的渠道主要有四个：一是投资者申购扣除赎回后的资金净流入，这是基金资金流量的主要来源，也是基金规模得以扩大的重要因素之一；二是卖出所持资产所得与买入资产所需资金的差额；三是持有资产的分红、利息收入与支付给投资者的分红之差；四是从市场上短期融入的资金。显然，如果图中流动性供给四个渠道的资金流入不能满足投资者的赎回请求,那么基金经理就可能不得不将所持资产大量变现,倘若遇到行情不好,无疑将会遭受非常巨大的损失,而资产的贬值又会进一步增加投资者的赎回需求,从而陷入恶性循环之中。

可见,在流动性风险形成的过程中,赎回请求是导致流动性风险产生的根本原因。但如果为了应对赎回而保留较高的现金比率,会影响基金业绩,从而加剧投资者的赎回需求。但盈利性和流动性天生就是一对无法调和的矛盾,因此,我们不能完全避免和化解基金的流动性风险。

2. 开放式基金流动性风险的传导机制

现阶段,流动性风险是影响我国开放式基金平稳运行的主要风险,也是基金经理在日常管理中应予以重视的重点之一。这主要是因为流动性风险不仅会在基金之间进行传导,还可能会传导到其他行业。

第一,流动性风险会对基金本身产生较大的影响,甚至可能会导致基金管理公司的经营危机。这种影响的主要特征是基金经理面临盈利性和流动性的"两难"选择。一方面,如果为了应对流动性风险而大量持有国债和现金等流动性较高的资产,不能达到最优配置,基金业绩就会下降;另一方面,如果为了提升业绩而降低流动性,那么在基金遭遇巨额赎回时将可能出现流动性不足,产生变现损失。显然,这会使那些管理不善、出现亏损的基金陷入流动性危机,甚至会清盘。

第二,流动性风险会导致系统性风险和市场风险。当某只开放式基金业绩下降时,该基金的投资者会产生赎回要求,如果发生巨额赎回,会导致基金被迫清盘,由于"羊群行为"的存在,这可能会动摇市场上其他基金投资者的信心,从而加剧流动性冲击,导致流动性风险在基金之间传导,这就会引发基金业的系统性风险。此外,由于目前我国没有做空机制,一旦市场出现下跌,除了市场下跌带来的资产贬值风险外,还会导致赎回需求增加,基金经理急于被迫变现而使资产进一步贬值;为了应对潜在的赎回风险,基金经理通常也不能采取长期投资来降低市场风险。因此,流动性风险的存在会放大开放式基金的市场风险。

第三,当第二点中的基金经理为了应对流动性风险而变现所持有的股票、债券等资产时,还会引发证券市场上其他投资者的恐慌抛售,导致股票、债券价格下跌,并形成恶性循环,造成证券市场动荡。

第四,流动性风险会转移至银行体系。一方面,由于第三点中所造成的股票、债券价格下跌会导致投资者财富缩水,导致银行存款减少;另一方面，还可能会使部分信贷资金不能按时清偿，导致银行呆账、坏账增加，银行资产质量下降，影响银行的正常经营和稳定。

第五，随着世界经济全球化的趋势，任何一个国家和地区的经济金融动荡、政策变动等都极有可能导致流动性风险在国家和地区间传播。随着我国金融市场的逐步开放，我国基金业潜在的流动性风险也将与世界其他国家相通。

可见，如果开放式基金流动性风险积聚到一定的程度，不仅会引起基金及基金公司出现经营危机，造成资本市场动荡，还会引起流动性风险向其他行业、其他国家转移，危及金融市场的稳定，因此，本章对于流动性风险进行全面的研究具有极其重要的理论意义和现实意义。

六、小结

从本书第一章的国内外文献中可以看出，国外关于流动性风险的理论、方法与实践都已经有了相当丰富的研究成果，特别是关于流动性及其风险的度量的研究比较成熟，成果也最为丰富，为我们进行开放式基金流动性风险的量化研究提供了很好的理论依据。然而，我们不难看出，国外直接研究开放式基金流动性风险的文献还是比较少，大多集中在股票市场中。

就国内研究而言，尽管目前已取得一定的成果，但由于开放式基金的发展历史比较短，研究上还存在一些不足，主要体现在以下几个方面：

首先，国内大多数研究仅仅局限于流动性风险的某一个环节进行探讨，多以投资者申购赎回行为、流动性风险管理对策等为研究对象，尚无文献对开放式基金的流动性风险进行系统全面的研究，分析过于简单和初级，无法深入反映开放式基金流动性风险的实质，对实践的指导意义不强。

其次，国内研究多以定性研究为主，缺少定量的理论与实证研究，与市场发展的要求还存在一定的差距，研究方法缺乏创新，研究的深度和实用性有待进一步研究。例如，流动性风险的度量目前只停留在运用传统的方差和VaR方法对单一资产进行度量，尚无人运用更加创新前沿的方法度量流动性风险；在研究市场流动性方面，相关的研究主要是运用市场微观结构理论从交易成本、交易即时性和交易的影响力等方面来研究市场流动性;另外,大多数研究是静态的,如何根据流动性及其风险的变化进行动态研究尚需进一步探讨。

最后,大部分实证研究所选取的样本量较小,样本区间较短,会影响到研究结论的可靠性和代表性。比如,杜海涛(2002)和郭来生、赵旭(2003)的实证研究中仅选取了3只开放式基金作为研究对象。

综上所述,国内关于开放式基金流动性风险方面的研究还缺乏系统性和创新性。由于国外文献主要是基于成熟市场的制度运行和实际经验,如果我们直接借鉴将会大大降低研究成果的适用性。因此,如何结合我国开放式基金的发展实际,借鉴运用国外最新的研究成果,是本章的一个难点问题。

此外,流动性风险是一种系统性风险,表现形式多样,涉及的因素众多,如何识别并准确度量,一直是开放式基金流动性风险管理中亟待解决的问题。单纯的定性描述和定量分析,都无法有效刻画流动性风险,因此,本章将在国内外文献研究的基础上,结合我国的实际情况进行系统的理论研究和实证研究,并对流动性风险管理提出一些有价值的对策建议。

本章主要从基金持有资产的角度考察了流动性和流动性风险对于基金业绩的横截面影响,这主要是因为持有资产的流动性特征通常会影响基金的最终业绩。已有大量的实证研究表明股票收益率存在流动性溢价[Amihud 和 Mendelson(1986)、Brennan 和 Subrahmanyam(1996)、Amihud(2002)、Hasbrouck(2009)等]和流动性风险溢价[Pastor 和 Stambaugh(2003)、Sadka(2006)、Watanabe 和 Watanabe(2008)]。本章将检验我国开放式基金收益率中是否存在流动性溢价和流动性风险溢价,以及流动性风险是否可以预测基金业绩和基金经理的主动管理能力。

具体地说,本章将重点研究如下问题:

第一,持有流动性资产较少的基金业绩是否好于那些持有流动性资产较多的基金?考虑到股票收益率中的流动性溢价问题,我们的预期是持有不流动资产的基金业绩会好于那些持有流动性资产的基金。然而,由于交易不流动性股票而产生的大量交易费用可能会使不流动基金的业绩变差,减弱或者是消除业绩中的流动性溢价。

第二,流动性和流动性风险是否对基金业绩具有影响?如果股票收益中的流动性风险可以进行测度,那么持有较大流动性风险股票的基金是否会表现出更大的收益率。

第四章 流动性、流动性风险与基金业绩

第三,基金收益率中的流动性和流动性风险是否随市场流动性的变动而变动? Jensen 和 Moorman (2011)、Watanabe 和 Watanabe (2008) 认为股票的流动性和流动性风险溢价分别随市场流动性变动。

第四,基金收益率中的流动性和流动性风险有何重要性?目前的研究表明流动性溢价和流动性风险溢价是相关的。流动性影响包括在流动性风险影响之中 (Watanabe, 2008),流动性影响主导流动性风险影响,或者说两者分别影响收益率 (Korajczyk 和 Sadka, 2008)。

第五,基金中的流量效应、持续性效应和规模效应是否受到基金流动性风险的影响。

本章的创新点主要体现在:

第一,我们基于 Amihud (2002) 不流动比率以及 Pastor 和 Stambaugh (2003) 测度构建了我国资本市场的系统性市场流动性因子。

第二,对我国 2005 年前发行的 44 只股票型基金的流动性风险进行了度量,涵盖样本较为广泛且具有一定代表性。

第三,我们使用基金持有的数据测度基金的流动性风险进行分析。结果发现基金的流动性水平和流动性风险对于基金业绩都有影响,从而支持了两者应独立进行度量的论点。此外,我们还发现流动性溢价和流动性风险溢价随市场流动性的变化而显著变化。

第四,构建了关于基金流动性风险的多因子模型。与国外相比,我国基金业绩的研究领域并不广泛,相关文献相对较少。我们的创新在于提出了新模型,且研究了国内基金的短期风险调整业绩。此外,我们还使用多变量回归,在控制某些基金特征[①][如基金规模、年龄、换手率和资产流量,见 Chen、Hong、Huang 和 Kubik (2004)] 之后对流量效应 (smart money 效应)、业绩持续性和规模效应进行了分析。

第五,我们对基金流动性风险与业绩的实证研究表明,基金的流动性风险不仅可以预测业绩,还可以用于识别基金经理是否具有主动管理能力,从而为投资者选择基金和基金经理提供了有效的方法。

---

① 实证结果表明大多数基金特征与基金流动性和流动性 β 相关,意味着我们在检验中控制这些特征变量的重要性。

第三节 流动性的测度方法概述

一、赎回率等基本指标

赎回率等基本指标主要包括赎回率、申购率、净赎回率和流动资产比率。其中,赎回率是指一段时间内投资者赎回的基金份额所占总份额的比重。一般而言,基金赎回率越高,说明其流动性压力越大。申购率是指一定时间内投资者的申购(包括初次认购)份额占总份额的比重。申购率越高,表明基金的流动性压力越小;反之流动性压力就越大。而基金的净赎回率是一定时间内投资者赎回与申购份额之差与基金总份额的比率。净赎回率越大,基金的流动性压力就越大;反之流动性压力就越小。流动资产比率是指流动性较好的资产(如现金)所占基金总资产的比重。通常,流动资产比率越高,基金的流动性压力越小;反之流动性压力越大。

二、流动性宽度测度

从流动性的宽度对金融资产流动性进行测度的方法实际上是一种基于价格的度量方法。其中,价差方法是度量流动性风险的一个常用方法,Tobin(1958)、O'Hara(1986)等都对该方法进行了研究。最常用的价差法主要包括如下两种方法:

1. 买卖价差

买卖价差反映更大的超额需求对价格具有更大的影响,Amihud 和 Mendelson(1986)、Eleswarapu(1997)发现买卖价差对于股票的风险调整收益具有显著的正影响。具体可分为绝对买卖价差和相对买卖价差。假定 PA 为最佳卖出价格(低),PB 为最佳买入价格(高),S 为绝对买卖价差,RS 为相对买卖价差,则 $S = PA - PB$,$RS = (PA - PB)/m$,其中,$m = (PA + PB)/2$ 为价差中位数。买卖价差的优点是简单明了,缺点是无法反映大额交易带来的价格变化。

第四章 流动性、流动性风险与基金业绩

2. 有效价差

主要使用订单的实际成交价与订单到达时买卖价差的中点之间的绝对差来度量流动性。用 EF 表示有效价差，P 为成交价，M 为订单到达时的买卖价差中点，则 EF = |P − M|。不同于买卖价差，有效价差可以反映订单在买卖价差之内或之外的情况。Chordia、Roll 和 Subrahmanyam（2000）、Goyenko、Holden 和 Trzcinka（2009）等都使用了有效价差作为一种高频测度来研究流动性问题。

3. 交易行为方法

（1）成交率。即投资者所提交的订单在市场中得到执行的比率。Easley 等（1996）引入了一种基于微观结构风险的新测度方法，即非公开信息（Private Information，PIN），这一方法反映了由于投资者非对称信息所引起的逆选择成本以及股价偏离完整信息价值的风险，他们发现 PIN 对于股票收益率具有显著的正影响。

（2）换手率。换手率主要考虑了流通股本大小的影响，但没有考虑价格变化影响，显然，换手率相同时，价格变化越小，流动性越好。大量研究[①]发现，股票收益率随着换手率下降，即流动性与预期收益率之间存在负相关。Lo 和 Wang（2000）计算了 1962 年 7 月至 1996 年 12 月周数据的平均换手率。

4. 量价结合法

由于上述几种方法均是从单一角度进行度量，且要求使用交易的微观结构数据，而在实际过程中我们是难以获得相关的长期数据的，学者们又提出了综合价格和成交量的方法，其中较为常用的是流动性比率。

流动性比率反映了成交量和价格之间的变化关系。若较大的交易量引起价格较小的变化，说明流动性较好，若较小的交易量引起价格较大的变化，则流动性较差。流动性比率可以通过日收益率数据和成交量数据计算，而这些数据都是可得的。常见的流动性比率有 Amivest 流动性比率、Amihud 不流动比率等。

（1）Amivest 流动性比率。Amivest 流动性比率是日成交量之和与收益率绝对值之和的比率。Cooper 等（1985）、Khan 和 Baker（1993）、Amihud 等（1997）、Berkman 和 Eleswarapu（1998）使用 Amivest 流动性比率来研

[①] 参见 Haugen 和 Baker（1996）、Datar 等（1998）、Chordia 等（2001）。

究流动性变动对于股票价格的影响。从其计算公式可以看出，Amivest 流动性比率不能解释单位成交量与价格变动之间的日平均关系。

（2）Amihud（2002）不流动比率。由于 Amivest 流动性比率存在的缺陷，Amihud 于 2002 年提出了著名的 Amihud 不流动比率。为了观测不流动性对于价格的影响，Amihud（2002）将不流动性测度为每单位（美元）交易量上的绝对美元价格变化，对于股票 i 在 m 月的不流动比率为：

$$ILLIQ_{i,m} = \frac{1}{D_{i,m}} \sum_{t=1}^{D_{i,m}} \frac{|r_{i,t}|}{dvol_{i,t}} \quad (4-2)$$

（4-2）式中，$D_{i,m}$ 是股票 i 在 m 月可获得数据的天数，$r_{i,t}$ 是股票 i 在 t 日的收益率，$dvol_{i,t}$ 是股票 i 在 t 日的成交额。在收益率数据可得的月份中对所有非零数据的天数求平均。显然，如果股票价格相对于较小的成交额发生了很大的变动，股票是不流动的，即具有较大的 ILLIQ 值。Amihud（2002）从实证的角度证明了不流动比率与价格影响和固定交易成本是正相关的。Amihud 测度的优点是，相对于市场微观结构的数据，股票价格和成交量的数据比较容易获得。因此，不流动比率如今已作为一个流动性测度方法广泛应用于实证研究中，例如，Acharya 和 Pedersen（2005），Hou 和 Moskowitz（2005），Avramov、Chordia 和 Goyal（2006），Goyenko 等（2009）[1]。

此外，Amihud（2002）使用 1963~1997 年的股票数据提出了计算平均市场不流动性的公式如（4-3）式所示，N_y 为 y 年中的股票数量：

$$AILLIQ_y = \frac{\sum_{i=1}^{N_y} ILLIQ_{i,m}}{N_y} \quad (4-3)$$

5. 回归法

流动性具有很多种测度方法。Pastor 和 Stambaugh（2003）提出了由于流动性引起的价格变动所度量的流动性。他们将给定月份的市场构建为 NYSE 和 AMEX 个股的流动性等权平均，使用当月的日数据。则股票 i 在 t 月的流动性测度是 $\gamma_{i,t}$ 在模型（4-4）回归中的 OLS 估计：

$$r^e_{i,d+1,t} = \theta_{i,t} + \phi_{i,t} r_{i,d,t} + \gamma_{i,t} sign(r^e_{i,d,t}) \times v_{i,d,t} + \varepsilon_{i,d+1,t}, \quad d = 1, \cdots, D \quad (4-4)$$

在模型（4-4）中：$r_{i,d,t}$ 是股票 i 在 t 月 d 日的收益，$r^e_{i,d,t} = r_{i,d,t} - r_{m,d,t}$，

---

[1] 他们对比了不同的流动性测度方法，结果都发现 Amihud 测度在测度价格影响上更显著。

第四章 流动性、流动性风险与基金业绩

$r_{m,d,t}$是市场基准指数在t月d日的收益，$v_{i,d,t}$是股票i在t月d日的成交额。只有D>15时，才能进行（4-4）式的回归。则$\gamma_{i,t}$为股票i在t月的流动性，通常，当流动性较低时，$\gamma_{i,t}$应该为负的。

6. 流动性测度方法小结

从上述的方法来看，流动性的测度方法很多，且大量学者研究了市场流动性的测度，比如，Chordia、Roll和Subrahmanyam（2000，2001，2002）使用日数据研究了1988~1998年NYSE股票的流动性测度（深度和买卖价差）和交易行为（如成交额）。

对于交易行为的测度，比如成交量、换手率，它们可能有助于解释流动性的横截面差异，但它们不能捕捉流动性的时间变化。尽管市场流动性一般与高水平交易行为有关，但流动性低的时候成交量高的这种情况也是常见的。一个例子是1987年10月19日，美国股市的不流动性很大，但当天NYSE的成交量却创出了新高。因此，我们不会使用交易行为测度方法作为流动性的测度。买卖价差和有效价差也不用，因为在一个足够长的样本期间不能获得相关的数据。

一方面，作为一种价格影响的测度方法，Amihud测度反映了股票收益对于交易的敏感程度，因而是流动性的一个很好的低频代理变量（Hasbrouck，2009）。由于Amihud测定度捕捉了价格影响，且被广泛用于检验流动性的问题中，我们有理由相信Amihud测度足以捕捉流动性的特征。

另一方面，正如前文讨论的，由于本章使用了日数据，可能会存在不同步交易的问题，即当收益率使用报告期收盘价时，基金经理不频繁地进行股票交易更可能使原本不好的业绩在第二天便战胜市场。这体现了基金超额收益存在反转现象。然而，由于不同步交易，d+1日的反转在d日成交量低的时候更可能发生，可见，不同步交易在交易行为少的时候会变得更重要。因此，如果基金超额收益的反转是由流动性有关的反转或不同步交易造成的，那么，这一反转会比波动率更平稳，从而波动率的变动可能会反映在Pastor和Stambaugh（2003）测度之中。更重要的是，这两种方法的计算过程中所需的长期数据是可获得的。因此，我们将采用Amihud（2002）不流动比率以及Pastor和Stambaugh（2003）测度作为基金的流动性测度方法。

第四节 我国开放式基金流动性风险的实证研究

一、我国开放式基金运营中潜在的流动性风险问题

流动性风险是各国开放式基金面临的共同挑战，加之我国的开放式基金尚处于初级阶段，与国外成熟的开放式基金业相比，我国开放式基金所面临的流动性风险又具有一定的特殊性。对我国开放式基金的流动性风险问题进行研究，我们有必要首先需要识别当前潜在的流动性风险。

1. 基金的资产结构分析

当前，我国开放式基金普遍存在重仓股比重偏大的问题。从表4-1中可看出，2005~2011年我国全部开放式基金持有的前十大重仓股占基金资产的比重范围在30%~45%，说明基金的资产结构过于集中，各基金持股趋于雷同。在较好的行情中，重仓股上涨有助于提高基金业绩和增强防范流动性风险的能力；然而，如果行情不好，重仓股出现大跌，基金经理将会面临更大的流动性风险。

表4-1 2005~2011年我国开放式基金前十大重仓股占基金资产净值比重

单位：%

年份	2005	2006	2007	2008	2009	2010	2011
均值	38.77	44.94	35.89	31.67	35.90	37.06	36.84
中位数	39.59	45.235	37.425	30.505	33.645	36.54	37.04
最小值	13.35	28.69	19.89	17.04	21.36	21.33	18.69
最大值	54.45	61.21	57.43	50.91	77.28	66.81	62.43
标准差	8.19	8.53	8.31	7.68	10.02	9.12	8.80

资料来源：根据Wind数据库开放式基金各年报数据整理。

2. 基金投资者结构分析

从表 4-2 可以看出,由于 2006 年股市开始好转,基金得到了个人投资者的热捧,新增开户数不断上升,个人投资者的比例由 38.25% 显著提高至 46.37%,到 2007 年牛市时,这一比例已经近乎翻了一番,达到了 84.15%。可见,个人投资者已成为我国开放式基金的主要持有人。然而,与机构投资者相比,个人投资者属于相对不稳定的投资群体,且个人投资者的理财知识、风险识别、风险承受能力较差,容易发生"羊群行为",因而会引发赎回风险。

此外,我国的机构投资者也会在一定程度上带来流动性风险。这是因为机构投资者享有某些优惠政策,比如无申购赎回费的优惠,这就使机构投资者常常进行短线或价差交易,尤其是在年底时,机构投资者的赎回行为比较多。

因此,在我国,无论是机构投资者还是个人投资者都不是稳定的长期投资者,都可能会带来流动性风险。

表 4-2　2005~2011 年我国开放式基金投资者结构

年份	2005	2006	2007	2008	2009	2010	2011
机构投资者比例 (%)	61.75	53.63	15.85	13.63	12.01	14.43	17.4
个人投资者比例 (%)	38.25	46.37	84.15	86.37	87.99	85.57	82.6

资料来源:根据 Wind 数据库相关数据整理。

3. 基金面临着较大的赎回压力

图 4-2 显示了基金净赎回率和平均收益率之间的关系。从图 4-2 中可以看出,除了 2009~2010 年,其他年份基金的净赎回率与平均收益率呈现较明显的反向变动。在 2006~2007 年股市出现牛市时,基金的平均净赎回率为负,表明投资者投资基金的热情高涨,基金业绩提高带来了资金的净流入;而在其他行情不好的年份,多数基金业绩不佳,净值大幅下跌,加大了投资者的赎回压力,平均净赎回率为正。面对越来越大的赎回压力和二次销售困难,基金经理只能通过变现资产来保证流动性,然而,随着证券市场的持续下跌,又会增加投资者的赎回,如此的恶性循环将会加大基金的流动性风险。

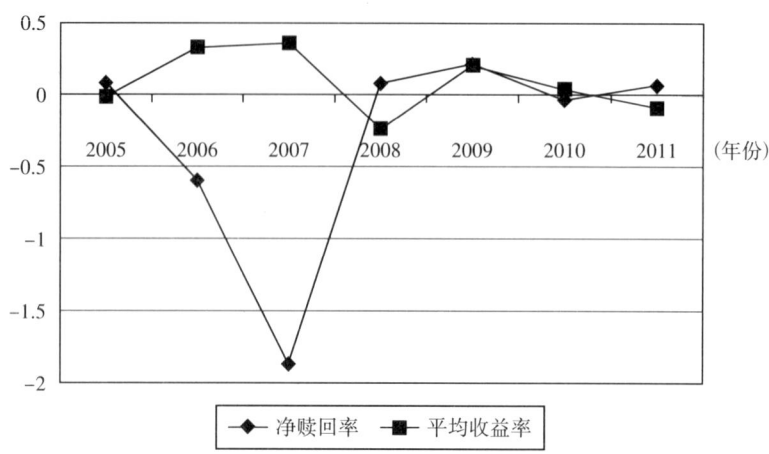

图 4-2 开放式基金净赎回率与平均收益率的关系

4. 基金外部环境分析

与国外成熟的市场相比,我国开放式基金所面临的外部环境并不理想,这主要是因为我国资本市场发育不足,加大了基金流动性风险发生的概率。

开放式基金对流动性的要求远大于封闭式基金,它要求资本市场具有足够的广度和深度。但我国的资本市场发育仍显不足:首先,资本市场中的金融产品种类非常少,基金可投资的金融工具主要为国内的股票和债券,且债券以国债为主。其次,我国目前还缺乏做空等避险机制,即使基金经理事先能预期市场下跌,他也无法采取有效及时的措施来规避风险,这就制约了基金经理控制和管理流动性风险的能力。再次,股票市场、债券市场与货币市场之间相互分割,存在较大的系统性风险。最后,我国资本市场的流动性很大程度上要受到政策的影响,由于政策有人为的因素,具有极大的不确定性,导致基金经理难以作出判断和决策,有可能出现在突如其来的利空政策下没有及时变现资产的情况。

综上所述,在这种流动性欠佳、市场风险和系统性风险较大的外部环境下,我国的开放式基金面临着较大的流动性风险。

第四章 流动性、流动性风险与基金业绩

二、实证数据与样本选择

本章的实证分析对象是股票型基金,所选取的样本基金和原因同第三章,共 44 只股票型基金。我们以日数据作为实证研究的数值基础,这是因为开放式基金的申购赎回以及基金经理的投资操作通常是按日进行的,因此使用日数据度量的流动性风险具有更大的现实意义。样本期间为 2005 年 1 月 1 日至 2013 年 12 月 31 日,共计 2177 个观测值。本章所需的全部数据如下:

首先是样本基金数据。主要包括基金净值、份额、收益率以及诸如规模(总净资产)、基金年限、换手率等基金特征方面的数据。

其次是基金的持股成分数据。根据我国有关法律规定,开放式基金必须按季度或半年度披露其年报。我们根据年报中披露的信息收集相关的基金持股成分数据,包括持股名称、代码、日期、股票所占权重、考虑分红的日收益率、成交额等。表 4-3 给出了样本基金特征的描述性统计量情况。

表 4-3 样本基金特征的描述性统计量

	均值	标准差	最小值	最大值
Age(年)	4.56	2.45	0.04	10.28
TNA(亿元)	28.89	31.88	10.4	103.03
Turnover(%)	73.47	7.39	60.78	81.24
Flow(%)	1.17	3.41	−0.879	53.17
Cash(%)	9.22	7.04	0.27	44.78

具体的变量定义如下:

基金年限(age):至样本期间末期基金成立的年限,我们在此取自然对数,Ln(age);

基金规模(size):总净资产值的自然对数,Ln(TNA);

换手率(turnover ratio):定义为基金最小的证券总购买或总卖出量(总买卖量)与基金平均 TNA 的比率;

新资金的流量(flow):定义为基金 i 在上一年流入的新资金所占的百

分比，计算公式为：
$$\frac{TNA_{i,t} - TNA_{i,t-1}(1 + R_{i,t})}{TNA_{i,t-1}} \tag{4-5}$$

现金比例（cash）：定义为现金在基金资产中所占的比例。

由于换手率和流量[①]可看作是费用的代理变量，而且各基金所收取的费率差别不大，故本章依旧不考虑费率因素。

这里需要注意的几点是：

第一，我们在计算基金的流动性风险时，假设了债券是没有流动性风险的，因而我们仅考虑基金持有的股票。

第二，由于基金采用分散化的投资策略，因此其投资组合中股票的数量常常多达几十只，我们将使用基金投资组合中持有的全部股票计算流动性，即首先计算每只股票的流动性，再根据各股在基金资产中所占的权重计算基金的流动性。

第三，由于我国基金和股票信息通常是按季度披露，因此在计算基金流动性时，我们所选取的时间长度为季度。此外，我们假设基金公布的季度投资组合在未来一期内不会发生重大变化，即基金的持股期间至少为一季度，以确保结果具有一定的稳定性。

第四，本章实证分析所需数据主要来自 Wind 和国泰安数据库，为了避免缺失信息带来的问题，我们通过其他相关网站来补全不完善的信息。

三、我国开放式基金流动性风险实证研究

1. 基金业绩、流动性和流动性风险的测度

本节主要考察基金的流动性风险是否会影响基金业绩。我们将使用市场基准调整的超额收益率、夏普比率和 Carhart（1997）四因子 α 作为基金业绩的测度。其中，四因子 α 由 Carhart（1997）四因子模型的时间序列回归所得到截距项估计生成。首先用历史数据在一个 12 个月的移动窗口上估计每只基金的风险载荷，然后计算下一个 12 个月的异常收益，即 α 等于实际基金收益率与基于因子载荷估计计算的预期收益率之差。其中，预期因

[①] Chalmers、Edelen 和 Kadlec（2000）指出换手率捕捉了大部分交易费用，Edelen（1999）指出基金流量引起的额外交易和价格影响会显著降低基金的平均业绩。

子收益定义为基金最新持有的 β 与 Carhart（1997）四因子收益率的乘积。

（1）基于基金持有的流动性度量。流动性一般反映以低成本且无须变动价格就能快速交易的能力。我们关注与暂时价格波动有关的流动性方面。由于基金持有特定的资产类别，我们将从基金持有的构成角度来测度基金的流动性，即将基金流动性计算为其持有股票流动性的价值加权平均。根据本章第三节，我们将采用 Amihud（2002）不流动比率来测度基金持有股票的流动性。因此，我们首先需要计算每只基金所持有的各股的 Amihud 不流动比率。值得注意的是，Amihud 测度不能区分那些分别由于信息事件和不流动性而导致的绝对价格变化，这个缺陷以及数据中存在的缺失数据和数据误差问题可以通过使用月度平均和季度平均进行缓解。

（2）市场流动性度量。我们的市场流动性测度是各股流动性测度的横截面平均。我们使用两种方法来度量市场流动性[①]。给定月份里，每只股票的流动性，使用股票月度内的日收益率和成交量进行估计。

1）AmihudN 测度。首先，我们使用沪深股市全部股票标准化的 Amihud 测度的等权平均来计算市场流动性。同 Acharya 和 Pedersen（2005），标准化的 Amihud 测度采用（4-6）式计算：

$$AmihudN_{i,t} = \min(0.25 + 0.3Amihud_{i,t}P_{m,t-1}, 30.00) \quad (4-6)$$

其中，$Amihud_{i,t}$ 是（4-2）式中所定义的股票 i 的 Amihud 测度，$P_{m,t-1}$ 是一个调整因子，我们将其定义为 t-1 月末沪深股市总市值与 2004 年 12 月末[②]沪深股市总市值之间的比率。则月度市场流动性可以计算为至少有 15 个交易日的月全部股票流动性的等权平均 [Watanabe 和 Watanabe（2008）]。下面，使用（4-7）式中的 AR(2) 过程来估计 AmihudN 的新息：

$$AmihudN_t = c + \varphi_1 AmihudN_{t-1} + \varphi_2 AmihudN_{t-2} + \varepsilon_t \quad (4-7)$$

使用 OLS 估计上述 AR(2) 过程的参数，便可得到 AmihudN 的新息为 AR(2) 过程的负残差，从而将来自不流动性测度的 AmihudN 转变为流动性测度，如（4-8）式所示：

$$LiqInnov_t = (-1) \times \varepsilon_t \quad (4-8)$$

[①] 市场流动性定义参见 Acharya 和 Pedersen（2005）、Pastor 和 Stambaugh（2003）以及 Sadka（2006）。

[②] 不同于 Acharya 和 Pedersen（2005）使用 1962 年 7 月美国的数据，我们采用 2004 年 12 月我国沪深股市的总资本额作为参照，之所以选取 2004 年 12 月作为基准，主要是因为沪深 300 指数采用 2004 年 12 月为基准，且本书样本期间始于 2005 年 1 月。

2）Pastor 和 Stambaugh（2003）测度。市场流动性的第二种测度方法是计算沪深股市全部股票 Pastor 和 Stambaugh（2003）测度（下文记为 PS 测度）的等权平均。首先，使用日数据通过回归模型（4-4）可得到各股的月度 PS 测度。同样，在收益率数据可得的月份中对所有非零数据的天数求平均，可以解决数据缺失的问题。因此，月度市场流动性可以计算为至少有 15 个交易日的月全部股票流动性的等权平均 [Pastor 和 Stambaugh（2003）]。

Pastor 和 Stambaugh（2003）在计算市场流动性新息的过程中使用了以下两阶段法：

第一步，使用（4-6）式中定义的 $P_{m,t-1}$ 来计算 $\Delta\hat{\gamma}_t$，其中，$\hat{\gamma}_{i,t}$ 由（4-4）式估计所得：

$$\Delta\hat{\gamma}_t = p_{m,t-1}\frac{1}{N_t}\sum_{i=1}^{N_t}(\hat{\gamma}_{i,t} - \hat{\gamma}_{i,t-1}) \qquad (4-9)$$

第二步，对 $\Delta\hat{\gamma}_t$ 进行以下回归：

$$\Delta\hat{\gamma}_t = a + b\Delta\hat{\gamma}_{t-1} + cp_{m,t-1}\hat{\gamma}_{t-1} + u_t \qquad (4-10)$$

则 Pastor 和 Stambaugh（2003）将其流动性新息定义为：

$$\text{Liqinnov}_t = \frac{1}{100}\hat{u}_t \qquad (4-11)$$

(3) 流动性风险度量。Pastor 和 Stambaugh（2003）、Sadka（2010）都指出，流动性风险实际上是资产收益率与市场流动性变化的协方差。换句话说，流动性风险反映了资产收益率是否与其对市场流动性新息的敏感性有关。

按此思路，我们用股票或基金收益率对前文中得到的市场流动性新息进行移动回归所得到的流动性 β 估计作为流动性风险测度。基金的流动性风险可以直接从基金收益率回归（基金流动性 β）测度，也可以通过基金持有资产的流动性风险（持有的流动性 β）的价值加权平均得到。本章所采用的流动性风险的测度方法是基于持有的流动性 β，这是因为持有的流动性 β 不要求基金在任何时候都要有生存性（Lynch，2011），更重要的是，持有的流动性 β 也比直接从基金收益率估计得到的 β 更精确 [Jiang、Yao 和 Yu（2007）；Lynch（2011）]。

显然，流动性和流动性风险是时变的，且依赖于市场流动性的。同

第四章 流动性、流动性风险与基金业绩

Sadka（2010），我们使用多因子模型来估计股票的流动性风险。已有大量实证表明，Fama 和 French（1993）的三因子模型可以解释基金的平均收益率。然而，三因子模型不能解释动量因子的收益[见 Jegadeesh 和 Titman（1993）；Fama 和 French（1996）；Grundy 和 Martin（2001）]或流动性因子[见 Pastor 和 Stambaugh（2003）]。为此，Carhart（1997）在三因子模型的基础上增加了动量因子提出了四因子模型。Pastor 和 Stambaugh（2003）则在 Carhart（1997）四因子模型的基础上加入了流动性风险作为附加因子。

基于此，我们定义的流动性风险可计算为如下五因子模型（4-12）式中 L_t 的回归系数 $\beta_{i,t,L}$：

$$r_{i,t} - r_{f,t} = \alpha_{i,t} + \beta_{i,t,L}L_t + \beta_{i,t,M}MKT_t + \beta_{i,t,S}SMB_t + \beta_{i,t,V}HML_t + \beta_{i,t,U}UMD_t + \varepsilon_{i,t}$$
(4-12)

在（4-12）式中，$r_{i,t}$ 为股票收益率，$r_{f,t}$ 为无风险收益率，L_t 为市场流动性新息（见本章第三节），模型其余因子同 Carhart（1997）四因子模型中的因子。可见，流动性风险解释了不由其他因子的风险暴露所捕捉的那部分预期收益率。

2. 流动性效应检验

此部分主要探讨流动性对于基金业绩的影响。Massa 和 Phalippou（2005）和 Yan（2008）分别提出了基于高市场流动性和小基金规模条件下的流动性溢价。我们在此主要检验基金持有股票的流动性是否与基金水平上的流动性溢价有关。

首先，我们检验样本基金在样本期内的流动性溢价，即基金收益率中是否存在流动性溢价。为此，我们将基金的流动性测度（即 Amihud 测度）定义为基金持有的流动性的价值加权平均。根据 Amihud 测度值将样本基金分为5组，表4-4 的 Panel A 列出了5个基金小组的特征统计量。正如预期的，我们发现流动性与基金特征之间存在很强的相关性：流动性较小的第5组基金，即平均 Amihud 不流动比率较高的基金，持有现金的比率更高、基金成立的时间也较长、规模也更小；此外，从流量看，除第2组基金外，流量随着不流动比率的上升而上升，即第5组基金更易获得更多的资金流入，且 Amihud 不流动比率与换手率之间存在正相关，即持有期间越长的投资者更可能会持有更多的不流动资产，这点发现也与 Amihud 和 Mendelson（1986）一致。Panel A 的结果表明，由于很多基金特征会影响基金业绩[Chen、Hong、Huang 和 Kubik（2004）]，我们很有必要在接

· 127 ·

下来的多元分析时控制这些特征变量,以确保我们可以准确地检验流动性溢价。

Panel B 给出了分别按 Amihud 测度和 PS 测度分组的基金小组的等权基准调整收益率和等权风险调整收益率[①]。结果显示,基金流动性之间具有较大的偏差。最不流动的基金小组的 Amihud 测度值是第 1 组基金的 11.7 倍。从 Panel B 得出了两个重要的结论:一是流动性溢价是显著且连续的,而不仅仅是由个别小组产生的;二是流动性溢价是单调递增的,任何小组的基准调整收益(或 α)与第 1 组的基准调整收益(或 α)之差均为正。

此外,Amihud 值最大组和最小组之间的基准调整收益差和风险调整收益差分别为 0.8 个和 0.54 个百分点,且 t 统计量表明差异都是统计显著的。而 PS 测度下对应的收益差依然为正的,分别为 1.6 个和 2.2 个百分点,t 统计量同样显示是显著的,这一结果表明,基金收益率中存在流动性溢价,尽管部分溢价在扣除交易成本和费用之后作为投资报酬给予了投资者。

表 4-4 流动性与基金业绩

Panel A:基金特征						
流动性小组	Cash	Age	TNA	Flow	Turnover
1	7.09	7.81	852.3	1.04	76.66
2	8.05	8.083	546.1	0.89	75.65
3	8.89	8.081	447.5	1.31	72.14
4	10.37	8.26	363.2	1.77	72.07
5	12.64	8.28	178.9	3.52	70.65

Panel B:基于 Amihud 和 PS 测度分组

| 流动性小组 | Amihud | Amihud || PS | PS ||
		基准调整收益	α		基准调整收益	α
1	6.04e-5	0.028	−0.0955	0.199	0.029	−0.151
2	9.44e-5	0.029	−0.0954	0.263	0.023	−0.145
3	1.34e-4	0.0336	−0.0934	0.3047	0.03	−0.144

---

① 风险调整收益率由 Carhart(1997)四因子模型回归得到的 α 表示。

续表

Panel B：基于 Amihud 和 PS 测度分组

流动性小组	Amihud	Amihud 基准调整收益	α	PS	PS 基准调整收益	α
4	2.22e-4	0.0341	-0.0936	0.3558	0.031	-0.142
5	7.07e-4	0.036	-0.09	0.737	0.045	-0.129
5-1	6.47e-4	0.008 (4.08)	0.0054 (3.95)	0.538	0.016 (3.82)	0.022 (3.69)

接下来，我们在控制基金特征之后进行多元回归，检验流动性对于基金业绩的敏感性。分别使用基准调整收益、Sharpe 比率和四因子 α 对流动性、上一期业绩、基金年限、规模、换手率、流量和机构投资者的虚拟变量[①]进行面板回归：

$$\text{perf}_{i,t} = \beta_0 + \beta_1 \text{perf}_{i,t-1} + \beta_2 \text{Liq}_{i,t-1} \text{perf}_{i,t-1} + \beta_3 \text{liq}_{i,t-1} + \lambda_1 \ln(\text{age}_{i,t-1}) + \lambda_2 \ln(\text{TNA}_{i,t-1}) + \lambda_3 \text{turnover}_{i,t-1} + \lambda_4 \text{flow}_{i,t-1} + \lambda_5 \text{Inst} + \varepsilon_{it}$$

(4-13)

模型（4-13）中，$\text{perf}_{i,t}$ 表示当期的基金业绩，分别由基准调整收益、Sharpe 比率和四因子模型估计的 α 得到；$\text{Liq}_{i,t-1}$ 是上一期流动性，用正态化的 Amihud 测度和 PS 测度代入；控制变量包括上一期业绩、基金年限、规模、换手率、流量、机构虚拟变量以及流动性与业绩交叉项共 7 个变量，这些控制变量对于业绩度量有直接且相互的影响。标准误差使用 Newey-West（1987）法调整。

表 4-5 流动性对于业绩敏感性的影响

	Panel A：全部样本					
流动性测度	Amihud			PS		
	基准调整收益率	Sharpe 比率	四因子 α	基准调整收益率	Sharpe 比率	四因子 α
Constant	0.834 (5.22)	0.637 (1.73)	0.6 (2.93)	0.467 (3.89)	0.406 (4.77)	0.75 (5.47)
Lagged perf	-0.17 (3.73)	-0.38 (-7.57)	-0.49 (-13.79)	-0.049 (1.42)	-0.36 (-6.61)	-0.49 (-5.12)

---

① 我们定义当基金份额的 50% 以上由机构持有时机构虚拟变量取 1，否则为 0。

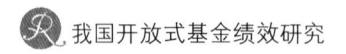

续表

Panel A：全部样本

流动性测度	Amihud 基准调整收益率	Amihud Sharpe比率	Amihud 四因子α	PS 基准调整收益率	PS Sharpe比率	PS 四因子α
Liq × perf	0.167 (4.35)	0.13 (2.46)	0.217 (6.61)	0.027 (2.44)	0.53 (5.47)	0.57 (5.43)
Liq	0.059 (4.45)	0.89 (6.76)	0.1 (10.69)	0.069 (6.13)	0.22 (2.13)	0.061 (2.53)
Ln(age)	−0.31 (−2.6)	−0.85 (−8.89)	−0.24 (−4.71)	−0.29 (−4.54)	−0.44 (−5.87)	−0.31 (−5.91)
Ln(TNA)	−0.027 (−3.65)	−0.105 (−1.05)	−0.022 (−2.4)	−0.013 (−2.38)	−0.328 (−3.46)	−0.043 (−4.64)
Turnover	0.0023 (3.34)	0.0071 (0.93)	0.0009 (0.11)	0.0025 (4.17)	0.0069 (0.83)	0.0001 (0.14)
Flow	−0.0029 (−2.19)	−0.06 (−4.08)	−0.008 (−3.92)	−0.0028 (−2.36)	−0.063 (−4.58)	−0.0082 (−4.04)
Inst	0.074 (4.92)	0.103 (1.34)	0.084 (3.5)	0.07 (4.85)	0.052 (1.17)	0.088 (3.52)
R-squar	0.669	0.45	0.64	0.696	0.38	0.57

Panel B：Amihud 测度和 PS 测度排名在前 20% 的基金

流动性测度	Amihud 基准调整收益率	Amihud Sharpe比率	Amihud 四因子α	PS 基准调整收益率	PS Sharpe比率	PS 四因子α
Constant	0.002 (3.05)	0.0076 (1.11)	0.0013 (2.61)	0.0016 (3.14)	0.0074 (1.09)	0.0012 (2.16)
Lagged perf	−0.17 (−2.38)	−0.39 (−3.83)	−0.55 (−9.47)	−0.19 (−2.16)	−0.36 (−4.21)	−0.53 (−8.63)
Liq × perf	0.053 (1.66)	0.103 (1.05)	0.167 (3.82)	0.059 (0.91)	0.13 (1.65)	0.21 (4.44)
Liq	0.006 (1.27)	0.97 (5.44)	0.13 (9.38)	0.024 (1.09)	0.92 (5.17)	0.13 (8.48)
Ln(age)	−0.34 (−6.72)	−0.72 (−3.31)	−0.21 (−7.83)	−0.31 (−5.42)	−0.5 (−4.82)	−0.22 (−8.24)
Ln(TNA)	−0.0067 (−1.61)	−0.045 (−1.34)	−0.005 (−1.29)	−0.0096 (−2.28)	−0.0057 (−1.32)	−0.007 (−1.05)

第四章 流动性、流动性风险与基金业绩

续表

| | Panel B：Amihud 测度和 PS 测度排名在前 20%的基金 ||||||
| 流动性测度 | Amihud ||| PS |||
	基准调整 收益率	Sharpe 比率	四因子 α	基准调整 收益率	Sharpe 比率	四因子 α
Turnover	0.0042 (3.68)	0.014 (1.74)	0.0028 (2.58)	0.0031 (2.91)	0.007 (1.13)	0.0013 (1.12)
Flow	−0.0041 (−1.94)	−0.063 (−5.33)	−0.009 (−4.09)	−0.0039 (−0.9)	−0.028 (−0.85)	−0.008 (−1.32)
Inst	0.117 (4.4)	0.074 (1.12)	0.066 (1.53)	0.073 (2.14)	0.11 (1.65)	0.085 (2.14)
R-squar	0.66	0.56	0.74	0.6	0.49	0.65
	Panel C：Amihud 测度和 PS 测度排名在后 20%的基金					
流动性测度	Amihud			PS		
	基准调整 收益率	Sharpe 比率	四因子 α	基准调整 收益率	Sharpe 比率	四因子 α
Constant	0.0012 (2.77)	0.023 (3.02)	0.0026 (3.61)	0.001 (2.52)	0.022 (2.94)	0.0028 (3.59)
Lagged perf	−0.067 (−1.07)	−0.35 (−3.67)	−0.6 (−7.94)	−0.093 (−1.53)	−0.34 (−4.26)	−0.51 (−7.41)
Liq × perf	0.205 (1.7)	0.47 (2.64)	0.88 (5.05)	0.0063 (1.1)	0.38 (2.6)	0.4 (3.76)
Liq	0.092 (4.67)	0.37 (1.25)	0.15 (4.29)	0.061 (5.56)	0.187 (1.08)	0.05 (2.5)
Ln(age)	−0.27 (−11.9)	−0.83 (−3.72)	−0.28 (−8.1)	−0.3 (−8.01)	−0.87 (−6.12)	−0.32 (−12.8)
Ln(TNA)	−0.0029 (−0.86)	−0.035 (−1.58)	−0.007 (−1.32)	−0.009 (−2.35)	−0.058 (−1.19)	−0.009 (−1.58)
Turnover	0.0038 (3.8)	0.026 (2.22)	0.0042 (3.52)	0.0031 (3.22)	0.0054 (1.48)	0.0008 (1.53)
Flow	−0.0025 (−1.25)	−0.056 (−4.65)	−0.009 (−3.44)	−0.0038 (−1.02)	−0.027 (−0.77)	−0.0068 (−0.93)
Inst	0.084 (3.09)	0.047 (1.79)	0.042 (1.85)	0.067 (2.32)	0.1 (1.21)	0.082 (1.96)
R-squar	0.719	0.45	0.63	0.66	0.38	0.51

表 4-5 给出了流动性效应检验的结果。其中，Panel A 列出的是全部样本基金的结果，Panel B 和 Panel C 分别为 Amihud 测度和 PS 测度排名在前后 20% 的基金的结果。我们根据 Amihud（2002）不流动比率和 PS 测度的值按升序排列，将取值在前 20%（取值最小）的基金定义为流动基金，排序在后 20%（取值最大）的基金定义为不流动基金。针对流动基金和不流动基金重复进行（4-13）式的回归分析，结果如 Panel B 和 Panel C 所示。从整体的估计结果看，使用 Sharpe 比率作为业绩得到的 R-squr 相对比较小，这也说明了 Sharpe 比率可能不适于进行线性回归，这也再次验证了国外学者们的结论。

第 2~4 为流动性变量采用 Amihud 测度时的结果，Panel A 的结果显示，Amihud 不流动比率与基金业绩之间具有极其显著的正相关关系。Amihud 测度上升一单位，将引起下一年的基准调整收益、Sharpe 比率和四因子 α 分别上升 0.059、0.89 和 0.1。第 5~7 为流动性变量采用 PS 测度时的结果。PS 测度上升一单位，将引起下一年的基准调整收益、Sharpe 比率和四因子 α 分别上升 0.069、0.22 和 0.061。而在 Panel B 和 Panel C 中，结果也同样表明样本基金中存在流动性效应，但是 6 列结果中各有 2 列不显著。

表 4-5 的三个 Panel 的结果显示，Liq × Perf 的系数全部为正，且在 5% 的置信水平下使用全部基金估计的 t 统计量都显著，而使用部分基金数据回归得到的显著性下降；实证结果显示，基金年限与业绩存在负相关[①]，即成立时间越短的基金可能会取得更好的业绩，且非常显著，这一结果也与 Huij 和 Verbeek（2007）以及 Karour 和 Meier（2009）的发现一致；此外，同 Chen 等（2004）、Cremers 和 Petajisto（2009），我们发现，基金规模对业绩有负影响，即规模具有不经济性；Dahlquist、Engstrom 和 Söderlind（2000），Chen、Jegadeesh 和 Wermers（2000）认为，换手率与业绩之间是正相关的关系，我们的实证结果也表明换手率与基金业绩正相关。

在控制变量中，我们最关心的是流量变量的系数。特别地，流量与业绩显著负相关，以 Panel A 中 Amihud 测度的结果为例，流量增长 1%，会引起基准调整收益、Sharpe 比率和四因子 α 分别下降 0.29%、6% 和 0.8%。有趣的是，三种业绩度量方法中流量对于业绩的影响显著不同。使用基准

---

① 这一结果也与本书第三章的实证结果一致。

调整收益时,在 Amihud 测度和 PS 测度下,流量发生1%的变化分别会导致业绩下降0.29%和0.28%,均显著小于1%,而使用另两种度量方法时,相应的变化分别为6%和6.3%,以及0.8%和0.82%,显著大于第一种方法的结果。

而在 Panel B 和 Panel C 中,与历史研究相一致,我们发现不流动基金的投资者对业绩的反应更大,Panel C 中 Flow 的系数显著比 Panel B 的系数大,表明不流动基金的流量对于业绩的反应更敏感。这是因为,当基金持有的资产流动性不好时,更容易发生流量变动,这是因为调整不流动资产需要更多的成本。

Inst 的系数表明机构投资者与基金业绩具有正相关的关系。通常,数量少但规模大的机构投资者更可能将收益的外部性内部化,从而可以避免基金资产的流出。因此,我们期望那些机构投资者比重大的基金,它们的不流动性对于业绩敏感性的影响更小。例如,如果不流动基金由机构投资者持有,他们会更加关注市场,当基金业绩变差时会发生大量的赎回,而流动基金由个人投资者持有时,就会出现持有者效应。从我们的实证结果看,这一因素并不会产生影响。因为根据后两个 Panel 的对比发现,流动基金比不流动基金更可能由机构持有。

3. 流动性风险与基金业绩关系的实证分析

此部分主要研究流动性风险预测基金业绩的能力。开放式基金的流动性风险,首先需要度量基金持有股票的流动性风险,然后根据各股在基金资产中所占的权重来计算基金的流动性风险。

Brown、Harlow 和 Starks(1996),Chevalier 和 Ellison(1997,1999)等提出了短期内估计基金风险的方法,我们使用12个月作为移动窗口,12个月的移动窗口允许我们按照年来考察流动性风险的时变情况。为了考虑异方差和自相关性,我们使用 Newey 和 West(1987)的协方差阵来计算标准差,这一点在使用日数据时是至关重要的。

表4-6给出了基于持有的基金流动性风险和业绩关系的实证结果。根据模型(4-12)的估计结果,我们按照流动性 β 的估计值将样本基金分为5组。Panel A 揭示了流动性风险与预期业绩之间存在相关性。以 Amihud 测度为例,流动性 β 最大组和最小组之间的基准调整收益差和 α 差分别为0.014和0.008,差值均为正值,且相对显著,其中 Amihud 测度下的差异比较显著,而 PS 测度下的差异则比较弱。但 PS 测度分组的业绩差要大

表 4-6 流动性风险与基金业绩

流动性风险小组	AmihudN 流动性风险均值	AmihudN 基准调整收益	AmihudN 四因子 α	PS 流动性风险均值	PS 基准调整收益	PS 四因子 α
1	−0.054	0.029	−0.094	−0.0062	0.0243	−0.149
2	−0.017	0.032	−0.092	0.003	0.0252	−0.147
3	0.035	0.023	−0.1	0.0067	0.0291	−0.145
4	0.065	0.031	−0.095	0.0141	0.0355	−0.139
5	0.096	0.043	−0.086	0.026	0.0412	−0.133
5−1	0.15	0.014 (2.49)	0.008 (3.32)	0.033	0.0169 (1.98)	0.016 (2.33)

于 Amihud 测度分组的业绩差，PS 测度分组的基准调整收益差和四因子 α 之差分别为 0.0169 和 0.016。因此，全部 4 个业绩序列显示第 5 组基金业绩均比第 1 组基金业绩好，业绩差均为正。这些结果表明，基于历史数据的流动性风险对于预期业绩之间存在正影响，即对于市场流动性新息敏感性更大的基金会获得更大的预期收益。可见，流动性 β 捕捉了样本基金的流动性风险暴露情况，并且基金业绩中存在流动性风险溢价，此外，流动性风险也是可以根据基金业绩进行测度的。两者之间的相关性也与传统的资产定价理论相符。综上所述，我们认为，流动性 β 可以看作是流动性风险的一个很好的代理变量，从而可以用于基金流动性风险的研究中。

接下来，我们来研究基金业绩是否可以用流动性风险溢价进行补偿。我们分别使用四因子模型和五因子模型[①]对超额收益回归。表 4-7 的结果显示，除了 α 之外，因子估计值之间的差别不大。样本基金的风险调整收益从 −0.141 降至 −0.158（或 −0.153），说明基金业绩中大约有 12%（或 9%）可以由其流动性风险解释。上述结果表明在当期估计的流动性 β 可以预测下一期的流动性 β。因此，流动性 β 可以为那些希望赚取流动性风险溢价的投资者提供有价值的信息。

此外，基金的高流动性风险不仅暗示了基金的未来业绩可以通过流动

---

① 五因子模型即在四因子模型的基础上增加一个流动性因子，流动性因子等于股票组合的流动性 β 的最大组和最小组之间的收益差，其中，流动性 β 分别使用 Amihud 测度和 PS 测度计算得到。

性风险溢价获得,也说明基金经理的主动管理能力可以由管理期间的系统性风险解释。因此,我们的结论表明基金的流动性β可以识别业绩的两个来源,即有12%(或9%)来自承担流动性风险的收益补偿,而88%(或91%)来自基金经理的主动管理能力。这一点发现可以得到一个重要结论:基金的流动性风险不仅可以预测业绩,还可以用于识别基金经理是否具有主动管理能力。

表4-7 流动性风险小组和流动性风险溢价

模型 估计	α	MKT	SMB	HML	UMD	Liq	R-squar
四因子模型	-0.141 (-4.08)	0.17 (5.75)	0.033 (1.15)	-0.15 (-4.91)	0.11 (2.35)	—	0.73
以Amihud测度计算流动性因子的五因子模型	-0.158 (-4.53)	0.15 (5.56)	0.028 (1.08)	-0.16 (-4.6)	0.09 (2.11)	0.073 (6.31)	0.79
以PS测度计算流动性因子的五因子模型	-0.153 (-2.72)	0.154 (2.93)	0.028 (3.32)	-0.165 (-2.37)	0.09 (2.7)	0.074 (2.48)	0.75

4. 流量效应检验

在检验了基金业绩与流动性、流动性风险的关系之后,我们来探讨基金流量对于业绩的预测能力。由于基金流量可以影响其持有的股票价格[如Coval和Stafford(2007)],因此,我们很有必要检验流量效应与流动性之间的关系。由于篇幅关系,此部分仅给出使用Amihud测度度量流动性风险的结果,实证结果表明,使用PS测度度量流动性风险的结果与前者差不多。

流量效应又称作聪明的资金效应(Smart Money Effect),它反映的是基金流量的预测能力。这是因为投资者可以预测基金经理的主动管理能力,因此,投资者的投资决策会影响到基金流量,从而影响到基金的未来业绩。通常,好业绩带来资金流入,而差业绩带来流出。Gruber(1996)和Zheng(1999)认为,发生流入的基金业绩会好于那些发生流出的基金业绩。Sapp和Tiwari(2004)以及Keswani和Stolin(2008)也证明了在控制了动量效应之后,"聪明的资金效应"是存在的。

首先,我们考察流动性风险对于流量效应的影响。根据流量的符号将样本基金划分为流入和流出两组。表 4-8 中，Panel A 的结果显示，发生流入的基金业绩好于发生流出的基金业绩，差值分别为 0.023、0.021（t 统计量分别为 1.24 和 2.33），表明存在流量效应。接下来，我们先将样本基金划分为流入和流出两组，然后再根据基金的流动性 β 进一步分为 5 组，共有 2×5 个小组。如 Panel B 所示，流动性 β 的最大组和最小组之间的基准调整收益差和 α 差都显著为正，说明流入基金和流出基金都存在流动性风险溢价。然而，发生流出的基金的基准调整收益差和 α 差分别为 0.016 和 0.021（t 统计量分别为 2.43 和 2.06），显著小于有资金流入的基金，说明发生流出的基金在选择流动性风险不同的资产时存在更多的限制，这可能是因为，发生流出的基金经理会不得不立刻采取资产变现的对策，而流入的基金经理则不需要那么迫切地进行新投资操作。

综上所述，流动性风险可以部分解释流量效应。我们发现流动性风险大的基金，其流量效应也较大，这一点发现也与 Lou（2009）一致。

表 4-8 流量效应检验

流量小组	流入	流出	流入-流出
\multicolumn{4}{c}{Panel A：流量与业绩}
基准调整收益	0.034	0.011	0.023 (1.24)
四因子 α	−0.091	−0.113	0.021 (2.33)

Panel B：基于流量和流动性风险

流量小组	业绩	1	2	3	4	5	5−1
流入	基准调整收益	0.03	0.029	0.031	0.033	0.049	0.019 (3.75)
流入	四因子 α	−0.094	−0.097	−0.091	−0.086	−0.071	0.023 (2.19)
流出	基准调整收益	0.022	0.023	0.029	0.03	0.038	0.016 (2.43)
流出	四因子 α	−0.117	−0.109	−0.103	−0.101	−0.096	0.021 (2.06)

第四章 流动性、流动性风险与基金业绩

5. 流动性风险和业绩持续性分析

在前文中,我们已经发现,流动性风险对于基金业绩具有显著的影响,且基金业绩来自流动性风险溢价和基金经理的主动管理能力。那么,如何分辨基金业绩是来自能力,还是运气呢?如果基金的好业绩是由于基金经理的能力,则在某种程度上,这一能力会具有一定的持续性,我们会期望历史赢家基金的未来业绩继续好于历史输家基金。但如果好业绩是由于运气,基金业绩则不可能存在持续性。另外,由于投资者通常会追逐业绩[见 Chevalier 和 Ellison(1997)以及 Sirri 和 Tufano(1998)],因此很有必要证实业绩是否具有持续性[1]。因此,在此部分中,我们将检验样本基金的流动性风险对于业绩持续性的影响。同上一部分,本部分仅给出使用 Amihud 测度度量流动性风险的实证结果。

在此部分,我们在 Carhart(1997)提出的业绩—持续性效应下,探讨流动性风险是否可以解释基金业绩的持续性效应。在持续性的分析过程中,仅使用各基金的数据进行分析是不够的,我们还需要从总体上考察基金。然而,对于等权的基金组合进行简单的分析是不适合的,因为这种方法忽略了个体性质的信息和基金的风格特征。因此,我们把所有的样本基金按照共同的特征分成不同的小组。Carhart(1997)发现按照上一年收益率对基金进行分组,有助于预测基金的未来业绩,即上一年业绩好的基金在下一年依然好于业绩不好的基金。

根据 Carhart(1997)的思想,我们分别根据流动性 β 和上一年收益将基金细分为 25 个小组。通过分别对比流动性 β 和收益率的最大组(赢家)和最小组(输家)的结果,可以帮助我们考察具有相同流动性风险的基金是否会影响业绩持续性。

表 4-9 给出了持续性的分析结果,Panel A 列出了各组的基准调整收益,Panel B 列出了各组的四因子 α,均为使用等权平均所得到的结果。从 Panel A 和 Panel B 的结果可以看出,流动性风险最大(流动性 β 值最大)的那组基金的基准调整收益和 α 都表现出很强的持续性,根据上一年收益划分的赢家和输家在下一年的基准调整收益之差和 α 分别为 0.073

---

[1] 大量研究发现了基金业绩中存在持续性,例如,Grinblatt 和 Titman(1992),Hendricks、Patel 和 Zeckhauser(1993),Goetzmann 和 Ibbotson(1994),Brown 和 Goetzmann(1995),Griblatt、Titman 和 Wermers(1995)以及 Gruber(1996)。上述文章中,大部分将业绩持续性归因于基金经理的管理能力。

(t=4.52)、0.075（t=2.85），且这一差异在赢家和输家中同时存在，其中，赢家比市场基准高出了 0.084，而输家仅高出市场 0.01。此外，根据流动性 β 划分的其他小组基金也表现出业绩持续性，流动性风险最小的那组基金，赢家的基准调整收益比输家高出了 0.036（t=2.59），四因子 α 则高出了 0.038。因此可以认为，流动性风险可以解释基金业绩的持续性现象。换句话说，当期业绩好的基金在下一期的业绩依然会好，如果当期的业绩主要是由于面临较高的流动性风险而产生的。

另外，由于流动性是持续的[①]，流动性预测了未来的收益率和与收益率同步变动的流动性。这是因为对于不流动性的正冲击意味着未来不流动性会走高，这将导致未来的收益率上升，且同期收益率下降。因此，这也为投资者寻找具有持续管理能力基金提供了有效的方法。例如，从投资者的角度来说，在流动性风险最大的小组中，上一期的赢家基金是最具投资潜力的，因为它的基准调整收益为 0.084、四因子模型的 α 为 -0.037，均为 25 个小组中的最大值，因而，这一小组的基金业绩具有良好的持续性，具有一定风险容忍度的投资者可以选择该组基金。

表 4-9　流动性风险的持续性效应

Panel A：基准调整收益					
流动性 β 小组	上一年收益率小组					
	1	2	3	4	5	高-低
1	0.011	0.022	0.037	0.04	0.047	0.036 (2.59)
2	0.019	0.023	0.029	0.041	0.052	0.033 (4.32)
3	-0.01	0.019	0.031	0.037	0.048	0.058 (2.91)
4	0.011	0.02	0.03	0.038	0.072	0.06 (3.04)
5	0.01	0.018	0.043	0.049	0.084	0.073 (4.52)

---

① Amihud（2002），Chordia Roll 和 Subrahmanyam（2000，2001），Hasbrouck 和 Seppi（2000），Huberman 和 Halka（1999），Jones（2001）、Pastor 和 Stambaugh（2001）通过实证分析验证了流动性的持续性。

第四章 流动性、流动性风险与基金业绩

续表

Panel A：基准调整收益						
流动性 β 小组	上一年收益率小组					
	1	2	3	4	5	高−低
高−低	−0.001 (−1.96)	−0.005 (−4.61)	0.006 (2.57)	0.009 (2.71)	0.037 (3.14)	

Panel B：四因子 α						
流动性 β 小组	上一年收益率小组					
	1	2	3	4	5	高−低
1	−0.113	−0.099	−0.066	−0.087	−0.075	0.038 (1.77)
2	−0.101	−0.102	−0.096	−0.081	−0.074	0.027 (2.12)
3	−0.128	−0.104	−0.093	−0.087	−0.077	0.051 (2.02)
4	−0.113	−0.107	−0.094	−0.09	−0.072	0.041 (3.3)
5	−0.112	−0.102	−0.081	−0.075	−0.037	0.075 (2.85)
高−低	0.001 (2.64)	−0.003 (−2.92)	−0.015 (−1.19)	0.012 (3.29)	0.04 (2.25)	

注：括号内的 t 统计量基于 Newey 和 West（1987）的标准误差计算（滞后阶数取 2）。

在本节第二部分中，我们发现，投资者对于不流动基金的差业绩反应更敏感，这可能是因为不流动基金的收益率具有更大的持续性。如果不流动基金的持续性确实更大，那么其接下来的业绩同样不好，投资者就会逃离不流动基金，甚至不考虑其他投资者赎回的影响。这一点与银行危机的实证文献研究相似，如 Gorton（1988）、Calomiris 和 Mason（1997，2003）、Schumacher（2000）、Martinez-Peria 和 Schmukler（2001），他们认为由于差预期发生的挤兑会导致银行的未来业绩变差。

接下来，我们进行针对性更强的检验，检验投资不流动资产的基金业绩是否表现出更大的持续性，尤其是当历史业绩不好时。表 4-10 列出了流动基金和不流动基金之间的比较情况。每月，我们按照过去 12 个月的收益率将样本基金分为 5 组，然后计算每组基金在当月的平均业绩。特别是我们仅针对 Amihud 值划分的流动基金和不流动基金分别进行分析。

表 4-10 还给出了流动基金和不流动基金基于上一年收益的最大组和最小组之间的业绩差。从表 4-10 中可以看出，不流动基金的最大组和最小组的业绩差分别为 0.0335 和 0.034，稍微比流动基金高，t 值分别为 2.22 和 2.69。此外，我们还发现不流动基金中历史业绩最差的那组（即第 1 组）的业绩并不比业绩最差的流动基金差。事实上表 4-10 的结果显示，不流动基金的业绩均好于流动基金。可见，不流动基金的业绩缺乏持续性，这与资产定价文献中关于不流动股票的研究一致，例如，Avramov、Chordia 和 Goyal（2006）证明了不流动股票的月度业绩会发生较强的逆转。

由于不流动基金和流动基金对于差业绩的不同反应，会导致投资者发生不同的赎回行为。例如，有的投资者在遭受基金投资损失之后，可能会变得更加厌恶风险，由于不流动基金的流动性风险加大，投资者更可能会赎回其对不流动基金的投资，从而进一步加剧不流动基金的流动性风险。

表 4-10 流动基金与不流动基金的业绩持续性对比

Panel A：流动基金						
按上一年收益率分组	1	2	3	4	5	5-1
基准调整收益	0.0108	0.0114	0.0207	0.0343	0.0434	0.0326 (4.79)
四因子 α	-0.112	-0.106	-0.099	-0.083	-0.079	0.033 (1.28)

Panel B：不流动基金						
按上一年收益率分组	1	2	3	4	5	5-1
基准调整收益	0.016	0.0163	0.0265	0.0389	0.0495	0.0335 (2.22)
四因子 α	-0.107	-0.094	-0.089	-0.086	-0.073	0.034 (2.69)

Panel C：流动基金与不流动基金的对比		
	基准调整收益	四因子 α
Liq (Q5-Q1) -Illiq (Q5-Q1)	-0.0009 (-2.45)	-0.001 (-3.07)

第四章 流动性、流动性风险与基金业绩

6. 规模效应检验

规模效应是由 Chen、Hong、Huang 和 Kubik（2004）提出的，他们认为小基金会取得更好的超额业绩。开放式基金最大的特点是其份额是开放的，投资者可以根据基金业绩随时申购和赎回。当基金业绩提高时，投资者会增加申购，基金规模扩大；而当基金业绩不佳时，投资者赎回基金，使基金规模缩小，加剧了流动性风险。因此，很有必要分析规模变化对于基金流动性风险和业绩的影响。

首先，我们先按基准调整收益将样本基金分为 5 组，表 4-11 给出了 5 组基金的描述性统计量情况。从表 4-11 中可以看出，样本基金的平均规模为 469.1 亿元。其中，第 5 组基金规模最小，平均规模为 320.7 亿元，第 1 组基金的平均规模为 660.3 亿元。这一点也与 Chen、Hong、Huang 和 Kubik（2004）认为只有小基金能够打败基准的结论一致。此外，赢家基金有较高的净流入，流量为 0.96，说明投资者追求历史业绩。而随着基准调整收益的上升，换手率也在上升。

表 4-11 基金组合的描述性统计量

基准调整收益小组	1	2	3	4	5	5-1
规模	660.3	506.8	432.6	429.2	320.7	-339.6
流量	0.27	0.73	0.82	0.83	0.96	0.69
换手率	70.4	73.89	73.13	70.66	79.98	9.58

由于各基金的流动性可能会有一个共同的系统性成分，我们接下来需要检验基金规模与流动性风险之间的关系。为了检验流动性风险收益差是否是由于基金规模效应造成的，我们将样本基金按照规模分成 5 组，再根据基金的流动性 β（用前 12 个月数据）分成 5 组。

接下来，我们考察控制了规模因子后，流动性风险对基金业绩是否仍具有预测性。同上，此节仅给出以 Amihud 测度度量流动性风险的实证结果。表 4-12 的结果显示，在规模分组的横截面上，发现流动性 β 分组的基金的业绩差异在每个规模小组中都很明显，流动性 β 值较大的基金获得了较高的业绩，表明流动性 β 对基金业绩具有显著的预测性。在 25 个小组中，规模最小且流动性 β 最大的那组的基金的基准调整收益最高，流动性 β 最大和最小的组别之差为 0.042（t 统计量=3.44）。而对于规模最大的那组基金来说，差值变为 0.015（t 统计量=2.34），结果显著。可见，规模最大组基金的业绩差要显著小于其他组基金。这是因为小规模基金受到的流动性风险限制小于大规模基金，这就使小规模基金可以投资各种流动性风险的资产。

表 4-12　基金业绩：基于规模和流动性 β 分组

Panel A：基准调整收益（%）

规模小组	流动性 β 小组					5-1	全部基金
	1	2	3	4	5		
1	0.037	0.033	0.041	0.052	0.079	0.042 (3.44)	0.048
2	0.028	0.026	0.035	0.037	0.051	0.023 (2.01)	0.036
3	0.022	0.021	0.004	0.045	0.044	0.021 (1.7)	0.027
4	0.017	0.023	0.028	0.033	0.039	0.022 (2.97)	0.028
5	0.021	0.02	0.023	0.029	0.036	0.015 (2.34)	0.025
5-1	−0.016 (−2.25)	−0.013 (−1.53)	−0.019 (−2.14)	−0.024 (−2.31)	−0.043 (−3.58)		
全部基金	−0.016	−0.013	−0.019	−0.024	−0.043		

Panel B：四因子 α

规模小组	流动性 β 小组					5-1	全部基金
	1	2	3	4	5		
1	−0.085	−0.088	−0.073	−0.075	−0.07	0.015 (1.15)	−0.078
2	−0.09	−0.099	−0.084	−0.089	−0.081	0.009 (2.37)	−0.089
3	−0.092	−0.1	−0.123	−0.094	−0.086	0.006 (1.92)	−0.099
4	−0.097	−0.101	−0.087	−0.096	−0.093	0.004 (2.4)	−0.095

第四章 流动性、流动性风险与基金业绩

续表

Panel B: 四因子 α							
规模小组	流动性 β 小组						
	1	2	3	4	5	5-1	全部基金
5	-0.102	-0.099	-0.102	-0.105	-0.1	0.002 (3.75)	-0.101
5-1	-0.017 (-1.77)	-0.011 (-2.48)	-0.102 (-3.19)	-0.11 (-2.22)	-0.028 (-3.32)		
全部基金	-0.093	-0.097	-0.094	-0.092	-0.087		

最后，我们再来看看基金规模与业绩之间的关系：从表 4-12 的总体结果看，规模最小的基金的平均业绩水平较高，它们战胜基准 4.8 个百分点，四因子 α 为 -0.078。两个 Panel 都表明业绩最好的基金是规模最小且流动性 β 最大的小组。可见在控制了规模因子之后，流动性风险与基金业绩之间存在着相关性，且基金业绩随着基金规模的扩大而下降。

因此，规模效应只有在流动性最敏感的基金中显著。规模效应在流动性 β 值较低的小组中并不存在，表明规模在那些业绩对于市场流动性不敏感的基金中不起作用。大基金对于市场流动性条件变动的反应不够敏感，从而限制了其取得更好业绩的可能性。Chen、Hong、Huang 和 Kubik（2004）认为，基金的规模效应与基金持有的不流动性产生的交易费用有关，但我们的结论显示流动性风险也是规模不经济的另一个来源。

第五节　我国开放式基金流动性风险管理策略

根据本章第四节的实证结果和结论可知，流动性风险是开放式基金的主要风险，它对基金业绩、流量、持续性和规模等都会产生重大影响。鉴于此，从各方面加强基金的流动性风险的控制和管理就显得格外重要。

一是要重视研究风险管理技术的最新发展成果，使用有效的风险量化技术对流动性风险进行准确度量，并实现对流动性风险实施全过程的动态实时监控，使其在基金所接受的风险范围之内。同时，要在基金管理公司建立完善的内部风险控制制度，完善风险管理的组织架构，逐步建立与国际接轨的全面风险管理体系，进行全面系统的流动性风险管理。完善的风险管理体系无疑是防范和管理流动性风险的重要屏障。

二是要加强基金自身流动性管理。基金自身的流动性管理主要通过管理基金资产和资金来源的流动性，来降低和化解基金流动性风险。合理配置基金资产就是设定总收益的目标函数，用线性规划计算出资产配置的最优解，从而对基金资产加以统筹运用和配置，通过建立合理的资产配置比例，以确保基金资产的流动性和收益性的均衡。在资产管理的过程中，除了要保留一定比例的流动性风险高的资产以确保基金业绩，还要选择流动性好、变现成本低、具有稳定可预期的股息、利息流入的资产品种，同时运用股指期货、ETF 等金融工具，在不用变现股票资产的情况下能有效对冲风险。此外，还可以允许同一基金家族内部的基金产品之间进行互换，鼓励投资者将资金留在同一个基金管理公司内部，以减轻流动性压力。

三是对资金进行流动性管理。主要是进行现金需求预测，根据历史数据和现实条件，运用统计模型对基金的预留现金比例进行估量，确定一个可接受的现金不足的最大概率，预测基金超过该概率的净现金流出量。当现金量达到控制上限时，买入证券；反之则卖出证券。若现金量在控制范围内，则保持其现有存量。此外，要拓宽基金的资金来源渠道，降低流动性风险转化为市场风险的速度。从基金资金来源来看，基金的最终资金来自于投资者的申购资金，因而需要依靠基金的长期稳定、良好的业绩来吸引投资者。在积极发展机构投资者、确保长期稳定的资金来源的同时，要对全部投资者的结构进行分析，根据投资者的资金来源、持有动机、对流动性的敏感程度等加以分析，对于各类投资者的赎回需求作出合理准确的预测和安排。

四是从外部政策和法规加强基金流动性风险管理。监管当局要加强外部监管的法律体系建设，强化基金信息披露制度，建立多层次的预警体系和监管体系，以便全面、动态地把握基金运作的实际情况，对于基金运行中出现的流动性风险及时采取合理的防范措施和应急措施。此外，要引入做空机制，推出更多的金融衍生品种，建立和完善大宗交易机制，从政策上拓宽基金的融资和避险渠道，提高基金变现资产的及时性和降低变现成本。

第四章 流动性、流动性风险与基金业绩

五是要做好对投资者的教育和管理工作，帮助投资者树立理性的长期投资观念，防范由于暂时的市场风险导致投资者赎回而产生的流动性风险。

总的说来，做好开放式基金的流动性风险管理，必须要完善基金的投资环境，提高我国资本市场的流动性，完善开放式基金的内部风险管理体系和外部监管体系，同时建立流动性风险的管理机制和应急处理机制，采取及时有效的措施来管理流动性风险。

第六节 结论与展望

本章通过对开放式基金的流动性风险进行实证研究，取得了几个重要的结论：

首先，本章从实证的角度研究了流动性和流动性风险对于基金业绩的影响，结果表明，流动性风险是基金业绩的重要决定因素。流动性风险因子 β 显著的基金在 2005~2013 年会获得一个较高的未来收益。基于此，我们从风险管理的角度，为测度基金的流动性风险提供了有效的方法。

其次，我们发现，流动性和流动性风险会产生流动性溢价和流动性风险溢价，基金为了避免流动性风险会愿意向投资者支付溢价（流动性风险溢价）。这就解释了流动性 β 小的基金业绩不好的原因，因此，流动性 β 大的基金的业绩可能会更好。然而，需要注意的是，只有部分业绩来源是由流动性风险溢价提供的，业绩取得的最主要原因是基金经理的主动管理能力，且基金业绩持续性主要是由于基金业绩与市场流动性存在相关性。因此，流动性风险可以为那些期望获得流动性风险溢价的投资者提供有价值的信息，这也有助于投资者寻找管理能力持续的基金和基金经理。

最后，我们还发现，流动性风险还与基金业绩中的其他重要效应有关，例如，流量效应、持续性效应和规模效应等对基金业绩具有显著的影响。

未来有四个问题需要更进一步的研究。第一，基金业绩评价中的流动性风险是否在基金定价中为有用的风险因子？第二，流动性和流动性风险之间存在什么关系？流动性溢价和流动性风险溢价存在什么关系？第三，本章在 Carhart（1997）四因子模型的基础上增加了流动性因子，这一模型是否与 Fama 和 French（1993）三因子模型和 Carhart（1997）四因子模型一样可以用于基金业绩的评价中。如果可以，哪个模型最好？第四，流动性风险实际上是系统性风险，那么它与非系统风险（特有风险）之间有何关系？如何相互影响？

第五章 全书小结与展望

第一节 全书小结

本书是在国内外现有研究成果的基础上,针对我国开放式基金业绩的相关问题进行了较为全面的实证研究。主要内容包括三个部分:

第一部分主要探讨基金业绩的评价。首先对基金业绩评价的三个传统方法进行了分析比较,并选定采用经风险调整的 Sharpe 比率作为评价方法,接下来构建了新的条件自回归 Expectile (Conditional Autoregressive Expectile,CARE)模型,使用非对称最小二乘回归法估计模型参数,计算基于 Expectile 的 VaR 和 ES 值,并使用动态分位数(DQ)法和 Bootstrap 法分别对 VaR 和 ES 进行后验检验,最后使用传统 Sharpe 比率、基于 VaR 修正的 Sharpe 比率以及基于 ES 修正的 Sharpe 比率来分析比较 56 只样本基金的业绩。

第二部分研究了基金经理的主动管理能力与基金业绩之间的关系。分别使用主动占比(Active Share,AS)和追踪误差(Tracking Error,TE)来衡量股票型基金经理的主动管理能力,并分别从多元线性回归、控制规模因素、基金经理管理能力持续性、基金经理更换等角度进行分析。

第三部分建立了开放式基金流动性风险管理的框架体系。首先对流动性和流动性风险的定义、特点、分类和影响因素等进行了概述,进而分析了开放式基金流动性风险的形成机理和传导机制,接下来介绍了流动性风险的测度方法,着重提出了基于 Amihud(2002)不流动比率和 Pastor 和 Stambaugh(2003)测度的我国资本市场的系统性市场流动性因子,并对我国 2005 年前发行的 44 只股票型基金的流动性风险进行了度量,使用多变量回归,在控制某些基金特征(如基金规模、年龄、换手率和资产流量)之后对流量效应(smart money 效应)、业绩持续性和规模效应进行了分析,最后,从基金管理公司和监管部门的角度,提出了流动性风险管理的对策措施。

基于上述实证分析,本书的主要结论如下:

(1)本书提出了一种新的 Sharpe 比率的计算方法,即分别使用基于 Expectile 的 VaR 和 ES 值代替标准差作为开放式基金收益率的风险测度,从而对基金收益率的超额收益进行修正,得到新的 Sharpe 比率。实证结果表明,使用 CARE 模型来估计基于 Expectile 的 VaR 和 ES 能够更好地度量基金收益率的尾部风险,也比较准确地描述 Expectile 的尾部动态行为。

(2)传统的 Sharpe 比率不能反映总方差中下侧风险较大的问题,而 VaR 和 ES 都较好地反映了基金收益率真实分布下的下侧风险,因为在市场波动很大时,下方风险显然比标准差计算的风险要大。

(3)基金经理对于投资管理业绩具有显著的影响,因此,主动占比(AS)和追踪误差(TE)可以用于判断基金业绩的取得是否与基金经理的主动管理能力有关。此外,我们发现,在控制基金特征和历史业绩之后,基金经理的主动管理能力与业绩存在正相关的关系,业绩好的基金经理通常具有较高的主动管理能力。这些结论对于 Carhart(1997)四因子模型和加入了向前一阶的市场溢价因素后的五因子模型都成立。

(4)主动管理能力高的基金具有显著的持续性,说明我国开放式基金业确实存在真正有才能的基金经理。

(5)基金经理变更对基金业绩具有负向的影响,未发生基金经理更换的基金在规模调整和业绩取得上更为平稳,说明基金经理更换事件与基金的历史业绩呈现负相关的关系,历史业绩好的大基金经理对于基金的主动管理更为有效,从而能够产生好业绩,而业绩不好的基金经理可能被调任至规模更小的基金,历史业绩好的基金经理会调至管理更大规模的基金。

(6)基金的流动性水平和流动性风险对于基金业绩都有影响,流动性风险因子 β 显著的基金会获得一个较高的未来收益,因此,基金为了避免流动性风险会愿意向投资者支付溢价(即流动性风险溢价)。这就解释了流动性 β 小的基金业绩为什么不好,而流动性 β 大的基金的业绩可能会更好。因此,基金的流动性风险不仅可以为投资者提供有价值的信息,还可以帮助投资者预测业绩,识别基金经理是否具有主动管理能力,从而为

第五章　全书小结与展望

投资者选择业绩具有持续性的基金和基金经理提供了有效的方法。这也是第四章得到的最重要结论。

（7）流动性风险还与基金业绩中的其他重要效应有关，如流量效应、持续性效应和规模效应等对基金业绩具有显著的影响。其中，流动性风险可以部分解释流量效应，且流动性风险大的基金，其流量效应也较大；流动性风险可以解释基金业绩的持续性现象，并且流动性风险最大的基金业绩表现出很强的持续性；规模效应只有在流动性最敏感的基金中显著，在流动性风险较小的基金中并不存在，表明规模在那些业绩对于市场流动性不敏感的基金中不起作用。

（8）从上述结论来看，经风险调整的 Sharpe 比率、基金经理主动管理能力和基金的流动性风险都与基金业绩有关，都可用于预测基金业绩，因为它们都反映了基金业绩。但总的来说，基金的流动性风险更具有综合性，不仅可以反映业绩，还可以用于判别基金经理的主动管理能力大小，因而更具有广泛性。

综上所述，本书在参考和借鉴国内外研究的基础上，进行了如下创新：

首先，对基金业绩相关问题的国内外文献进行了较为全面、系统的归纳和总结，如此之全面，这在国内尚属首次，从而对于全书的整体性有一个很好的把握，并有助于选择科学、合理的研究方法。

其次，本书的实证研究全部采用日数据。由于数据的复杂性，大量文献研究了年度、季度、月度数据和周数据下的基金业绩，使用日数据研究基金业绩的研究还很少。Goetzmann、Ingersoll 和 Ivkovic（2000）证明了使用月收益率评价会出现向下偏差，低估基金经理的择时能力。Bollen 和 Busse（2001，2005）为了证实抽样频率对业绩评价的影响，对比了日数据和月数据的评价能力，发现使用日数据的测试结果所体现的择时能力更显著，模型解释力也要好于月数据。Cremers 等（2010）的实证结果显示，基金日业绩的估计效果并不会因为使用日收益率数据而受到影响。由于我国基金发展的历史尚短，本书主要研究基于日收益率序列下的我国开放式基金业绩评价、基金经理主动管理能力和流动性风险管理问题。

再次，综合运用多种方法对我国开放式基金的业绩及各方面问题进行实证研究，其全面性和系统性在国内还是首次，为相关问题的研究提供了新视角。正如前文所提及的，国外对基金业绩评价的相关理论已非常成熟，实证研究也在不断深入，但这项课题在国内还处于初级阶段，还不够深入，方法欠缺创新，从已有文献看，对开放式基金业绩、基金经理主动管理能力和基金流动性风险进行的综合系统性实证研究几乎还是空白。我们选取开放式基金的业绩评价和流动性风险管理作为研究课题，并非简单探讨相关问题的方法和结果，而是综合运用多种改进后的方法，从多角度进行分析。

最后，本书各章对于基金业绩评价中的几个重要问题运用了不同的研究方法，具体各章的创新详见论文章节论述。例如，在评价基金业绩时使用非对称最小二乘法对动态的条件自回归 Expectile（CARE）模型进行半参数估计，并进一步计算得到样本基金收益率序列的 VaR 值和 ES 值，用于改进传统的 Sharpe 比率；在研究基金经理主动管理能力时，从基金持有的角度出发，分别使用主动占比（Active Share，AS）和追踪误差（Tracking Error，TE）来衡量基金经理的主动管理能力，并从多变量线性回归、控制规模因素、持续性、经理更换等角度进行分析；在研究基金流动性风险时，基于 Amihud（2002）不流动比率和 Pastor 和 Stambaugh（2003）测度构建了我国资本市场的系统性市场流动性因子，并基于基金持有的数据来测度基金的流动性风险，此外，我们还使用多变量回归，在控制规模、年龄、换手率和流量等基金特征之后对流量效应（Smart Money 效应）、业绩持续性效应和规模效应进行了分析。

第二节 不足与展望

本书尽管对开放式基金业绩的相关问题进行了一定程度的研究，得出了许多重要的结论，但由于开放式基金在我国成立较晚，无论是理论上还是实证研究上经验都还不丰富，加上能力有限，在许多方面仍有待进一步提高和完善：

（1）样本和样本期间上，由于我国基金发展的时间较短，为了保证一定的样本期间，本书第二章、第三章、第四章的实证研究均受到样本数据量和时间长度的制约，最终仅选取了 2005 年之前成立的几十只基金作为样本进行研究，尽管实证全部采用了日数据，但样本期间与国外相比依然很短，从而可能影响到数据的代表性和实证结果的稳定性和可靠性。在未来的研究中,可以进一步采集更大的样本量和更长的样本期间进行研究,从而更准确地寻找我国开放式基金业绩的相关问题。

(2)进一步完善基金业绩评价方法,例如,第三章中对 Expectile 进行估计的 Matlab 程序较为繁杂,导致程序运行缓慢,将来应该简化程序语句,提高程序运行速度。未来还应该多多进行实践,完善其他细节问题,采取多种评价方法进行比较的方式,构建出真正适用于我国开放式基金的一套业绩评价方法和体系,从而更加科学合理地评价开放式基金业绩。

(3)关于基金经理主动管理能力与业绩关系的研究,将来可以采用多种测度方法进行比较的形式来寻找测度最为精确的方法,随着研究的深入,还要不拘泥于国外的测度方法,应该能够提出适合于我国开放式基金和基金经理特点的测度方法。

(4)关于开放式基金流动性风险的研究,未来有4个问题需要更进一步地研究。第一,基金业绩评价中的流动性风险是否是在基金定价中的有用的风险因子?第二,流动性和流动性风险之间存在什么关系?流动性溢价和流动性风险溢价存在什么关系?第三,本书第五章在 Carhart(1997)四因子模型的基础上增加了流动性因子,这一模型是否与 Fama and French (1993) 三因子模型和 Carhart(1997)四因子模型一样可以用于基金业绩的评价中。如果可以,哪个模型最好?今后可以采取恰当的方法对几个模型进行比较和检验。第四,流动性风险实际上是系统性风险,那么它与非系统风险(即特有风险)之间有何关系?如何相互影响?

(5)未来研究可以考察更进一步的实证评价方法,比如使用不同数据长度(如日、月度、季度的)数据和不同的基准进行比较,考察是否会对实证结果产生显著影响。

总之,对基金业绩相关问题的研究是一项涉及面广、系统性强的课题,全面、系统、深入的研究具有较大的难度,需要长期不懈地深入。本书所进行的研究工作仅仅是此项大课题的尝试性探索,其中尚存在许多不足之处,也有很多问题未涉及,而且随着我国资本市场和开放式基金的发展,关于这项课题的研究比较发生动态的变化,今后的研究中亟待根据实际情况做进一步的改进和完善。

参考文献

陈铭新、张世英：《开放式基金投资者赎回行为的模拟》，《天津大学学报》2003年第1期。

陈学荣、张银旗：《投资基金的历史绩效评估》，《经济学动态》2000年第5期。

戴建华：《我国基金经理选股、择时能力和个人特质对基金绩效的影响之实证研究》，复旦大学硕士学位论文，2009年。

丁文桓、冯英浚、康宇虹：《基于DEA的投资基金业绩评估》，《数量经济技术经济研究》2002年第3期。

杜海涛：《中国股市流动性风险测度研究》，《证券市场导报》2002年第11期。

杜书明：《基金绩效衡量：理论与实证研究》，中国社会科学出版社2003年版。

韩靓：《以业绩为基础套利能否战胜市场——基于基金业绩排名和持续性的研究》，《金融教学与研究》2012年第2期。

何娟、毛维静：《中国开放式基金绩效的实证研究》，《统计与信息论坛》2006年第3期。

黄学庭、张群、余孝江：《风险调整业绩法：一种新的投资基金综合业绩评价方法》，《金融理论与实践》2002年第4期。

李江波、李崇梅、杨栋锐：《我国指数基金绩效的实证分析与评价》，《统计与决策》2004年第8期。

李军、娄静、王亚南：《开放式基金投资者的赎回行为与对策研究》，海通证券股份有限公司内部研究报告，2005年。

李克强：《开放式基金风险分析与风险管理研究》，中国财政经济出版社2004年版。

李宪立、吴光伟、唐衍伟：《多期基金业绩持续性评价新模型及实证研究》，《哈尔滨工业大学学报》2007年第10期。

刘芳、唐小我、马永开:《对我国投资基金业绩进行评价的实证研究》,《运筹与管理》2003年第1期。

刘海龙、仲黎明、吴冲锋:《股票流动性的度量方法》,《系统工程理论与实践》2003年第1期。

刘海龙:《开放式基金的流动性风险管理研究现状及展望》,《管理评论》2004年第6期。

刘红忠:《证券投资基金业绩的实证研究与评价》,《经济研究》2001年第9期。

刘建、李承双:《我国开放式基金业绩持续性的实证研究》,《经济师》2006年第7期。

陆蓉、陈百助、徐龙炳、谢新厚:《基金业绩与投资者的选择——中国开放式基金赎回异常现象的研究》,《经济研究》2007年第6期。

马永开、唐小我:《投资基金业绩评价方法》,《数量经济技术经济研究》2002年第1期。

倪苏云、肖辉、吴冲锋:《中国证券投资基金业绩持续性研究》,《预测》2002年第6期。

彭海伟、吴启芳:《基于VaR的Sharpe指标在基金业绩评价中的应用》,《管理评论》2004年第2期。

沈维涛、黄兴孪:《我国证券投资基金业绩的实证研究与评价》,《经济研究》2001年第9期。

史敏、汪寿阳、徐山鹰:《修正的Sharpe指数及其在基金业绩评价中的应用》,《系统工程理论与实践》2006年第7期。

宋逢明、谭慧:《VaR模型中流动性风险的度量》,《数量经济技术经济研究》2004年第6期。

苏辛、周勇:《基于Expectiles估计的Sharpe比率在基金业绩评价和检验中的应用》,《中国管理科学》2013年第6期。

苏辛、林义雯、陆晟嘉:《开放式基金流动性风险管理研究》,《学术论坛》2014年第8期。

苏辛、周勇:《基于非对称幂分布的中国开放式基金业绩评价和检验》,《数理统计与管理》2015年第1期。

苏辛、周勇:《流动性、流动性风险与基金业绩——基于我国开放式基金的实证研究》,《中国管理科学》2015年第7期。

苏辛、谢尚宇、周勇：《金融风险度量的建模理论与方法的一些进展及其应用》，《运筹与管理》，2018年第1期。

马永开、唐小我：《行为证券组合投资决策方法研究》，《系统工程学报》2003年第1期。

汪光成：《基金的市场时机把握能力研究》，《经济研究》2002年第1期。

汪寿阳、吴启芳：《证券投资基金业绩评价中的几个基本问题》，《金融研究》2003年第3期。

吴启芳、陈收、雷辉：《基金业绩持续性的回归实证》，《系统工程》2003年第1期。

吴启芳、汪寿阳、黎建强：《中国证券投资基金业绩的持续性检验》，《管理评论》2003年第11期。

吴世农、李培标：《中国投资基金证券选择和时机选择能力的实证研究》，《经济管理》2002年第4期。

吴英姿、金发奇、肖荣：《我国开放式基金投资者流动性需求影响因素研究》，《华东交通大学学报》2006年第6期。

肖奎喜、杨义群：《我国开放式基金业绩持续性的实证检验》，《财贸研究》2005年第2期。

谢盐、田澍、赵世英：《开放式基金结构与投资者赎回行为关系的分析》，《数量经济技术经济研究》2004年第6期。

薛强军：《开放式基金申购赎回：基于分离现金流量的研究》，《南京农业大学学报》（社会科学版）2006年第4期。

杨炘、王小征：《中国证券投资基金业绩评价因素模型实证研究》，《系统工程理论与实践》2003年第10期。

张新、杜书明：《中国证券投资基金能否战胜市场》，《金融研究》2002年第1期。

赵献兵：《赎回现金量与留存现金量的"均衡"研究》，《上市公司》2001年第11期。

赵秀娟、黎建强、汪寿阳：《基金经理在多大程度上影响了基金业绩？——业绩与个人特征的实证检验》，《管理评论》2010年第22期。

赵旭、吴冲锋：《开放式基金流动性赎回风险实证分析与评价》，《运筹与管理》2003年第12期。

赵振全、李晓周：《开放式基金风险比较的实证研究》，《当代经济研究》

2006年第4期。

仲黎明:《股市投资者内生流动性风险管理研究》,上海交通大学博士学位论文,2004年。

朱晓云:《VaR在我国开放式基金绩效评价中的应用研究》,《商业经济》2008年第17期。

Acerbi C., Tasche D., "On the Coherence of Expected Shortfall", *Journal of Banking and Finance*, Vol.26, 2002, pp.1487–1503.

Acharya V. V., Pedersen L.H., "Asset Pricing with Liquidity Risk", *Journal of Financial Economics*, Vol.77, 2005, pp.375–410.

Agarwal V., Naik N.Y., "Risks and Portfolio Decisions Involving Hedge Funds", *Review of Financial Studies*, Vol.17, No.1, 2004, pp.63–98.

Ahmed P., Nanda S., "Performance of Enhanced Index and Quantitative Equity Funds", *Financial Review*, Vol.40, No.4, 2005, pp.459–479.

Aigner D.J., AmemiyaT., Poirier D.J., "On the Estimation of Production Frontiers: Maximum Likelihood Estimation of the Parameters of a Discontinuous Density Function", *International Economic Review*, Vol.17, 1976, pp.377–396.

Alexander G. J., Cici G., Gibson S., "Does Motivation Matter When Assessing Trade Performance? An Analysis of Mutual Funds", *Reviewal of Financial Study*, Vol.20, 2007, pp.125–150.

Amihud Y., Mendelson H., "Asset Pricing and the Bid-ask Spread", *Journal of Financial Economics*, Vol.17, 1986, pp.223–249.

Amihud Y., Mendelson H., "The Effects of Beta, Bid-ask Spread, Residual Risk and Size on Stock Returns", *Journal of Finance*, Vol.44, 1989, pp.479–486.

Amihud Y., "Illiquidity and Stock Returns: Cross-section and Time-series Effects", *Journal of Financial Markets*, Vol.5, 2002, pp.31–56.

Amihud Y., Goyenko, R., "Mutual fund's R^2 as Predictor of Performance", *Working Paper*, New York University, 2011.

Amir K., Lo A.W., "Illiquidity Premia in Asset Returns: An Empirical Analysis of Hedge Funds, Mutual Funds, and U.S. Equity Portfolios", *Working Paper*, MIT Sloan School of Management, 2009.

参考文献

Aragon G.O., Ferson W., "Portfolio Performance Evaluation, Foundations and Trends in Finance", *Now Publishers*, Vol.2, 2007, pp.83-190.

Avramov D., Chordia T., Goyal A., "Liquidity and Autocorrelations in Individual Stock Returns", *Journal of Finance*, Vol.61, 2006, pp.2365-2394.

Avramov D., Wermers R., "Investing in Mutual Funds When Returns Are Predictable", *Journal of Finance*, Vol.81, 2006, pp.339-377.

Avramov D., Chordia T., "Asset Pricing Models and Financial Market Anomalies", *Review of Financial Studies*, Vol.19, No.3, 2006, pp.1001-1040.

Baker M., Litov L., Wachter J., Wurgler J., "Can Mutual Fund Managers Pick Stocks? Evidence from Their Trades Prior to Earnings Announcement", *Journal of Financial and Quantitative Analysis*, Vol.45, 2010, pp.1111-1132.

Bangia A., Diebold F., Schuermann T., Stroughair, J., "Liquidity on the Outside", *Risk*, Vol.12, 1999, pp.68-73.

Bao Y., Ullah A., "Moments of The Estimated Sharpe Ratio When The Observations Are Not IID", *Finance Research Letters*, Vol.3, 2006, pp.49-56.

Barras L., Scaillet O., Wermers R., "False Discoveries in Mutual Fund Performance: Measuring Luck in Estimated Alphas", *Journal of Finance*, Vol.65, No.1, 2010, pp.179-216.

Basu S., "Investment Performance of Common Stocks in Relation to their Price-earnings Ratios: A Test of the Efficient Market Hypothesis", *Journal of Finance*, Vol.32, 1977, pp.663-682.

Basu S., "The Relationship between Earning'Yield, Market Value and the Return for NYSE Common Stocks: Further Evidence", *Journal of Financial Economics*, Vol.12, 1983, pp.129-156.

Banz R.W., "The Relationship between Return and Market Value of Common Stock", *Journal of Financial Economics*, Vol.9, 1981, pp.3-18.

Berk J.B., Green R.C., "Mutual Fund Flows and Performance in Rational Markets", *Journal of Political Economy*, Vol.112, 2004, pp.1269-1295.

Berkowitz J., Christofferersen P., Pelletier D., "Evaluating Value-at-Risk Models with Desk-level Data", *Management Science*, Vol.1, 2009, pp.1-15.

Berk J.B., Binsbergen V., Jules H., "Measuring Managerial Skill in the Mutual Fund Industry", Available at<http://ssrn.com/abstract=2038108>, Working Paper, 2012.

Bessler W., Blake D., Luckoff P., Tonks L., "Why does Mutual Fund Performance not Persist? The Impact and Interaction of Fund Flows and Manager Changes", Working Paper, MPRA, 2010.

Black F., "Towards A Fully Automated Exchange, Part 1", *Financial Analysts Journal*, Vol.27, 1971, pp.29-34.

Bogle J.C., "Selecting Equity Mutual Funds", *Journal of Portfolio Management*, Vol.18, 1992, pp.94-100.

Bollen N.P.B., Busse J.A., "Short-Term Persistence in Mutual Fund Performance", *Review of Financial Studies*, Vol.18, No.2, 2005, pp.569-597.

Brands S., Brown S.J., Gallagher D.R., "Portfolio Concentration and Investment Manager Performance", *International Review of Finance*, Vol.5, No.3, 2005, pp.149-174.

Brown S.J., Goetzmann W., Ibbotson R.G., Ross S.A., "Survivorship Bias in Performance Studies", *Review of Financial Studies*, 1992, Vol.5, No.4, 1992, pp.553-580.

Brown S.J., Goetzmann W.N., "Performance Persistence", *Journal of Finance*, Vol.50, 1995, pp.679-698.

Brunnermeier M.K., Pedersen L.H., "Market Liquidity and Funding Liquidity", *Review of Financial Studies*, Vol.22, 2008, pp.2201-2238.

Cao C., Simin T., Wang Y., "Do Mutual Fund Managers Time Market Liquidity?", *Journal of Financial Markets*, Vol.16, No.2, 2013, pp.279-307.

Carhart M.M., "On Persistence in Mutual Fund Performance", *Journal of Finance*, Vol.52, No.1, 1997, pp.57-82.

Carhart M.M., Carpenter J.N., Lynch A.W., Musto D.K., "Mutual Fund

Survivorship", *Review of Financial Studies*, Vol.15, No.5, 2002, pp. 1439–1463.

Carpenter J.N., Lynch A.W., "Survivorship Bias and Attrition Effects in Measures of Performance Persistence", *Journal of Financial Economics*, Vol.54, 1999, pp.337–374.

Chakarabarti A., Rungta H., "Mutual Fund Industry in India: An indepth Look into the Problems of Credibility, Risk and Brand", *The ICFAI Journal of Applied Finance*, Vol.6, No.2, 2000, pp.27–45.

Chang E.C., Lewellen W.G., "Market Timing and Mutual Fund Investment Performance", *Journal of Business*, Vol.57, No.1, 1984, pp.57–72.

Chen, H.L., Jegadeesh, N., Wermers, R., "The Value of Active Mutual Fund Management: An Examination of the Stockholdings and Trades of Fund Managers", *Journal of Financial and Quantitative Analysis*, Vol.35, No.3, 2000, pp.343–368.

Chen J., Hong H., Huang M., Kubik J.D., "Does Fund Size Erode Mutual Fund Performance? The Role of Liquidity and Organization", *American Economic Review*, Vol.94, No.5, 2004, pp.1276–1302.

Chen S., "Nonparametric Estimation of Expected Shortfall", *Journal of Financial Econometrics*, Vol.6, 2007, pp.87–107.

Chen Y., Ferson W., Peters H., "Measuring the Timing Ability of Fixed Income Mutual Funds", Working Paper, Boston College, 2006.

Chevalier J., Ellison G., "Are Some Mutual Fund Managers Better Than Others? Cross-sectional Patterns in Behavior and Performance", *Journal of Finance*, Vol.54, 1997, pp.875–889.

Chevalier J., Ellison G., "Are Some Mutual Fund Managers Better Than Others? Cross-Sectional Patterns in Behavior and Performance", *Journal of Finance*, Vol.54, No.3, 1999a, pp.875–899.

Chevalier J., Ellison G., "Career Concerns of Mutual Fund Managers", *Quarterly Journal of Economics*, Vol.114, No.2, 1999b, pp.389–432.

Chordia T., Roll R., "Market Liquidity and Trading Activity", *Journal of Finance*, Vol.2, 2001, pp.501–530.

Christie S., "Is the Sharpe Ratio Useful in Asset Allocation?", MAFC

Research Papers No.31, Applied Finance Centre, Macquarie University, 2005.

Christopherson J. A., Ferson W. E., Glassman D. A., "Conditioning Alphas on Economic Information: Another Look at the Persistence of Performance", *Review of Financial Studies*, Vol.11, 1998, pp.111–142.

Christoffersen S.K., Keim D.B., Musto D.K., "Valuable Information and Costly Liquidity: Evidence from Individual Mutual Fund Trades", NBER Working Paper, 2007.

Chordia T., Roll R., Subrahmanyam A., "Commonality in Liquidity", *Journal of Financial Economics*, Vol.56, 2000, pp.3–28.

Chordia T., Subrahmanyam A., Anshuman V.R., "Trading Activity and Expected Stock Returns", *Journal of Financial Economics*, Vol.59, 2001, pp.3–32.

Chordia T., Roll R., Subrahmanyam A., "Order Imbalance, Liquidity, and Market Returns", *Journal of Financial Economics*, Vol.65, 2002, pp.111–130.

Cochrane J.H., Saa-Requejo J., "Beyond Arbitrage: Good-deal Asset price bounds in Incomplete Markets", *Journal of Political Economy*, Vol.108, No.1, 2000, pp.79–119.

Cohen R.B., Coval J.D., Pastor L., "Judging Fund Managers by the Company They Keep", *Journal of Finance*, Vol.60, No.3, 2005, pp.1057–1096.

Cohen L., Frazzini A., Malloy C., "The Small World of Investing: Board Connections and Mutual Fund Returns", NBER Working Papers, National Bureau of Economic Research, Inc., 2007.

Cohen R., Polk C., Silli B., "Best Ideas", Working Paper, London School of Economics, 2011.

Coval J., Stafford E., "Asset Fire Sales (and Purchases) in Equity Markets", *Journal of Financial Economics*, Vol.86, No.2, 2007, pp.479–512.

Cowles A., "Can Stock Market Forecasters Forecast?", *Econnometrica*, Vol.1, No.3, 1933, pp.309–324.

Cremers, M., Petajisto, A., "How Active Is Your Fund Manager? A New Measure That Predicts Performance", *Review of Financial Studies*, Vol.

22, No.9, 2009, pp.3329-3365.

Cremers M., Ferreira M., Matos P., Starks L.T., "The Mutual Fund Industry Worldwide: Explicit and Closet Indexing Fees, and Performance", AFA 2012 Chicago Meetings Paper, 2011.

Cumby R.E., Glen J.D., "Evaluating the Performance of International Mutual Funds", *Journal of Finance*, Vol.45, 1940, pp.497-521.

Daniel K.D., Titman S., "Evidence on the Characteristics of Cross Sectional Variation in Stock Returns", *Journal of Finance*, Vol.52, 1997, pp.1-33.

Daniel K.D., Grinblatt M., Titman S., Wermers R., "Measuring Mutual Fund Performance with Characteristic-Based Benchmarks", *Journal of Finance*, Vol.52, No.3, 1997, pp.1035-1058.

Davis J.L., Fama E.F., French K.R. "Characteristics, Covariances and Average Returns: 1929 to 1997", *Journal of Finance*, Vol.55, 2000, pp.389-406.

De Bondt W.F.M., Thaler R.H., "Does the Stock Market Overreact?", *Journal of Finance*, Vol.40, 1985, pp.793-808.

Ding B., Wermers R., "Mutual Fund Stars: The Performance and Behavior of US Fund Managers", Working Paper, University of Maryland, 2004.

Ding B., Wermers R., "Mutual Fund Performance and Governance Structure: The Role of Portfolio Managers and Boards of Directors", Working Paper, University of Maryland, 2009.

Dong X., Feng S., Sadka R., "Liquidity Risk and Mutual Fund Returns", Working Paper, Boston College, 2011.

Dreman D.N., Berry M.A., "Overreaction, Underreaction, and the Low-P/E Effect", *Financial Analysts Journal*, Vol.51, No.4, 1995, pp.21-30.

Dybving P., Ross S., "Differential Information and Performance Measurement Using A Security Market Line", *Journal of Finance*, Vol.40, No.2, 1985, pp.394-399.

Easley D., kiefer N., O'Hara M., Joseph P., "Liquidity, Information, and Less-Frequently Traded Stocks", *Journal of Finance*, Vol.51, 1996, pp.1405-1436.

Easley D., Hvidkjaer S., O'Hara M. "Is Information Risk A Determinant of

Asset Returns?", *Journal of Finance*, Vol.57, 2002, pp.2185-2221.

Edelen R. M., "Investor Flows and the Assessed Performance of Open-End Mutual Funds", *Journal of Financial Economics*, Vol.53, 1999, pp.439-466.

Edwards E., Samant A., "Investing with a Conscience: An Evaluation of the Risk-Adjusted Performance of Socially Responsible Mutual Funds", *American Journal of Business*, Vol.18, No.1, 2003, pp.51-60.

Efron B., "Regression Percentiles Using Asymmetric Squared Error Loss", *Statistica Sinica*, Vol.1, 1991, pp.93-125.

Efron B., Tibshirani R., An Introduction to Bootstrap, New York: Chapman and Hall, 1993.

Elton E.J. Gruber M.J., Blake C.R., "Survivorship Bias and Mutual Fund Performance", *Review of Financial Studies*, Vol.9, No.4, 1996, pp.1097-1120.

Elton E.J. Gruber M.J., Blake C.R., "A First Look at The Accuracy of The CRSP Mutual Fund Database and a Comparison for The CRSP and Morningstar Mutual Fund Databases", *Journal of Finance*, Vol.56, 2001, pp.2415-2430.

Elton E.J., Gruber M.J., Blake C.R., "An Examination of Mutual Fund Timing Ability Using Monthly Holdings Data", *Review of Finance*, Vol.3, 2011, pp.1-27.

Engle R. F., Manganelli S., "CAViaR: Conditional Autoregressive Value at Risk by Regression Quantiles", *Journal of Business and Economic Statistics*, Vol.22, 2004, pp.367-381.

Evans R.B., "Does Alpha Really Matter? Evidence from Mutual Fund Incubation, Termination, and Manager Change", Working Paper, University of Pennsylvania, 2004.

Evans R. B., "Mutual Fund Incubation", *Journal of Finance*, Vol.47, 2010, pp.1581-1611.

Fama E.F., "Multiperiod Consumption-Investment Decisions", *American Economic Review*, Vol.60, 1970, pp.163-174.

Fama E. F., MacBeth J.D., "Risk, Return, and Equilibrium: Empirical

Tests", *Journal of Political Economy*, Vol.81, 1973, pp.607–636.

Fama E.F., French K.R., "Common Risk Factors in the Return on Stocks and Bonds", *Journal of Financial Economics*, Vol.33, 1993, pp.3–56.

Fama E.F., "Multifactor Portfolio Efficiency and Multifactor Asset Pricing", *Journal of Financial and Quantitative Analysis*, Vol.31, No.4, 1996, pp.441–465.

Fama E.F., French K.R., "Multifactor Explanations of Asset Pricing Anomalies", *Journal of Finance*, Vol.51, 1996, pp.55–84.

Fama E.F., French K.R., "Luck Verses Skill in the Cross-Section of Mutual Fund Returns", *Journal of Finance*, Vol.65, 2010, pp.1915–1947.

Fant L.F., O'Neal E.S., "Temporal Changes in the Determinants of Mutual Fund Flows", *Journal of Financial Research*, Vol.23, 2000, pp.353–371.

Fisher R.V., "Some New Stock-Market Indexes", *Journal of Business*, Vol.39, No.1, 1966, pp.191–225.

Friend I., Brown F., Herman E., Vickers D., A Study of Mutual Funds, U.S. Securities and Exchange Commission, 1962.

Friend I., Blume M., Crockett J., Mutual Funds and Other Institutional Investors: A New Perspective, New York: McGraw-Hill, 1970.

Gallagher D., Jarnecic E., "The Performance of Active Australian Bond Funds", *Australian Journal of Management*, Vol.27, No.2, 2002, pp.163–185.

Garbade K.D., Silber W.L., "The Payment System and Domestic Exchange Rates: Technology versus Institutional Change", *Journal of Monetary Economics*, Vol.5, 1979, pp.1–22.

Gaspar J.M., Massa M., Matos P., "Shareholder Investment Horizons and the Market for Corporate Control", *Journal of Financial Economics*, Vol.76, No.1, 2005, pp.135–165.

Gebhardt W., Hvidkjaer S., Swaminathan B., "The Cross-section of Expected Corporate Bond Returns: Betas or Characteristics?", *Journal of Financial Economics*, Vol.75, 2005, pp.85–114.

Getmansky M., Lo A., Makarov I., "An Econometric Analysis of Serial Correlation and Illiquidity in Hedge-Fund Returns", *Journal of Financial*

Economics, Vol.74, 2004, pp.529-610.

Golec J.H, "The Effects of Mutual Fund Managers' Characteristics on Their Portfolio Performance, Risk and Fees", *Financial Services Review*, Vol. 5, 1996, pp.133-148.

Gottesmann A.A, Morey M.R., "Manager Education and Mutual Fund Performance", *Journal of Empirical Finance*, Vol.13, No.2, 2006, pp. 145-182.

Goetzmann W.N., Ibbotson R.G., "Do Winners Repeat? Patterns in Mutual Fund Performance", *Journal of Portfolio Management*, Vol.20, 1994, pp. 9-18.

Goetzmann W.N., Ingersoll J., Inkovic Z., "Monthly Measurement of Daily Timers", *Journal of Financial and Quantitative Analysis*, Vol.35, No.3, 2000, pp.257-290.

Greene J.T., Hodges C.W., Rakowski D.A., "Daily Mutual Fund Flows and Redemption Policies", *Journal of Banking and Finance*, Vol.31, No.12, 2001, pp.3822-3842.

Grinblatt M., Titman S., "Mutual Fund Performance: An Analysis of Quarterly Portfolio Holdings", *Journal of Business*, Vol.62, No.3, 1989, pp.393-416.

Grinblatt M., Titman S., "The Persistence of Mutual Fund Performance", *Journal of Finance*, Vol.47, 1992, pp.57-82.

Grinblatt M., Titman S., "A Study of Monthly Mutual Fund Returns and Performance Evaluation Techniques", *Journal of Financial and Quantitative Analysis*, Vol.29, No.3, 1994, pp.419-444.

Grinblatt M., Titman S., Wermers R., "Momentum Investment Strategies, Portfolio Performance, and Herding: A Study of Mutual Fund Behavior", *American Economic Review*, Vol.85, 1995, pp.1088-1105.

Grinold R.C., Kahn R.N., Active Portfolio Management (2nd ed.), McGraw-Hill, 1999.

Grossman S.J., Stiglitz J.E., "On the Impossibility of Informationally Efficient Markets", *American Economic Review*, Vol.70, No.3, 1980, pp.393-408.

Gruber M.J., "Another Puzzle: The Growth in Actively Managed Mutual Funds", *Journal of Finance*, Vol.51, 1996, pp.783–810.

Guedj I., Papastaikoudi J., "Can Mutual Fund Families Affect The Performance of Their Funds?", Working Paper, University of Texas at Austin, 2005.

Hale D., "The Economic Consequences of America's Mutual Fund Boom", *International Economy*, Vol.3, 1994, pp.24–64.

Hendricks D., Patel J., Zeckhauser R., "Hot hands in Mutual Funds: Short-run Persistence of Relative Performance, 1974–1988", *Journal of Finance*, Vol.48, 1993, pp.93–130.

Henriksson R.D., Merton R.C., "On the Market Timing and Investment Performance II: Statistical Procedures for Evaluating Forecasting Skills", *Journal of Business*, Vol.54, 1981, pp.513–533.

Henriksson R.D., "Market Timing and Mutual Fund Performance: An Empirical Investigation", *Journal of Business*, Vol.57, No.1, 1984, pp.73–96.

Hodges C.W., Taylor W.R.L., Yoder J.A., "Stocks, Bonds, the Sharpe Ratio, and the Investment Horizon", *Financial Analysts Journal*, Vol.53, No.6, 1997, pp.74–80.

Huang J., "Dynamic Liquidity Preferences of Mutual Funds", Working Paper, National University of Singapore, 2010.

Huang J., Sialm C., Zhang H.J., "Risk Shifting and Mutual Fund Performance", *Review of Financial Studies*, Vol.24, No.8, 2011, pp.2575–2616.

Huang J., Wei K.D., Yan H., "Participation Costs and the Sensitivity of Fund Flows to Past Performance", *Journal of Finance*, Vol.62, No.3, 2007, pp.1273–1311.

Ippolito R.A., "Efficiency with Costly Information: A Study of Mutual Fund Performance 1965–1984", *Quarterly Journal of Economics*, Vol.104, 1989, pp.1–23.

Jensen M.C., "The Performance of Mutual Funds in the Period 1945–1964", *Journal of Finance*, Vol.23, 1968, pp.389–416.

Jensen G.R., Moorman T., "Inter-Temporal Variation in the Liquidity Premium", *Journal of Financial Economics*, Vol.98, 2010, pp.338-358.

Jiang G.J., Yao T., Yu T., "Do Mutual Funds Time the Market? Evidence from Portfolio Holdings", *Journal of Financial Economics*, Vol.86, 2007, pp.724-758.

Jiang H., Verbeek M., Wang Y., "Information Content When Mutual Funds Deviate from Benchmarks", AFA 2012 Chicago Meetings Paper, 2011.

Jobson J.D., Korkie B.M., "Performance Hypothesis Testing with the Sharpe and Treynor Measures", *Journal of Finance*, Vol.36, 1981, pp.889-908.

Jones M.C., "Expectiles and M-quantiles are Quantiles", *Statistics and Probability Letters*, Vol.20, 1994, pp.149-153.

Jorion P., "Bayesian and CAPM Estimators of the Means: Implications for Portfolio Selection", *Journal of Banking and Finance*, Vol.15, No.3, 1991, pp.717-727.

Kacperczyk M., Sialm C., Zheng L., "On the Industry Concentration of Actively Managed Equity Mutual Funds", *Journal of Finance*, Vol.60, 2005, pp.1983-2011.

Kacperczyk M., Seru A., "Fund Manager Use of Public Information: New Evidence on Managerial Skills", *Journal of Finance*, Vol.62, 2007, pp.485-528.

Kacperczyk M., Sialm C., Zheng L. "Unobserved Actions of Mutual Funds", *Review of Financial Studies*, Vol.21, 2008, pp.2379-2416.

Kacperczyk M., Nieuweburgh S.V., Veldkamp L., "Time-Varying Fund Manager Skill", Working Paper, New York University, 2012.

Kahn R.N., Rudd A., "Does Historical Performance Predict Future Performance?", *Financial Analysts Journal*, Vol.51, No.6, 1995, pp.43-52.

Kaufman H., "Structural Changes in the Financial Markets: Economic and Policy Significance", *Economic Review*, Vol.79, No.2, 1994, pp.5-16.

Kempf A., Ruenzi S., "Families Matters: The Performance Flow Relationship in the Mutual Fund Industry", EFMA 2004 Basel Meetings Paper, 2004.

Khorana A., "Top Management Turnover: An Empirical Investigation of Mutual

Fund Managers", *Journal of Financial Economics*, Vol.40, 1996, pp. 403-427.

Koenker R.W., Bassett G.W., "Regression Quantiles", *Econometrica*, Vol. 46, 1978, pp.33-50.

Koijen R.S.J., "The Cross-Section of Managerial Ability and Risk Preferences", *Journal of Finance*, Vol.60, No.3, 2012, pp.1051-1098.

Kon S., Jen F., "The Investment Performance of Mutual Funds: An Empirical Investigation of Timing, Selectivity and Market Efficiency", *Journal of Business*, Vol.52, 1979, pp.263-289.

Korajczyk R.A., Sadka R., "Pricing the Commonality across Alternative Measures of Liquidity", *Journal of Financial Economics*, Vol.87, 2008, pp.45-72.

Kosowski R., Timmermann A., Wermers R., White H., "Can Mutual Fund 'Stars' Really Pick Stocks? New Evidence from a Bootstrap Analysis", *Journal of Finance*, Vol.61, No.6, 2006, pp.2551-2595.

Kuan C.M., Yeh J.H., Hsu Y.C., "Assessing Value at Risk with CARE, the Condional Auto Regressive Expectile Models", *Journal of Econometrics*, Vol.150, 2009, pp.291-270.

Kuester K., Mittnik S., Paolella M.S., "Value-at-Risk Prediction: A Comparison of Alternative Strategies", *Journal of Financial Econometrics*, Vol. 4, 2006, pp.53-89.

Kyle A., "Continuous Auctions and Insider Trading", *Econometrica*, Vol. 53, 1985, pp.1315-1336.

Lakonishok J., Shleifer A., Vishny R.W., "The Impact of Institutional Trading on Stock Prices", *Journal of Financial Economics*, Vol.32, 1992, pp. 23-43.

Ledoit O., Wolf., M., "Robust Performance Hypothesis Testing with The Sharpe Ratio", *Journal of Empirical Finance*, Vol.15, 2008, pp.850-859.

Lee C.F, Rahman S., "Market Timing, Selectivity, and Mutual Fund Performance: An Empirical Examination", *Journal of Business*, Vol.63, No.2, 1990, pp.261-278.

Lehmann, B., Modest, D., "Mutual Fund Performance Evaluation: A

Comparison of Benchmarks and Benchmark Comparisons", *Journal of Finance*, Vol.42, 1987, pp.233–265.
Levy, H., "Portfolio Performance and the Investment Horizon", *Management Science*, Vol.18, No.12, 1972, pp.645–653.
Lintner J., "The Valuation of Risk Assets and the Selection of Risk Investment in Stock Portfolios and Capital Budgets", *Review of Economics and Statistics*, Vol.47, 1965, pp.13–37.
Liu W.M., "A Liquidity-Augmented Capital Asset Pricing Model", *Journal of Financial Economics*, Vol.82, 2006, pp.631–671.
Lo A.W., "The Statistics of Sharpe Ratios", *Financial Analysts Journal*, Vol.4, 2002, pp.36–52.
Lynch A.A., "Liquidity, Liquidity Risk, and The Cross Section of Mutual Fund Returns", Working Paper, University of Missouri, 2011.
Mains N. E., "Risk, The Pricing of Capital Assets, and The Evaluation of Investment Portfolios: Comment", *Journal of Business*, Vol.50, No.3, 1977, pp.371–384.
Mamaysky H., Spiegel M., Zhang H., "Estimating the Dynamics of Mutual Fund Alphas and Betas", *Review of Financial Studies*, Vol.21, No.1, 2008, pp.233–264.
Markowitz H., "Portfolio Selection", *Journal of Finance*, Vol.1, 1952, pp.77–91.
Massa M., Phalippou L., "Mutual Fund and the Market for Liquidity", Working Paper, INSEAD and University of Amsterdam, 2005.
MÄuller A., Stoyan D., Comparison Methods for Stochastic Models and Risks, Wiley Series in Probability and Statistics, New York, 2002.
McDonald J.G., "Objectives and Performance of Mutual Funds, 1960–1969", *Investment Analysts Journal*, Vol.33, No.59, 2004, pp.15–20.
McLeod W., Vuuren G.V., "Interpreting the Sharpe Ratio When Excess Returns are Negative", The *Journal of Financial and Quantitative Analysis*, Vol.9, No.3, 1974, pp.311–333.
Mehra R., Prescott E.C., "The Equity Premium: A Puzzle", *Journal Monetary Economics*, Vol.15, 1985, pp.145–61.

参考文献

Memmel C., "Performance Hypothesis Testing with the Sharpe Ratio", *Finance Letters*, Vol.1, 2003, pp.21-23.

Merton R.C., "Lifetime Portfolio Selection under Uncertainty: The Continuous Time Case", *Review of Economics and Statistics*, Vol.51, 1969, pp. 247-257.

Merton R.C., "Optimum Consumption and Portfolio Rules in Continuous-Time Model", *Journal of Economic Theory*, Vol.3, 1971, pp.373-413.

Merton R. C., "An Intertemporal Capital Asset Pricing Model", *Econometrica*, Vol.41, 1973, pp.867-887.

Miller R., Gehr A., "Sample Bias and Sharpe's Performance Measure: A Note", *Journal of Financial and Quantitative Analysis*, Vol.13, 1978, pp.943-946.

Mossin J., "Equilibrium in a Capital Asset Market", *Econometrica*, Vol.35, 1966, pp.768-783.

Quigley G., Sinquefield R.A., "Performance of UK Equity Unit Trusts", *Journal of Asset Management*, Vol.1, 2000, pp.72-92.

Nanda V., Narayanan M.P., Wather V.A., "Liquidity, Investment Ability and Mutual Fund Structure", *Journal of Financial Economics*, Vol.57, 2000, pp.417-443.

Nanda V., Wang Z.J., Zheng L., "Family Values and The Star Phenomenon: Strategies of Mutual Fund Families", *Review of Financial Studies*, Vol. 17, No.3, 2004, pp.667-698.

Newey W. K., Powell J.L., "Asymmetric Least Squares Estimation and Testing", *Econometrica*, Vol.55, 1987, pp.819-847.

Niessen A., Ruenzi S., "Sex Matters: Gender Differences in A Professional Setting", Working Paper, University of Cologne, 2006.

O'Hara M., Market Microstructure Theory, Blackwell Publishers, Cambridge, Mass, 1995.

Opdyke J.D., "Comparing Sharpe Ratios: So Where Are The P-Values?", *Journal of Asset Management*, Vol.8, No.5, 2007, pp.2-30.

Pastor L., Stambaugh R.F., "Mutual Fund Performance and Seemingly Unrelated Assets", *Journal of Financial Economics*, Vol.63, 2002, pp.

315-349.

Pastor L., Stambaugh R.F., "Liquidity Risk and Expected Stock Returns", *Journal of Political Economy*, Vol.111, 2003, pp.642-685.

Patel J., Zeckhauser R., Hendricks D., Investment Flows and Performance: Evidence from Mutual Funds, Cross-Border Investments and New Issues, In R. Sato, R. Levitch and R. Ramachandran (Eds.), Japan, Europe and the international financial markets: Analytical and empirical perspectives. New York: Cambridge University Press, 1992.

Petersen M.A., "Estimating Standard Errors in Finance Panel Data Sets: Comparing Approaches", *Review of Financial Studies*, Vol.22, 2009, pp.435-480.

Roll R.R., "A Critique of The Asset Pricing Theory's Test, Part 1: On Past and Potential Testability of The Theory", *Journal of Financial Economics*, Vol.4, 1977, pp.129-176.

Ross S., "Arbitrage Theory of Capital Asset Pricing", *Journal of Economic Theory*, Vol.13, 1976, pp.341-360.

Ross S A., "A Note on The Capital Asset Pricing Mode: Short-Selling Restrictions and Related Issues", *Journal of Finance*, Vol.32, 1977, pp.177-183.

Roston M.N., "Mutual Fund Managers and Lifecycle Risk: An Empirical Investigation", Ph.D. thesis, University of Chicago, 1996.

Sadka R., "Momentum and Post-Earnings-Announcement Drift Anomalies: The Role of Liquidity Risk", *Journal of Financial Economics*, Vol.80, 2006, pp.309-349.

Savov A., "Free for A Fee: The Hidden Cost of Index Fund Investing", Working Paper, New York University, 2010.

Scholes M., Williams J., "Estimating Betas from Nonsynchronous Data", *Journal of Financial Economics*, Vol.5, 1977, pp.309-327.

Schwartz R.A., Equity Markets: Structure Trading and Performance, New York: Harper and Row, 1988.

Sharpe W., "Capital Asset Prices: A Theory of Market Equilibrium under Conditions of Risk", *Journal of Finance*, Vol.19, 1964, pp.425-442.

Sharpe W., "Mutual Fund Performance", *Journal of Business*, Vol.1, 1966, pp.119-138.

Shawky H., "An Update on Mutual Funds: Better Grades", *Journal of Portfolio Management*, Vol.8, No.2, 1982, pp.29-34.

Shumway T., Szefler M., Yuan K., "The Information Content of Revealed Beliefs in Portfolio Holdings", Working Paper, London School of Economics, 2009.

Sin C.Y., Granger C.W.J., "Estimating and Forecasting Quantiles with Asymmetric Least Squares", Working Paper, University of California, 1999.

Sirri E., Tufano P., "Costly Search and Mutual Fund Flows", *Journal of Finance*, Vol.53, 1998, pp.1589-1622.

Taylor J.W., "Estimating Value at Risk and Expected Shortfall Using Expectiles", *Journal of Financial Economics*, Vol.6, 2008, pp.231-252.

Tobin J., "Liquidity Preference as Behavior towards Risk", *Review of Economic Studies*, Vol.25, No.2, 1958, pp.65-86.

Treynor J.L., Mazuy K., "Can Mutual Funds Outguess the Market?", *Harvard Business Review*, Vol.44, No.4, 1966, pp.131-136.

Treynor J.L., How to Rate Management Investment Funds, in Treynor on Institutional Investing, John Wiley & Sons, Inc., Hoboken, NJ, USA, 2012.

Vinod H.D., Morey M.R., Confidence Intervals and Hypothesis Testing for the Sharpe and Treynor Performance Measures: A Bootstrap Approach, In: Abu-Mostafa, Y.S., LeBaron, B., 1999.

Voldman D.A., Wohar M.E., "Determinants of Persistence in Relative Performance of Mutual Funds", *Journal of Financial Research*, Vol.18, 1995, pp.415-430.

Wagner N., Winter E., "A New Family of Equity Style Indices and Mutual Fund Performance: Do Liquidity and Idiosyncratic Risk Matter?", Working Paper, 2011, Available at <http://www.papers.ssrn.com/1274618>.

Warther V.A., "Aggregate Mutual Fund Flows and Security Returns", *Journal of Financial Economics*, Vol.39, 1995, pp.209-235.

Watanabe A., Watanabe, M., "Time-Varying Liquidity Risk and the Cross-section of Stock Returns", *Review of Financial Studies*, Vol.21, 2008, pp.2449-2486.

Wermers R., "Momentum Investment Strategies of Mutual Funds, Performance Persistence, and Survivorship Bias", Working Paper, University of Colorado, 1997.

Wermers R., "Mutual Fund Performance: An Empirical Decomposition into Stock-Picking Talent, Style, Transactions Costs, and Expenses", *Journal of Finance*, Vol.55, 2000, pp.1655-1695.

Wermers R., "Is Money Really 'Smart'? New Evidence on the Relation between Mutual Fund Flows, Manager Behavior and Performance Persistence", Working Paper, University of Maryland, 2003a.

Wermers R., "Are Mutual Fund Shareholders Compensated for Active Management 'Bets'?", Working Paper, University of Maryland, 2003b.

Yamai Y., Yoshiba T., "On the Validity of Value-at-Risk: Comparative Analyses with Expected Shortfall", *Monetary and Economic Studies*, Vol.20, 2002, pp.57-85.

Yan X.M., "Liquidity, Investment Style, and the Relation between Fund Size and Fund Performance", *Journal of Financial and Quantitative Analysis*, Vol.43, 2008, pp.741-767.

Yao Q., Tong H., "Asymmetric Least Squares Regression Estimation: A Nonparametric Approach", *Nonparametric Statistics*, Vol.6, 1996, pp.273-292.

Zheng L., "Is Money Smart? A Study of Mutual Fund Investors' Fund Selection Ability", *Journal of Finance*, Vol.54, 1999, pp.901-933.

索 引

A

ALS 估计　49，53
Amihud（2002）不流动比率　33，37，115，118，119，125，132，147，150
Amihud 测度　37，118，119，125，127，128，129，130，131，132，133，134，135，137，141
Asymmetric slope CARE　35，48

B

Bootstrap 方法　22
Bootstrap 检验　36，61，62
不流动基金　21，114，133，139，140

C

CARE 模型　16，35，36，42，43，46，47，48，49，53，54，58，61，65，71，148
Carhart（1997）四因子模型　12，13，15，92，124，127，128，146，148，151
CAViaR 模型　43，46，47，59
C-L 的改进模型　23
持续性　2，4，13，14，15，18，19，20，21，26，31，32，33，34，81，88，95，97，98，101，115，137，138，139，145，147，148，149，150，153，155

D

DQ 检验　35，36，57，58，59，61
单因子指标　173
低手　19
动态分位数检验　35，57
多因子模型　4，5，12，14，15，31，79，82，88，115，127

E

ES　16，32，35，36，42，43，45，46，47，49，56，57，61，62，64，67，68，69，70，71，147，148，150
Expectile　16，32，35，36，41，42，43，45，46，47，48，57，61，64，70，71，147，148，150，151，154，167

F

Fama and French（1993）三因子模型　151
F-S 条件模型　14
非对称最小二乘法（ALS）　32，43，47

G

高手　19，21
股票惯性　20
规模效应　15，33，101，102，115，141，143，145，149，150

H

H-M 模型　22，23，24，25，79
换手率　26，28，32，33，37，38，75，83，84，85，88，106，115，117，119，123，124，127，129，132，141，148，150

I

Indirect AR（1）-TGARCH（1，1）CARE　48，49
Indirect TGARCH（1，1）CARE　35，48，49

J

Jensen's α　5，8，21，41
基金规模　20，26，28，32，39，76，78，84，85，87，89，91，101，102，104，111，115，123，127，132，141，143，148
基金经理主动管理能力　2，4，21，22，25，31，32，36，73，75，76，77，78，79，81，83，84，85，86，87，8 9，91，93，95，97，99，101，149，150，151，155
基金流量　25，26，29，30，124，135
基金年限　37，38，83，84，85，87，123，129，132
基金特征　28，32，33，38，83，85，115，123，127，128，129，148，150
基于 ES 的 Sharpe 比率　45，69
基于 VaR 的 Sharpe 比率　44，45，69
基准调整收益　21，38，81，89，90，91，92，93，95，96，97，98，101，128，129，132，133，134，136，137，138，139，140，141，142
经理更换　32，83，98，99，100，102，147，148，150
经理任期　37，84，85

K

开放式基金　1，2，3，4，5，6，16，18，21，27，29，30，31，32，33，34，38，39，40，41，43，45，47，49，50，51，53，55，57，59，61，63，65，67，69，70，71，74，76，78，82，83，95，102，103，104，106，107，109，110，111，112，113，114，120，121，123，124，133，141，143，145，147，148，149，150，151，153，154，155，156

L

Ljung-Box 检验　53
流动基金　21，114，132，133，139，140

索 引

流动性 β　115，126，133，134，135，136，137，138，139，140，141，142，143，144，145，148

流动性风险　1，2，3，4，21，25，27，28，29，30，31，32，33，34，37，38，39，103，104，105，106，107，108，109，110，111，112，113，114，115，117，119，120，121，122，123，124，125，126，127，128，129，131，133，134，135，136，137，138，139，140，141，143，144，145，146，147，148，149，150，151，153，154，156

流动性风险测度　3，30，38，126，153

流动性风险管理　3，4，25，27，30，31，33，104，106，107，113，114，143，144，145，147，148，149，150，154，156

流动性效应　38，127，132

流量效应　33，115，135，136，145，148，149，150

M

M^2 测度方法　5
M^3 测度方法　5，11
买卖价差　27，105，116，117，117

P

Pastor 和 Stambaugh（2003）测度　115，126，147，150

S

Sharpe 比率 6，7，8，9，10，11，12，13，14，15，16，17，32，38，41，42，43，44，45，64，67，68，69，70，71，77，129，132，147，148，149，150，154

smart money 效应　115，148
Symmetric absolute value CARE　35，48
生存偏差　20
输家　26，95，97，98，137，138
衰减度　5，11，12
四因子 alpha　26，38，92，97，101

T

TGARCH 模型　35，48，49，64
T-M 模型　22，23，24，25
Treynor 比率　5，6，8，41
条件 alpha-beta 模型　14
条件自回归 Expectile（CARE）模型　16，32，43，47，70，150

V

VaR　16，27，30，32，35，36，42，43，44，45，46，47，49，56，57，58，59，61，64，67，68，69，70，71，147，148，150，154，155，156

VR 检验　64

W

五因子 α　86，87，88，90，93，94，96，97，98

X

信息比率　5，9，10，11
选股能力　21，22，23，24，25，76，77，78，82，88

Y

业绩评价　2，3，4，5，6，11，15，16，27，32，33，35，39，41，42，43，44，45，47，49，51，53，55，57，59，61，63，65，67，69，70，71，77，81，145，147，149，150，151，153，154，155
赢家　26，95，97，98，137，138，141
有效价差　117，119

Z

择时能力　21，22，23，24，25，76，77，149，153
换手率　26，28，32，33，37，38，75，83，84，85，88，106，115，117，119，123，124，127，129，132，141，148，150
主动占比　25，32，36，79，80，147，148，150
追踪误差　25，32，36，79，80，81，82，85，88，92，147，148，150

后 记

此书是在我博士学位论文和博士后期间所主持两项课题的基础上修改完成的,回顾书稿写作的上百个日日夜夜,曾经的压力、焦虑、痛苦、困惑、执着,并非三言两语就可以诉说完。多年的研究最后凝结成这厚厚的一本书稿。此时此刻,心中无比感慨。我已记不清这些年来经历了多少次的午夜徘徊、辗转反侧,但我最终能坚定地一路走来离不开亲人和朋友们的帮助和支持。

回顾读博和工作以来的这些年,其中有喜悦也有悲伤,有成功也有失败。这些时光不仅使我在学术上有所长进,也是我成长最快、最重要的时期。时间如梭,回首数年来的点点滴滴,我有很多人要感谢。

首先,我要感谢中国博士后科研基金会、全国博士后管理委员会、中国社会科学院博士后管理委员会、经济管理出版社对本书在研究经费和出版经费上的大力支持!

感谢我的博士导师周勇教授,论文是在周老师的悉心指导和严格要求下完成的,从选题、构思、修改到最后的定稿过程无不倾注了导师的心血。大到研究方向、分析方法,小到论文的格式、标点符号,老师都严格把关,力求完美。周老师渊博的知识、严谨求实的治学态度、高尚的品质、兢兢业业的工作精神,无不深深地影响着我。在周老师的谆谆教诲和潜移默化的影响下,我的科研水平得到了极大的提高,并在学业上取得了长足的进步,定将受益终生。

接下来要感谢我的博士后导师——上海证券交易所上市公司监管二部的林勇峰总监和厦门大学管理学院的李常青教授,感谢他们对我博士后在站期间的指导和帮助。感谢上海证券交易所资本市场研究所、博士后工作站、上市公司监管二部的各位领导、老师和同事们对我的关心和指导,不仅为我们提供了良好的工作环境和研究便利,他们尽责的工作态度和严谨的研究精神都是我终身学习的好榜样,在此对他们表示最崇高的敬意。

感谢我的好朋友们多年来对我的关心和帮助，在我最困难的时候，是他们给了我及时的关怀和无比的温暖；在我遭受挫折时，是他们给了我巨大的精神支持；在我失落的时候支持我、帮助我。没有他们，我就无法走到今天，是他们让我感受到自己是个幸福、幸运的人。

最后，要特别感谢我的父亲、母亲，你们是我最爱的人，是我心中最伟大、最了不起的父母，你们用无私的爱和宽容的心，呵护我的成长，包容我的任性、我的倔强，你们用自己的行动为我树立起了坚强的形象，你们不向生活屈服的作风教会了我如何在"逆境中奋进，危困中自强"，没有你们就没有我的今天。此时此刻，千言万语已经难以表达我的心情，任何语言在你们的爱面前都显得那么苍白无力。亲爱的父亲、母亲，无论你们身在何处，也无论我在哪里，我都永远爱你们，你们是我永远的港湾，是我永远的精神支柱，也请相信我有勇气、有能力去面对将来的任何困难和挫折，迎接美好的人生。

本书的研究是建立在前人大量研究的基础之上，他们辛勤的劳动是我取得进步所不可或缺的，借此机会对前人表示我最真诚的敬意。由于我的能力、时间有限，本书尚存在诸多缺点与纰漏，希望各位批评、指正，今后将继续关注和改进。

谨以此书献给我最爱的父母亲！

苏辛
2017 年 7 月

专家推荐表

第六批《中国社会科学博士后文库》专家推荐表 1

推荐专家姓名	周勇	行政职务	院长、教授、博导
研究专长	数量金融与风险管理、生物统计、生存分析	电话	
工作单位	中科院数学与系统科学研究院、上海财经大学统计与管理学院	邮编	
推荐成果名称	我国开放式基金绩效研究		
成果作者姓名	苏辛		

（对书稿的学术创新、理论价值、现实意义、政治理论倾向及是否达到出版水平等方面做出全面评价，并指出其缺点或不足）

尊敬的评审：

你们好！申请者是我的博士生，博士在读期间一直表现非常优秀。她学风正派，基础扎实，勤奋刻苦，思想积极，追求上进，品行端正，乐于助人，尊敬师长，具有很好的沟通能力和团队精神。申报项目是在我的指导下，对申请者的博士论文《我国开放式基金业绩评价与流动性风险管理研究》进行修改完善所得的成果，该书稿也是申请者所获得的第 55 批中国博士后科学基金一等资助项目"基于大数据的基金业绩评价与流动性风险管理研究"和第八批中国博士后科学基金特别资助项目"基于高维数据的开放式基金绩效研究"的成果之一。

基于数量金融学理论和统计学方法对金融学问题进行研究已经是目前经济学、管理学研究的主要热点之一。但对于开放式基金业绩问题的研究，仍有很多重要的基础性和关键性的问题没有得到解决。大多数国内研究仅仅是照搬国外方法，并没有根据国内的实际情况对数据和分析方法进行相应的处理，这必然会导致实证结果有偏差，最重要的是，鲜有新方法的提出或引入，关于基金业绩与基金经理主动管理能力关系的研究以及流动性风险的定量研究还相当少。

申请者从基金和基金经理的特性出发，根据开放式基金的投资机理和风险形成机理，通过实证研究、理论分析及数值模拟等手段，对解决开放式基金问题中所必须首先解决的业绩评价问题进行深入研究，不仅具有新意，也具较好的针对性和较强的实用价值，为后续研究基金经理和流动性风险奠定了很好的基础。因此，选择此问题进行研究，将对完善和发展国内相关领域研究具有重要的理论意义。

申请者在攻读博士和博士后期间，主要从事金融学与统计学的交叉问题研究，对套利策略及基金经理绩效评价等问题进行深入的研究，目前已完成高质量的中英文学术论文9篇。其中，套利策略是证券和基金等进行投资的重要手段和技术，而基金经理绩效评价是对基金经理行为研究的重要基础，并且基金业绩与经理能力关系的相关问题的研究已经成为国内外相关领域的理论前沿和重点，这方面的研究主要包括基金经理的选股能力、择时能力、持股偏好、投资风格、羊群行为等对业绩的影响。而这些方向都是金融学、管理学、投资学及现代统计学研究的前沿和热点问题之一。

当前我国基金业发展正处于发展的关键阶段，随着行业的迅速发展，特别是基金品种的不断丰富，现阶段相对落后的研究已经难以适应基金市场的发展，对基金业绩及相关问题进行全面系统的研究，使市场各方能够对基金和基金经理的实际投资效果进行客观评价，不仅具有很高的理论价值，对于促进我国基金业和资本市场的健康发展来说，也有着非常重要而紧迫的现实意义。

总的说来，申报项目研究选题视角独特、研究思路逻辑清晰，以理论分析、实证研究与数值计算相结合的手段，从统计学和管理学的角度开展研究，研究方法切实可行，研究内容真实可靠，具有原创性，无知识产权争议问题和政治理论倾向问题，具有广阔的应用前景。书稿中的部分章节已被国内权威和核心期刊录用发表，整体来看，书稿已达到出版水平。

书稿尽管对开放式基金业绩的相关问题进行了一定程度的研究，得出了许多重要的结论，但由于开放式基金在我国成立较晚，无论是理论上还是实证研究上经验还不丰富，未来在许多方面仍有待进一步提高和完善：

(1)进一步完善基金业绩评价方法，例如，第三章中对expectile进行估计的matlab程序较为繁杂，导致程序运行缓慢，将来应该简化程序语句，提高程序运行速度。未来还应该多多进行实践，完善其他细节问题，采取多种评价方法进行比较的方式，构建出真正适用于我国开放式基金的一套业绩评价方法和体系，从而更加科学合理地评价开放式基金业绩。

(2)关于开放式基金流动性风险的研究，未来有两个问题需要更进一步的研究。第一，流动性和流动性风险之间存在什么关系？流动性溢价和流动性风险溢价存在什么关系？第二，流动性风险实际上是系统性风险，那么它与非系统风险之间有何关系？如何相互影响？

签字：周　勇

2016年12月1日

说明：该推荐表由具有正高职称的同行专家填写。一旦推荐书稿入选《博士后文库》，推荐专家姓名及推荐意见将印入著作。

第六批《中国社会科学博士后文库》专家推荐表 2

推荐专家姓名	李常青	行政职务	教授、博导
研究专长	管理学、会计学	电话	
工作单位	厦门大学管理学院	邮编	
推荐成果名称	我国开放式基金绩效研究		
成果作者姓名	苏辛		

(对书稿的学术创新、理论价值、现实意义、政治理论倾向及是否达到出版水平等方面做出全面评价，并指出其缺点或不足)

尊敬的评审：

申报项目是在我的指导下，对申请者的博士论文《我国开放式基金业绩评价与流动性风险管理研究》进行修改完善所得的成果，该书稿也是申请者所获得的第55批中国博士后科学基金一等资助项目"基于大数据的基金业绩评价与流动性风险管理研究"和第八批中国博士后科学基金特别资助项目"基于高维数据的开放式基金绩效研究"的成果之一。

开放式基金业绩评价和管理一直是研究者和投资者所关心的问题，是数量金融与金融计量学中的前沿问题研究。申请者选取这一具有现实意义的课题作为研究对象，综合运用了统计学、金融计量学、管理学等学科针对基金投资、基金经理主动管理能力及流动性风险分析，以及政策建议进行研究，因此，申报项目选题合理、有新意，也是当前交叉学科研究的热点问题之一，不仅具有很高的理论价值，促进交叉学科的发展，而且对我国基金业的健康发展、完善我国资本市场的投资者结构、推动深层次的发展创新来说，也有着非常重要而紧迫的现实意义。这一选题也具有一定的挑战性。

申报项目基于开放式基金中的数据进行挖掘、处理和分析，并尝试提出一种新的用于评价基金业绩的 Sharpe 比率，分别使用基于 expectile 的 VaR 和 ES 值代替标准差作为开放式基金收益率的风险测度，对基金收益率的超额收益进行修正，采用实证方法验证它的可行性和有效性。并在此基础上，考虑对基金经理行为和流动性风险等因素进行建模，增加了模型实用性，取得了创新的研究成果和结论。对开放式基金业绩及相关问题进行全面系统的研究，有助于监管部门、基金管理公司、投资者能够对基金和基金经理的实际投资效果进行客观评价，这些对相关问题研究具有很重要的理论价值和实际应用价值。

申报项目研究选题视角独特、研究思路逻辑清晰，以理论分析、实证研究与数值计算相结合的手段，从统计学和管理学的角度开展研究，研究方法切实可行，研究内容真实可靠，具有原创性，无知识产权争议问题和政治理论倾向问题，具有广阔的应用前景。书稿中的部分章节已被国内权威和核心期刊录用发表，整体来看，书稿已达到出版水平。

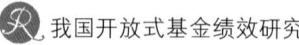

  书稿尽管对开放式基金业绩的相关问题进行了一定程度的研究，得出了许多重要的结论，但由于开放式基金在我国成立较晚，无论是理论上还是实证研究上经验还不丰富，未来研究可以考察更进一步的实证评价方法，比如使用不同数据长度（比如日、月度、季度的）数据和不同的基准进行比较，考察是否会对实证结果产生显著影响。

签字：李常青

2016 年 12 月 10 日

说明：该推荐表由具有正高职称的同行专家填写。一旦推荐书稿入选《博士后文库》，推荐专家姓名及推荐意见将印入著作。

经济管理出版社 《中国社会科学博士后文库》 成果目录

第一批《中国社会科学博士后文库》(2012年出版)

序号	书　名	作　者
1	《"中国式"分权的一个理论探索》	汤玉刚
2	《独立审计信用监管机制研究》	王　慧
3	《对冲基金监管制度研究》	王　刚
4	《公开与透明：国有大企业信息披露制度研究》	郭媛媛
5	《公司转型：中国公司制度改革的新视角》	安青松
6	《基于社会资本视角的创业研究》	刘兴国
7	《金融效率与中国产业发展问题研究》	余　剑
8	《进入方式、内部贸易与外资企业绩效研究》	王进猛
9	《旅游生态位理论、方法与应用研究》	向延平
10	《农村经济管理研究的新视角》	孟　涛
11	《生产性服务业与中国产业结构演变关系的量化研究》	沈家文
12	《提升企业创新能力及其组织绩效研究》	王　涛
13	《体制转轨视角下的企业家精神及其对经济增长的影响》	董　昀
14	《刑事经济性处分研究》	向　燕
15	《中国行业收入差距问题研究》	武　鹏
16	《中国土地法体系构建与制度创新研究》	吴春岐
17	《转型经济条件下中国自然垄断产业的有效竞争研究》	胡德宝

第二批《中国社会科学博士后文库》(2013年出版)

序号	书　名	作　者
1	《国有大型企业制度改造的理论与实践》	董仕军
2	《后福特制生产方式下的流通组织理论研究》	宋宪萍

续表

第二批《中国社会科学博士后文库》（2013年出版）

序号	书　名	作　者
3	《基于场景理论的我国城市择居行为及房价空间差异问题研究》	吴　迪
4	《基于能力方法的福利经济学》	汪毅霖
5	《金融发展与企业家创业》	张龙耀
6	《金融危机、影子银行与中国银行业发展研究》	郭春松
7	《经济周期、经济转型与商业银行系统性风险管理》	李关政
8	《境内企业境外上市监管若干问题研究》	刘　轶
9	《生态维度下土地规划管理及其法制考量》	胡耘通
10	《市场预期、利率期限结构与间接货币政策转型》	李宏瑾
11	《直线幕僚体系、异常管理决策与企业动态能力》	杜长征
12	《中国产业转移的区域福利效应研究》	孙浩进
13	《中国低碳经济发展与低碳金融机制研究》	乔海曙
14	《中国地方政府绩效评估系统研究》	朱衍强
15	《中国工业经济运行效益分析与评价》	张航燕
16	《中国经济增长：一个"被破坏性创造"的内生增长模型》	韩忠亮
17	《中国老年收入保障体系研究》	梅　哲
18	《中国农民工的住房问题研究》	董　昕
19	《中美高管薪酬制度比较研究》	胡　玲
20	《转型与整合：跨国物流集团业务升级战略研究》	杜培枫

第三批《中国社会科学博士后文库》（2014年出版）

序号	书　名	作　者
1	《程序正义与人的存在》	朱　丹
2	《高技术服务业外商直接投资对东道国制造业效率影响的研究》	华广敏
3	《国际货币体系多元化与人民币汇率动态研究》	林　楠
4	《基于经常项目失衡的金融危机研究》	匡可可
5	《金融创新及其宏观效应研究》	薛昊旸
6	《金融服务县域经济发展研究》	郭兴平
7	《军事供应链集成》	曾　勇
8	《科技型中小企业金融服务研究》	刘　飞

续表

第三批《中国社会科学博士后文库》（2014年出版）

序号	书　名	作　者
9	《农村基层医疗卫生机构运行机制研究》	张奎力
10	《农村信贷风险研究》	高雄伟
11	《评级与监管》	武　钰
12	《企业吸收能力与技术创新关系实证研究》	孙　婧
13	《统筹城乡发展背景下的农民工返乡创业研究》	唐　杰
14	《我国购买美国国债策略研究》	王　立
15	《我国行业反垄断和公共行政改革研究》	谢国旺
16	《我国农村剩余劳动力向城镇转移的制度约束研究》	王海全
17	《我国吸引和有效发挥高端人才作用的对策研究》	张　瑾
18	《系统重要性金融机构的识别与监管研究》	钟　震
19	《中国地区经济发展差距与地区生产率差距研究》	李晓萍
20	《中国国有企业对外直接投资的微观效应研究》	常玉春
21	《中国可再生资源决策支持系统中的数据、方法与模型研究》	代春艳
22	《中国劳动力素质提升对产业升级的促进作用分析》	梁泳梅
23	《中国少数民族犯罪及其对策研究》	吴大华
24	《中国西部地区优势产业发展与促进政策》	赵果庆
25	《主权财富基金监管研究》	李　虹
26	《专家对第三人责任论》	周友军

第四批《中国社会科学博士后文库》（2015年出版）

序号	书　名	作　者
1	《地方政府行为与中国经济波动研究》	李　猛
2	《东亚区域生产网络与全球经济失衡》	刘德伟
3	《互联网金融竞争力研究》	李继尊
4	《开放经济视角下中国环境污染的影响因素分析研究》	谢　锐
5	《矿业权政策性整合法律问题研究》	郗伟明
6	《老年长期照护：制度选择与国际比较》	张盈华
7	《农地征用冲突：形成机理与调适化解机制研究》	孟宏斌
8	《品牌原产地虚假对消费者购买意愿的影响研究》	南剑飞

续表

第四批《中国社会科学博士后文库》（2015 年出版）

序号	书　名	作　者
9	《清朝旗民法律关系研究》	高中华
10	《人口结构与经济增长》	巩勋洲
11	《食用农产品战略供应关系治理研究》	陈　梅
12	《我国低碳发展的激励问题研究》	宋　蕾
13	《我国战略性海洋新兴产业发展政策研究》	仲雯雯
14	《银行集团并表管理与监管问题研究》	毛竹青
15	《中国村镇银行可持续发展研究》	常　戈
16	《中国地方政府规模与结构优化：理论、模型与实证研究》	罗　植
17	《中国服务外包发展战略及政策选择》	霍景东
18	《转变中的美联储》	黄胤英

第五批《中国社会科学博士后文库》（2016 年出版）

序号	书　名	作　者
1	《财务灵活性对上市公司财务政策的影响机制研究》	张玮婷
2	《财政分权、地方政府行为与经济发展》	杨志宏
3	《城市化进程中的劳动力流动与犯罪：实证研究与公共政策》	陈春良
4	《公司债券融资需求、工具选择和机制设计》	李　湛
5	《互补营销研究》	周　沛
6	《基于拍卖与金融契约的地方政府自行发债机制设计研究》	王治国
7	《经济学能够成为硬科学吗？》	汪毅霖
8	《科学知识网络理论与实践》	吕鹏辉
9	《欧盟社会养老保险开放性协调机制研究》	王美桃
10	《司法体制改革进程中的控权机制研究》	武晓慧
11	《我国商业银行资产管理业务的发展趋势与生态环境研究》	姚　良
12	《异质性企业国际化路径选择研究》	李春顶
13	《中国大学技术转移与知识产权制度关系演进的案例研究》	张　寒
14	《中国垄断性行业的政府管制体系研究》	陈　林

续表

第六批《中国社会科学博士后文库》(2017年出版)

序号	书　名	作　者
1	《城市化进程中土地资源配置的效率与平等》	戴媛媛
2	《高技术服务业进口技术溢出效应对制造业效率影响研究》	华广敏
3	《环境监管中的"数字减排"困局及其成因机理研究》	董　阳
4	《基于竞争情报的战略联盟关系风险管理研究》	张　超
5	《基于劳动力迁移的城市规模增长研究》	王　宁
6	《金融支持战略性新兴产业发展研究》	余　剑
7	《清乾隆时期长江中游米谷流通与市场整合》	赵伟洪
8	《文物保护经费绩效管理研究》	满　莉
9	《我国开放式基金绩效研究》	苏　辛
10	《医疗市场、医疗组织与激励动机研究》	方　燕
11	《中国的影子银行与股票市场：内在关联与作用机理》	李锦成
12	《中国应急预算管理与改革》	陈建华
13	《资本账户开放的金融风险及管理研究》	陈创练
14	《组织超越——企业如何克服组织惰性与实现持续成长》	白景坤

《中国社会科学博士后文库》
征稿通知

为繁荣发展我国哲学社会科学领域博士后事业，打造集中展示哲学社会科学领域博士后优秀研究成果的学术平台，全国博士后管理委员会和中国社会科学院共同设立了《中国社会科学博士后文库》（以下简称《文库》），计划每年在全国范围内择优出版博士后成果。凡入选成果，将由《文库》设立单位予以资助出版，入选者同时将获得全国博士后管理委员会（省部级）颁发的"优秀博士后学术成果"证书。

《文库》现面向全国哲学社会科学领域的博士后科研流动站、工作站及广大博士后，征集代表博士后人员最高学术研究水平的相关学术著作。征稿长期有效，随时投稿，每年集中评选。征稿范围及具体要求参见《文库》征稿函。

联系人：宋　娜　主任

联系电话：010-63320176；13911627532

电子邮箱：epostdoctoral@126.com

通讯地址：北京市海淀区北蜂窝 8 号中雅大厦 A 座 11 层经济管理出版社《中国社会科学博士后文库》编辑部

邮编：100038

经济管理出版社